통번역 과정의 심층 탐구

Tapping and mapping the processes of
translation and interpreting

이 번역은 서울과학기술대학교 교내학술연구비 (2012-0373) 지원으로 수행되었음.

존 벤자민스 통번역 총서 09
한국통역번역학회

John Benjamins Series 09

통번역 과정의 심층 탐구

Tapping and mapping the processes of translation and interpreting

소냐 티르코넨-콩디, 리타 야스켈라이넨 편저 | 김대진 옮김

HUiNE

발간사

1960년대 캣포드(J. C. Catford)와 니다(E. Nida) 이후 통역학을 포괄하는 광의의 번역학은 현대적 본격 학문 분야로 부상하기 시작하였다. 캣포드의 '언어학적 접근'과 니다의 성서번역을 위한 '소통효과중심의 접근'에 이어 '문화전환'(cultural turn)과 '맥락전환'(contextual turn)의 패러다임 전환을 거치면서 번역학은 학제적 성격(interdisciplinarity)을 더욱더 공고히 하게 되었다.

번역학이 대표적인 학제적 학문분야인 것은 연구대상인 번역현상과 문제의 설명을 위해 가져오는 이론 틀(frameworks)과 연구방법론(research methodology)의 다양성 때문이라 할 수 있다. 번역학은 번역과정과 번역결과물을 모두 연구대상으로 삼는다. 번역사의 '블랙박스' 안에서 번역행위를 둘러싸고 연속적으로 이루어지는 무수한 의사결정과정과 그 과정에 작용하는 다양한 변수들을 설명하는 한편 이들 작용의 가시적 구현체로서의 번역결과물을 모두 다룬다. 이렇다 보니 번역사의 머릿속에서 이루어지는 과정을 들여다보기 위해 사고발화법(Think-Aloud Protocol), fMRI(기능적 자기 공명 영상 기법), 통계처리를 포함하는 코퍼스 분석, 담화분석 및 기능문법 등 다양한 인접학문분야의 연구성과와 분석도구를 차용하기도 한다.

그러나 번역학이 언제까지나 학제성에 만족하고 있을 수만은 없다. 번역학의 학제성은 그동안 어쩌면 번역학의 일방적 '짝사랑'이었을 수도 있다는 문제의식이 필요한 시점에 와있다. 프랑스 번역학자 질(D. Gile)의 이야기는 이런 면에서 시사하는 바가 크다.

> 『번역학』이 타 학문분야와 맺어오고 있는 파트너십은 균형을 이루지 못한 경우가 대부분이어서, 『우월한』 지위, 파워, 재정능력 및 실제 리서치 능력은 파트너 관계에 있는 학문분야가 점하하는 경우가 일반적이다. 뿐만 아니라 학제성이 패러다임의 확산을 도와 결과적으로 자율적인 학문분야로서의 통번역 연구의 지위를 약화시키고 있다.
>
> (질 2004: 29)

발생학적으로 학제성을 장점으로 강조해온 번역학의 입장에서 다시 한 번 곱씹어볼 일이다. 핌(A. Pym) 역시 대표적 번역학 학술지의 하나인 『Target』의 역할을 되돌아보면서, 번역학이 인접 학문분야의 연구성과를 도입해오고 있는 반면, 정작 번역학의 연구성과가 인접 학문분야로 전파되는 경우는 상대적으로 드물다는 점을 지적하고 있다. 그만큼 번역학과 인접학문 분야의 관계가 균형 잡힌 호혜적 지적(知的) 파트너십은 아니었다는 이야기일 것이다. 이런 시점에서 번역학을 연구하는 우리가 해야 할 일은 번역학 자체의 고유연구영역을 더 분명히 규정하는 한편 학문적 엄격성을 갖춘 연구방법론을 확립하는 일일 것이다.

존 벤자민스(John Benjamins) 출판사의 통번역 총서는 그동안 전세계적으로 번역학의 다양한 연구 성과와 새롭게 개척되는 연구방법론을 선도적으로 꾸준히 소개해왔다는 점에서 일정한 기여를 인정해야 할 것이다. 번역학 연구자라면 누구나 이 총서 가운데 최소한 한두 권 이상은 읽어보았을 정도로 번역학의 학문적 성과를 집대성하여 소개해오고 있기 때문이다. 『존 벤자민스 통번역 총서』 번역작업에 누구보다도 바쁜 교수연구자들이 다수 자원한 것은 바로 이 총서에 대한 지적 향수(知的 鄕愁) 같은 것이 작용한 때문은 아닐지.

국내 최초의 전문통번역학 연구단체인 한국통역번역학회(KSCI)가 이번에 『존 벤자민스 통번역 총서』가운데 대표적인 업적들을 선별하여 번역 출간하게 된 것은 특별히 의미가 크다. 1998년 학회 창립 이래 국내 최초의 한국연구재단 등재지 『통역과 번역』, 국제전문학술지 『FORUM: International Journal of Interpretation and Translation』을 발행해오면서 국내외 통번역학의 발전과 소통에 이바지해왔다. 본 학회의 통번역총서 번역 발간이 우리말로 쓰인 번역학 자료에 목말라 해 온 연구자들에게 도움이 될 수 있기를 희망한다.

경기침체로 출판계 전망이 장밋빛이지만은 않은 상황에서 "뜻있는 기획출판일수록 대학 출판부에서 맡아야 한다."며 선뜻 『존 벤자민스 통번역 총서』 출판 추진에 합의해주신 한국외국어대학교, 권원순 출판부장님과 신선호 팀장님께 감사를 드린다. 학회를 대표하여 출간을 총괄해주신 김대진 서울과학기술대학교 교수님과 실무조정을 도와준 이주연 한국외대 통번역대학원 교수님께도 감사의 마음을 전한다.

2014년 4월 1일

한국외국어대학교 영어통번역학부 교수

한국통역번역학회 회장

정호정

서문

과정 연구의 난제와 우선순위

소냐 티르코넨-콩디 Sonja Tirkkonen-Condit
사본린나 번역 학교 (Savonlinna School of Translation Studies)
핀란드 요핸수 대학교 (University of Joensuu, Finland)

이 책에 게재된 대부분의 논문은 1996년 국제응용언어학회(AILA) 번역 과정 심포지움 발표 논문에 근거하고 있으며 학회의 주제를 반영하고 있다. 본 서는 언어학의 다양한 시각으로 통역·번역 과정에서 일어나는 여러 가지 현상을 연구하고 있는 인지 심리학자들과 통역, 번역 학자들의 관점을 종합하고 있다.

1부 논문의 핵심은 동시통역이며 이 과정에 연관된 주제를 중점적으로 다루고 있다. 2부는 일반적인 방법론, 특히 데이터에서 정보를 끌어내는 방법에 집중하고 있다. 3부는 번역 과정의 두드러진 특징에 중점을 두고 있다. 이 연구들을 보면 번역학의 다학제성이 공통적으로 드러나고 있으며 이는 커스텐 맘크야어(Kirsten Malmkjær)의 편집 후기 주제이기도 하다.

동시통역 실험 연구에서 가장 핵심적 문제점은 (번역학에서도 마찬가지로) 생태학적 타당도(validity)다. 동시통역의 세부 기술에 대한 가설을 세워 주어진 조건에서 실행한 심리학 실험 결과가 실제 동시통역에서 사용되는 세부 기술과는 일치하지 않는 위험성이 존재하는 것이다. 따라서 통역 연구에는 인지 심리학자만이 아니고 통번역학자들도 참여해야 하며, 미리암 슐레징거(Miriam Shlessinger)의 연구에 나타난 것처럼 이 두 집단 간에 긴밀한 협조를 구축하는 것이 바람직하다. 그렇지만 생태학적 타당도만이 문제가 아니고 최악의 경우 맘크야어가 지적한 것처럼 연구 전체 방향성이 상실될 수 있는 위험성도 있다.

실험대상을 구하는 일 또한 문제가 될 수 있다. 통역사와 번역사들은 자신들의 고유 전문 영역에 대해 연구하는 연구자들을 항상 반기는 것은 아니기 때문이다. 이를 해결할 수 있는 방안은 통번역사와 연구자의 역할을 하나로 통합하는 것이다. 군-비올 빅-투오비넨(Gun-Viol Vik-Tuovinen)은 이런 식으로 연구를 진행했다. 동시통역사의 통역과 통역이 진행되지 않는 짧은 휴식 기간 동안 통역사간 토론을 녹음한 연구에서 채택한 방법이다. 연구자 자신이 통역자로 시정회의를 통역해 데이터를 수집했다. 통역사간의 상호 토론 내용을 동시통역 과정의 잠재적 정보 자료로 이용하는 아이디어는 동시통역 연구 방법의 자료 폭을 대폭 넓힐 수 있음을 의미한다.

아델리나 이바노바(Adelina Ivanova)가 시도한 동시통역 과정에 대한 평가 방법은 지연 회상법(delayed retrospection)이다. 이 방법의 목적은 전문가와 초보 통역사간 통역을 비교하며 비판적인 분석을 시도하는 것이다. 아네트 드 그룻(Annette de Grout)은 번역학에서 핵심적인 문제인 통역과 번역이 어느 정도까지 유사성을 가질 수 있느냐 하는 문제를 날카롭게 지적하고 있다. 드 그룻(De Groot)은 통역, 번역의 각 세부 기술이 유창성, 자동화, 속도 등의 측면에서 상당한 차이를 보일 수 있을 것이라는 점에 대해 의문을 제시한다. 생태 타당도에 대한 우려때문에 세부 기술을 따로 떼어서 연구 하는 방법을 사용한다. 세부 기술에 대한 연구에서 항상 생태적으로 타당한 결과만이 도출되는 것은 아니지만 연구자들이 가설 수립 단계부터 더욱 신중을 기함으로써 이런 우려를 불식시키려 노력한다. 각 세부 기술에 대한 과정이 서로 다르다면 전체 과정 또한 서로 다르다고 가정할 수 있는 이유가 여기에 있다. 인지 심리학에서 도입한 방법론들을 통번역 각 연구 단위에도 적용해야 한다.

연구방법론에 대한 비판적 평가는 리타 야스켈라이넨(Ritta Jääskeläinen)의 연구에서도 중심이 되는 내용이다. 이 논문은 실험연구에 대한 통번역 학자들의 우려를 대변하고 있다. 특히 대부분의 학자들이 실험 연구를 하거나 결과를 해석할 수 있는 훈련이 체계적으로 되어 있지 않는 상태라는 점을 지적한다.

번역과 통역 둘 다 언어를 기반으로 하기 때문에 이 책에 실린 논문 중에서 한 편 정도가 문학텍스트 통역의 요소들을 설명하기 위해 (인지) 언어학의 유효성을 평가했다고 해도 크게 놀라운 일은 아니다. 엘즈비에타 타바코츠카(ELżBIETA TABAKOWSKA)의 주장에 따르면 시를 번역 할 때 특정 단어를 선택하는 일은 번역 대상 원전에 지배적으로 나타나는 대상지시어와의 융화성에 근거하여 사용 우선순위가 결정된다. 정교한 언어사용이 통상 직관적으로 해결방안에 대한 우선순위를 정하는 번역 과정을 주도하는 역할을 한다.

이레나 코바치크(Irena Kobaćić)의 연구분야는 자막번역사가 어떻게 체계적으로 언어를 선택하는지 데이터를 통해 관찰 가능한가 하는 점이다. 이 연구에서 소리내어 생각하기(think aloud)와 함께 회상 인터뷰 방법을 사용하였고 소리내어 생각하기에서는 명확한 상위언어(metalinguistic) 분석에 대한 결과가 도출되지 않았지만 인터뷰를 통해 번역사들이 왜 특정 단어를 선택했는지에 대한 이유를 파악할 수 있다. 이 연구 방법의 중요한 사실은 여러 방법을 종합해서 사용할 때 한 가지 방법을 사용하는 것보다 더 의미 있는 결과를 도출 할 수 있다는 점이다.

번역 교육 측면에서 번역의 숙달도는 가장 핵심적인 요소이고, 정확한 정의를 내리는 일은 과정 연구의 중심이다. 이제까지 대부분 과정 연구는 숙달도의 인지적 측면에 집중하고 있다. 그러나 감성적인 측면도 주목할 만한 가치가 있다는 점이 차차 드러나고 있다. 여러 학자 중 자넷 프레이저(Janet Fraser)는 교육에서 번역사의 자신감 증진에 대한 중요성을 강조하고 있다. 쥴리안 하우스(Juliane House), 칸다세 세기노트(Candace Séguinot)는 두 명이 함께 짝을 이루어 번역하는 흥미 있는 요소에 대해 설명하고 있다. 초보 번역사는 함께 번역할 때 의례적으로 하는 대화를 통해 자신의 능력의 한계와 어떻게 전문가로 성장할지에 대해 생각하게 된다(하우스). 한편 전문번역사 간의 대화 분석을 이용하면 단독 번역의 최종 번역물 연구나 단독 소리내어 생각하기 연구 방법을 통해서 추출하기 어려운 자료들을 발견할 수 있는 장점이 있다(세기노트). 이 연구에서 다른 "연구진행" 측면을 소냐 티르코넨-콩디가 지적했는데, 그 논문을 통해 번역 과정 중 발생하는 불확실성에 대처하는 번역사들의 전략을 비교한다. 번역을 연속 조정 기능이라고 정의한다면 번역 교육 커리큘럼도, 가상 교육이건 실제 교육이건 이런 점을 반영할 수 있게 조정되어야 한다. 조정된 커리큘럼에서는 상호 협력, 과감한 시도, 불확실성 관리 등을 실제로 시도하고 연습할 수 있을 것이다.

이 책의 논문을 통해, 오늘날 우리가 직면하고 있는 과정 연구의 세 가지 문제점이 드러난다. 첫째는 연구의 목적에 대해 확실한 비전 수립, 둘째는 방법론적인 명확성 유지, 마지막으로 지속적으로 발전하고 축적되는 지식을 통번역 교육방법에 적용하는 것이다. 전문기술 습득 역시 향후 연구 대상이 될 수 있을 것이다.

John Benjamins Series

09

Tapping and mapping the processes of translation and interpreting

차례

제 3 부 과정 연구에서 도출된 특성 • 159

John Benjamins Series

09

Tapping and mapping the processes of translation and interpreting

제 1 부

통역: 동시통역 과정의 탐구

통역의 인지과정 :
통역 과정에 대한 본질적 접근

미리암 슐레징거 Miriam Shlessinger
이스라엘 바 이란 대학교 (Bar Ilan University, Israel)

동시통역 현상이 연금술 수준의 마술이 아닌 연구와 분석할 만한 대상으로 인지된 이후, 우리는 통역사가 이토록 어려운 과업을 수행하는 동안 어떤 현상이 두뇌 속에서 일어나고 있는지 알아보기 위한 시도를 계속했다. 번역사도 통역사와 마찬가지로 뇌의 "신비한 부분"에서 어떤 인지적 현상이 일어나고 있는지 알고 싶어하는 호기심은 존재하지만 통역 번역 간의 연구 방법은 항상 같을 수 없다. "소리내어 생각하기" 방법이 가장 적절한 예가 될 것이다. 동시통역사가 도착어 발화라는 통역 과업을 수행하는 동시에 통역에 수반되는 인지 절차를 묘사하는 것은 거의 기대하기 어렵다. 따라서 "소리내어 생각하기" 기법은 실용적인 연구 방법은 아니다. 이런 상황에서 그나마 사용 가능한 연구 방법은 즉각 회상법이다. 이 방법은 사람을 구성하는 여러 요소의 연구에 많이 쓰이는 "순간 포착" 기술과 비교될 수 있다. 이 연구를 위해 통역사는 통역을 잠시 멈추어야 한다. 이 연구 방법은 실험 연구 상황에서만 가능하다. 통역을 멈춘 후에 그런식으로 통역한 이유에 대해 질문하는 것이다. 그러나 통역을 중단하는 것은 전체 통역 과정 자체를 변형 시킬

위험이 있다.

현재 중점적으로 진행되는 연구는 정보처리 흐름 모델로 인지 심리학에서 응용해서 쓰이고 특정 과업을 위한 용량 나누기에 대한 연구가 주목적이다. 또 다른 방법은 컴퓨터로 처리된 모델로 인지에 대한 이론적 접근을 시작할 수 있는 시스템을 디자인, 실행, 평가할 수 있으며 인지 자원의 고갈을 추적할 수 있는 모델이다. 이 접근 방법은 특히 동시통역 연구가 간과해온 낮은 차원의 연습을 거쳐 자동화된 동시통역 과정 중 상호과정이 어떻게 일어나는 지를 연구하는 데 유용하다. 론스데일(Lonsdale 1973:103)은 다음과 같은 점을 지적한다.

> [...] 만일 과정을 모델화하는 작업이 어떤 단계에서도 가능하다는 전제 하에, 컴퓨터 시스템은 다른 일차적인 방법으로는 쉽게 구할 수 없는, 인지 자원 소비, 탐색과 실행 방법, 과업과 통제 결정 및 다른 실제 목적 달성과 연관된 데이터를 제공할 수 있을 것이다.

컴퓨터 모델링과 인지적 접근은 초기 자기관찰에 의해서는 구할 수 없는 대안일 수 있다. 자기 관찰법은 대부분 관찰 결과와 연구자(대부분 통역사 자신)의 총체적이며 대체로 직관적인 통찰력에 기반을 두고 있다. 큰 기대를 가지고 시작할 수 있지만 더욱 과학적인 방법으로 진행하지 않을 경우 중단될 수밖에 없다. 현재 추세는 가설을 수립하고 시험하기 위해 직관력과 핵심 추출 방법을 사용하는데 이런 연구의 목적은 과업을 총괄적으로 미세한 부분까지 심도있게 이해하는 데 있다. 이런 경향은 삼십년 이상의 기간을 거쳐 발달했으나 초기 연구의 경우 연구의 진행이 원할치 않은 경우가 많았다. 현재 동시통역 연구자들은 이런 연구 방법 대신 더욱 정밀한 연구 방법을 이용하여 다른 분야와의 연합을 확대하고 있다(동시통역을 연구하는 입장에서는 괄목할 만한 학문적 발전을 이루었다는 증거가 될 수 있다). 문제는 다음 사항들에 대해 적절한 균형을 잡는 일이다. 직관과 과학, 통제 가능한 요소와 생태적 타당도, 현재 상태와 발전 가능성, 특정 과업 중심과 심리학간의 통합성 등이다. 통역 과정이 어떻게 전개되는지 연구할 때 연구자가 반드시 고려해야 할 방법론적인 사항을 아래에 정리했다.

통역과정을 나눌 수 있는가?

최근 Interpreting 호에서 프라우엔펠더와 슈리퍼즈(Frauenfelder & Schriefers, 1997:75)는 통역 과업 분리에 대해 다음과 같이 주장했다.

> [...] 동시통역 과정 중 확실히 분리 가능하고 측정 가능한 측면을 먼저 조사하는 것이 맞다고 생각했다. 분리해서 조사했을 경우에도 기본적인 발견을 할 수 있는 경우 같은 측면의 행동을 더욱 현실적인 상황에서 조사할 수 있고 좀 더 복잡한 실제 측면을 연구할 수 있다. 이런 접근 방법에 생태적 타당도가 결여된다고 주장할 수도 있지만 우리의 연구 방법에서는 상당히 효과적인 방법으로 가정하고 연구를 진행한다.

다시 말해 저자들이 총괄적인 접근 방법을 취하기 전 현재에는 일부분 또는 하부 절차를 하나씩 연구하는 것이 각 부분 사이의 상호 작용을 연구하는 가장 좋은 방법으로 주장한다. 이 주장은 동시통역은 파악 가능한 하부 기술로 분해가 가능하고 이렇게 분리해서 연구해도 전체 과정에 대한 총체적인 이해에 도달할 수 있다는 의미다. 그러나 과연 그렇게 될 수 있을까? 동시통역의 인지 과정을 분리해서 연구한다는 점은 모순된 사실처럼 보인다. 예를 들어 예측에 관한 미세한 사항을 관찰하기 위해 의미론적 정보를 활성화시키는 점에 대한 이해를 시도한다고 하자. 심리학자(예를 들어 모스 (Moss, 1997)의 교차양상(cross-modal) 유도(priming) 실험에 따르면 의미의 정신적 표징은 단어 하나가 감각기관에 입력되는 상황 이전에 이미 활성화되는 것을 알 수 있다. 따라서 인지된 사실을 평가하기 전에 가능한 부차적인 의미는 그 이전에 제시된 상황 때문에 제한되는 사항과 예측에 의해 파악할 수 있다. 이렇게 함으로써 예측 적중도가 높은 단어를 그렇지 않은 단어 보다 훨씬 더 빨리 판명할 수 있다. 이런 사항은 상황 지식에 의한 이해 촉진의 명확한 예로 단어를 실제로 파악하기 전에 총체적인 상호작용이 일어난다는 증거다.

그러나 좀 더 생각해야 할 사항이 있다. 상황에 의한 이해 촉진을 단독으로 연구한다고 해서 통역 과정의 다른 요소들과 합쳐졌을 때 어떤 현상이 벌어지는지에 대해서는 알 길이 없다. 인지 심리학자인 드 그룻(De Groot)는 이 과정을 분석하기로 결정했는데, 많은 인지 심리학자들이 기피하는 연구를 결정한 이례적인 일이었다. 연구의 시작은 단어 번역으로 피실험자들에게 시각적으로 단어를 제시하고 각 단어 번역을 되도록 빨리하면서 정확성을 기해달라고 부탁했다. 열세 개의 독립 변수와 세 개의 주 종속 변수가 포함된 실험에서 다음 같은 사항을 파악했다. 예를 들어 구체화 효과의 지속 정도, 다시 말해 구체적인 명사가 추상적인 명사보다 더 빨리 처리되는지에 관한 사항이다. 연구에서 밝혀진 것은 "상황지식은 단어의 구체적 번역에 영향을 끼친다는 점이다. 단어 번역에서 언어의 다른 역할 역시 상황 조정에 영향을 끼친다는 점도 밝혔다."(1997: 42-43).

사실 통역 과정의 분해에 관한 생태 타당도 문제는 한 편으로는 자연언어 연구에 관련되어 제기된 문제 또는 좀 더 광범위한 심리 연구 프레임 내에서 발생하는 문제와 크게 다르지 않다. 자연 언어 코드 사용을 허용하는 상황에서 과학적 연구를 시행하는 것은 극도로 어려운 일로 간주된다. 두 번째 경우 특정 인지 시스템(예를 들어 기억)과 좀 더 큰 시스템인 인지 과정과 문제 해결 전략을 분리한다는 것에 대한 우려가 있다. 통역 연구에서도 실험 절차와 실제 회의 통역 상황을 분리해서 고려하고 실제 통역 과업을 작은 부분으로 나누는 일은 생태 타당도를 위반하는 것임을 여러 차례 지적한 바 있다(이 문제에 대한 자세한 분석은 질(Gile, 1998)에 잘 나와있다). 동시통역 자료는 다양한 의미의 여러 상황이 복합적으로 나타나는 특성이 있다. 이런 특성을 고려하지 않을 경우 목적대로 연구를 진행하기 어렵다는 사실은 여러 차례 지적된 바 있다. 정확히 이야기하면 동시통역 상황의 담화 처리는 텍스트 바로 앞선 부분에 의해 영향을 받을 뿐 아니라 통역사들이 접하는 텍스트, 통역 상황, 분위기, 통역사들의 상황지식 등에 의해 총체적으로 영향을 받고 통역사는 상의하달과 하의상달의 모든 전략적 지식을 총 동원해서 통역에 임한다. 따라서 통역 과업을 분리하여 연구하는 일은 문제가 있다.

인지 과정 자체와 기준 중심 전략 구분

통역 연구에 기준의 개념을 나누어 적용하는 점이 유용할 것이라는 시도(슐레징거(Shlessinger), 1989; 해리스(Harris), 1990)는 말로 하는 통역도 번역과 마찬가지로 기준 중심으로 분류될 수 있는 각 과업 특성에 부합되는 규칙성을 보유하고 있다는 가정에 바탕을 두고 있다. 또 다른 가정은 통역에 연관된 기준은 통역사들이나 통역 서비스를 사용하는 사람들 모두에게 내재화되어서 기준에서의 심각한 이탈이 발생하면 조치를 취한다는 점이다.

회의통역의 경우 지배적인 기준은 유창성, 형식보다는 의미다. 가장 잘 알려진 공식은 셀레스코비치(Seleskovitch, 1968)의 탈 언어화 개념이다. 이 개념은 가장 효과적인 전략이고 동시 필요조건으로 제시되었고 처리 용량의 한계를 잘 설명해준다. 맥위니(MacWhinney, 1997)가 지적한 것처럼 동시통역의 경우 통역사들이 가장 많이 사용할 것으로 생각되는 기억 방법은 구조적 변신 과정을 통한 개념화 표상이다. 이는 아마도 비 개념화 처리의 경우 초기 언어 기억에 큰 부담을 주기 때문일 것이다. 따라서 통역사는 자연스럽게 거의 항상 탈 언어화에 노력을 경주할 것이다(초보 통역사의 경우 탈 언어화보다는 직접적인 단어 전환에 치중하는 현상이 더 많이 나타나는 점도 사실이다).

통역을 유창하고 실수 없이 진행해야 한다는 점은 통역 교육을 담당하는 사람 모두가 강조하고 있는 점이고 그에 덧붙여 출발어의 모든 요소를 전부 옮길 필요는 없다는 점도 중요하다. 단순한 논리적 귀결인지 아니면 축복이라고 위로하고 있는 것인지 확실하지는 않지만 동시통역 연구에서 요약의 장점은 되풀이되어 언급되고 있다. 탈 언어화 이론에서 간접적으로 표명하고 있는 가정은 통역사들은 거시 처리를 하고 있다는 점이다. 다시 말해 표면적으로 나타난 형태를 압축 처리해서 개념적인 구조와 명제를 구상하고 의미론적인 내용에 선택적으로 접근한다는 뜻이다. 일련의 기준에 의거한 전략이 진화하고 내재화 되며 어떤 구체적인 과업 중심적 과정이 실제 통역 업무와 기술에 영향을 미치는지, 아니면 훌륭한 통역이라고 여겨지는 결과에 영향을 미치는 지는 통역사 자신이나 외부에서 관찰하는 사람들도 감지해 내기가 어렵다. 이런 전략을 항상 의식하고 있을 필요는 없다. 뢰셔(Lörscher) (1991:78)가 지적 한 것처럼(제 2언어의 심리 언어적 관점에서) 한 언어를 다른 언어로 번역할 때 직면할 수밖에 없는 문제를 해결하기 위한 의식적 절차일 수 있는 것이다(칼리나 (Kalina, 1992) 참조). 아니면 (에릭슨과 사이먼(Ericsson & Simon, 1984)이 학습 전략 측면에서 언급한 바와 같이 이미 장기 기억 장치와 연결되어서 함께 작동할 정도로 자동화 단계로 절차가 확립되어 자기 성찰의 단계로는 접근 자체가 안 될 수도 있다. 기준 중심의 전략 선택 개념은 번역학 문헌에서(예를 들어 체스터만(Chesterman, 1993, 1998)) 여러 차례 언급되며 유능한 전문 통역사들이 의례히 사용하는 전략으로 내재화 단계에 이르렀다는 평가도 있다.

사실 이렇게 자동화된 전략이 통역 과정의 순수한 인지 요소를 분리해서 연구하려는 노력에 걸림돌이 되고 있다. 이런 문제가 지속적으로 발생함에도 불구하고 숄다거(Schjoldager, 1995) 이전에는 언급된 바가 거의 없지만 이제는 통역을 연구하는 학자들에 의해 본격적으로 연구되고 있다. 예를 들어 프라우엔펠더와 슈리퍼즈(1997: 75) 등의 연구에 따르면 기본적인 인지 과정과 습득된 능력을 구분하지 못하는 점이 연구자들에게 어려움을 주고 있다. 그 이유는 동시통역 결과를 설명하는 인지 과정에 관한 주장이 유효성을 갖기 위해서는 특정한 훈련에 입각한 결과 또는 각 개인 차이에서 원인을 찾을 수밖에 없기 때문이다. 여기에서 동시통역의 언어/인지 시스템의 기본적 구조를 파악해서 분리해야하는 필요성이 나온다.

그렇다면 순수하게 심리적이고 인지적인 통역 결과를 어떻게 연구해 낼 수 있을까? 어디까지가 인간의 처리 능력의 한계이고 의식적이던 무의식적이던지 언제 기준 중심의 전략이 시작되는가? 아쉽게도 두 연구를 한꺼번에 수행하기는 어려울 것으로 보인다. 통역 절차를 기술습득과 과업 중심 전략의 영향을 받지 않은 상태로 연구하기를 원한다면 초보 통역사를 연구해야 할 것이다. 그러나 독특한 인지 기술인 동시통역의 특성이 확실하게 드러날 수 있게 통역 과정을 연구하려면 전 과정을 충분히 내재화하고 통역과업을 수행하는 전문가를 연구해야 할 것이다.

연구 방법의 난제를 이해하기 위해 다음 문장을 생각해 보자.

생태친화적인 농사법 연구는 서로 갈등을 겪고 있는(troubled) 중동의 여러 국가들 사이의 협력 증진에 가장 유망한 분야가 되고 있다.

이 문장이 나오는 텍스트를 영어에서 히브리어로 16명의 전문 통역사가 통역했다. 13명 이상이 갈등을 겪고 있는(troubled)이라는 단어를 생략했다. 이것은 통계적으로 상당히 의미가 큰 현상이다. 이것이 의미하는 바는 무엇인가? 그 가능성은 다음과 같다.

a. 도착어에 이 단어와 일대일로 바로 대응되는 등가어가 없다는 점을 고려하면 가장 근접한 등가어를 찾거나 뜻을 통할 수 있는 단어를 찾는 노력이 "너무 비싼 대가를 치러야 한다"고 느끼거나 실험 대상자들의 능력 이상일 수도 있다.

b. 실험자들이 이 문장보다는 훨씬 더 어려운 문장의 통역 과정을 경험한 후에 "그 영향이 넘쳐나는(spillover)" 효과를 경험했을 수도 있다. 다시 말해 인지능력을 최대한 쓰고 나서 남아 있는 인지 능력이 없어서 그 다음 연속되는 부분에 대한 통역이 어려울 수도 있다.

c. 실험자들이 보통 텍스트의 초기에 경험하는 현상에 빠져 있을 수도 있다. 이 상황에서 적절한 번역에 필요한 스키마나 선험 지식이 형성되지 않을 수도 있다. 슈리브(Shreve)와 다른 연구자(1993)가 지적한 것처럼 텍스트의 초기에는 텍스트를 읽는 데 걸리는 시간이 더 들게 된다. 슐레징거(1995)에 따르면 높은 수준의 학생들이라 해도 텍스트를 읽는 초기에 생략하는 부분이나 응집성 부분에서 생략되는 부분도 많다는 것이다.

d. 갈등을 겪고 있는(troubled)+중동(middle East) 이라는 표현은 식상할 정도로 많이 쓰인 표현이다. 이 표현을 받아들이고 이해하는데 드는 인지자원의 부담은 아주 낮은 수준이기 때문에 실험자들이 충분히 처리하지 않는 경향이 있다. 뻔하게 예측 가능한 부분, 특정한 문장의 끝 부분 등은 이런 방향으로 흐르는 경향이 있다(질, 1992; 슐레징거, 1995).

e. 갈등을 겪고 있는(troubled)+중동(middle East) 이라는 표현은 식상할 정도로 많이 쓰인 표현이기 때문에, 실험자들은 그들이 가지고 있는 사전 지식과 청중의 기대(물론 이 실험은 실험실에서 이루어졌기 때문에 관객은 없다)

를 생각해 이런 표현이 식상하다고 판단해서 생략하기로 결정했을 수도 있다. 질(1995: 202)의 연구에 따르면 "정보를 이미 청중들이 알고 있다고 판단하거나 되풀이 되는 내용이라고 판단하는 것은 순전히 통역사가 결정해야 한다" 라고 주장한다.

f. 통역사들은 수식하는 말이나 다른 "부차적인" 단어 (코프친스키(Kopczynsla, 1980); 바릭(Barik, 1972))는 전체의 뜻을 예측 하려는 노력의 일환 또는 전체 내용을 통역하지 못할 때 이를 극복하기 위한 노력의 일환으로, 생략하는 경향이 있다.

g. 위에 언급된 담화의 요점 이해 처리 과정을 진행하기 위해 실험자들은 수식어나 다른 "부차적인 단어"들을 생략하는 경향이 있다.

h. 이상 언급한 이유로 실험자가 보인 경향을 설명할 수는 있지만 어떤 특정한 이유로 모든 실험자가 보인 경향을 설명할 수는 없다.

처음 세 가지 설명은 인지적 부담을 어떻게 소화하는가에 대한 내용이며 나머지는 담화의 형태 또는 규범 전략에 대해 논하고 있다. 이런 과정을 명확하게 이해하기 위해서 실험을 재정의할 필요가 있다. 비슷한 문장이 출현하는 텍스트를 구성하고 표면적으로 특성이 나타나거나 통상적으로 쓰이지 않는 의미론적인 인지 부담을 안고 있는 점이 특성이 될 수 있다. 하나의 수식어가 아닌 여러 개의 수식어를 사용해서 수식어의 존재 때문에 실험자의 이해 정도에 문제가 생기는 것은 아니라는 점을 보여주거나 아니면 지배적인 기준이 정해지고 되풀이 되는(법정 등) 환경 속의 등가어에 관련된 환경에서 유사한 문장 처리 과정을 관찰하는 행위 등이 포함된다.

어떤 경우건 획득되고 자동화된 전략과 원천적인 인지 자원을 구분해서 분리하는 것이 거의 불가능하다는 점이다. 그렇다면 동시통역에 대한 연구를 위한 패러다임을 정밀하게 분류해내기 위해서는 두 가지 가능성 중 훨씬 더 뛰어난 결과를 보일 수 있는 점에 중점을 두는 것이 더 효과적이고 현명하다. 이런 방법을 실제로 시행하면서 겪는 불편은 감수할 수밖에 없는데 이는 동시통역의 모든 과정의 이해는 총체적인 인지 과정과 개별 과업 중심 전략의 통합이라는 명확한 사실에 근거한다.

실험 연구 디자인의 난제

반복 실험법을 위한 입력 제공의 어려움

연구용 자료를 찾는 어려움보다 구성 밀도가 균질한 다수의 실험 대상자들을 확보하는 것이 더 어렵다는 점이 계속 언급되고 있다. 종속변수(예를 들어 발화의 완성도)에 대한 독립변수(입력 속도 등)의 영향에 대한 연구를 위해 반복 연구법을 사용하게 되는데 독립 변수에 의해 사전에 결정되는 변화 이외에는 다른 변동 사항이 없는 상태에서 실험 대상자는 부과된 과업을 여러 번 되풀이하게 된다. 이렇게 하지 않으면 실험의 진행에서 비슷하거나 "의도적으로 유사하게 조성한" 실험대상 자료에서도 의도하지 않은 미세한 차이가 발생하게 된다. 의미 밀도(propositional density)를 독립 변수로 사용하는 실험을 예로 들어보자. 이 현상은 통역사의 통역 결과, 특히 오류율에 심각한 영향을 미치는 현상이다. 이렇게 수치화할 수 있는 매개 변수도 의미 또는 텍스트 외적인 다른 요소와의 상호작용을 고려하지 않으면 연구가 불가능하다. 콘(Kohn)과 칼리나(1996)가 제시한 보기에는 다음과 같은 중, 복문이 포함되어 있다.

[1] 소녀와 싸운 고양이가 야단친 개가 수망아지에게 다가가고 있다.

The dog that the cat that the girl fought scolded approached the colt.

[2] 소개기관에서 고용한 가정부가 떨어뜨린 화병이 바닥에 부딪혀 깨졌다.
The vase that the maid that the agency hired dropped broke on the floor.

두 문장의 구문과 단어 수준은 동일하다. 그러나 두 번째 문장을 훨씬 더 쉽게 작업할 수 있다. 문장의 의미를 공통의 경험으로 미루어 짐작할 수 있기 때문이다.

따라서 세상에 대한 사전 지식은 상의하달식 처리 방법에 의해 문법에 의한 어려움을 우회할 수 있는 방법을 제시한다. 이렇게 난이도는 비슷하지만 실제 처리는 달라지는 문장을 통해 두 가지 어려움을 설명할 수 있다. ① 수많은 연구에서 주장하는 것처럼 아무 문제없이 서로 교환하여 쓸 수 있을 정도로 동일한 텍스트를 찾는 것이 어렵다는 것과 ② 특정 과업의 겉으로 들어나거나 함축된 매개 변수의 영향을 효율적으로 파악하기가 어렵다는 점이다.

비슷한 난이도의 텍스트를 반복 사용하는 점도 문제를 야기시킨다. 이런 방법은 연구 결과를 일관성 있게 주장할 수 없게 만드는 친숙도 문제를 불러일으킬 수 있다. 주어진 텍스트의 이해와 처리는 텍스트를 되풀이할수록 쉬어진다. 엄격히 말해 텍스트 자체를 기억하는 일이 최소화되도록 반복의 간격을 멀리 조정한다고 해도 동일한 과업을 수행하지 않는다고 말하기가 어렵다.

실험 설계를 위해 구에 해당하는 단어 수나 특수한 구문 구조 등 특정한 언어학 매개변수를 조작해야 하는 경우 생태적으로 타당성이 있는 실험자료를 마련해야하는 필요 때문에 두 번째 문제가 야기된다. 회의 발언록 등 실제 사용되는 텍스트를 사용하기 원하고 이 경우 연구대상 문장이 수차례 언급되지만 이 또한 연구방법이 문제가 될 수 있다. 텍스트에서 사용된 용어 등이 부자연스러워지는 경우는 실제 회의상황 등에서 대규모로 이런 표현을 자주 발견하기가 어려워진다는 것을 의미한다. 예를 들어 여러 수식어 뒤에 명사가 오는 말에 대한 연구를 예로 들 수 있다. 1억 단어 수준인 영국국립말뭉치(BNC)를 이용해서 이런 경우를 찾으면 약 2,400건을 검색할 수 있다. 이처럼 찾을 수 있는 표현은 충분할 정도 이상으로 많지만 특정 텍스트에서 사용되는 예를 찾아서 사용하기에는 너무나 광범위한 자료가 분산되어 있다. 이런 패턴에 해당하는 예는 다음과 같다.

Large, broken-stripe yellow and off-white lap
크고 끊어진 줄무늬의 노랗고 색바랜 흰색 스커트 무릎 부분
a lethal-looking old American corn-drying rack
위험해 보이는 낡은 미국 옥수수 건조기
a 10-inch shallow fluted tart tin
10인치의 얇고 세로로 홈이 새겨진 타르트 파이 깡통
the western Mediterranean and nearby Atlantic coasts
서쪽의 지중해와 가까이 있는 대서양 해안

그렇다면 확실한 사실은 구조적으로 또는 의미적으로 유사한 항목이 필요하지만 실제 사용되는 표현을 모으는 것만으로는 표현히 충분하지 않고, 여러 텍스트에서 수집한 표현을 합치거나 확대해서 사용하거나 새롭게 만들어야 하는 경우도 있다는 점이다. 어느 방법을 써도 생태적 타당성에 대한 우려가 생길 수 있다.

통역 담화의 예측 불가능성과 변형

출발어의 미세한 변화로 인해 발생할 수 있는 미묘한 변화에 관한 연구(슐레징거, 게재예정)에서 16명의 실험자가 단수 복수의 긴 명사구가

포함된 담화를 통역하거나 새로 만들어내는 과업을 수행했다. 제시된 문장은 다음과 같다.

[1a] psychological, technical, commercial and economic advantage
심리적, 기술적, 상업적, 경제적 우의 (단수)
[1b] psychological, technical, commercial and economic advantages
심리적, 기술적, 상업적, 경제적 우의 (복수)

[2a] fast, efficient, modern, high-tech airliner
빠르고 효율적이며 새로운 고등 기술의 비행기 (단수)
[2b] fast, efficient, modern, high-tech airliners
빠르고 효율적이며 새로운 고등 기술의 비행기 (복수)

[3a] separate, comfortable, roomy, soundproof booth
개인별, 편안하며, 넓고 방음장치가 된 부스 (단수)
[3b] separate, comfortable, roomy, soundproof booth
개인별, 편안하며, 넓고 방음장치가 된 부스 (복수)

이 실험의 가설은 통역사가 발화한 두 쌍의 문장에서 숫자만 제외하고 나머지는 동일한 내용으로 발화한다. 물론 동일한 문장을 한 번 이상 통역했을 때 항상 같은 내용으로 통역하지는 않는다. 이 점은 잘 알려져 있지만 실험에서 밝혀진 놀라운 사실은 단수와 복수의 차이만을 제외하고 나머지 내용이 동일하게 발화되는 경우는 무시할 정도로 적다는 것이다. 480건(30쌍 *16명의 실험자) 중에서 30건 정도만 예측된 패턴을 따르고 있다. 따라서 통역사들의 발화는 예측 불가능하며, 변화무쌍하다는 점을 시험할 수 있도록 실험이 설계되어 있지 않기 때문에 연구의 가설을 실제로 측정해 볼 수 없었다.

현재 사용되고 있는 패러다임의 불일치: 임의 생성을 중심으로

통역 실행 연구자들은 관련 인근 학문에서 축적된 지식을 활용하는 적절하고 효과적인 연구 방법을 간절히 원하고 있다. 이상적으로는 동시통역은 현존하는 인지 활동의 또 다른 영역이라는 점을 증명하고 싶어한다. 그러나 방법론상 이렇게 하기에는 변화무쌍하고 복잡한 내용이 너무 많다. 이점을 설명하기 위한 임의 발생 패러다임의 예는 다음과 같다. 배들리(Baddeley, 1966)는 불규칙적이고 순서가 임의로 배치되는 항목(예를 들어 알파벳 등)을 생성하는 일은 규칙적이고 일련의 순서가 잡힌 항목들을 만들어 내는 것보다 훨씬 더 인지적인 부담이 크다는 것을 발견했다.

이 패러다임을 동시통역에 적용하기 위해(슐레징거, 게재 예정), 어원이 같은 것처럼 보이지만 사실은 다른 일련의 단어들을 처리하여 규칙성을 찾는 노력보다는 형태는 다르지만 뜻이 등가를 이루는 말을 찾아내는 단어 형성 노력에 주력할 것이라고 가정했다. 그러나 가정은 들어맞지 않았다. 의도적으로 조성된 다른 동일 어원 단어를 사용해도 통역사는 비슷하게 보이지만 사실은 뜻이 다른 단어의 혼돈에서 벗어나 발화가 지장을 받거나 방금 전에 들은 내용을 회상하는데 어려움을 겪지 않았다(동일 어원 단어가 포함된 담화를 통역한 담화에 드러난 것처럼).

여기에서 의문이 생긴다. 동시통역의 경우에는 실험에서 부가된 어원이 비슷한 유사 단어들을 처리해야 하는 인지적 부담이 실험 대상으로서 소용이 없는 일인지 아니면 방법론 자체에 문제가 있는 것인지 하는 점이다. 동시통역 현상을 심리학 실험에 사용되는 방법이나 도구를 이용해 실험해야 하는 이유 때문에 이런 현상이 발생한다.

결론

결론적으로 어떤 방법을 통해 통역 중 어떤 현상이 일어나고 있는지를 파악해야 하는 문제는 동시통역 연구가 풀어야 할 사항임에 틀림없다. 현재 사용 가능한 여러 방법의 장점과 단점을 충분히 파악하기 위해서 연구 방법 자체에 대해 더 많은 연구가 필요할 것으로 보인다. 다시 말해 연구 방법의 유효성을 검토하고 효과가 없거나 잘못된 결과를 유도하는 연구 방법을 사용하지 않는 일 등이다. 이런 일들은 동시통역 연구자들에게 당분간 부담으로 작용할 것이다. 현재 피실험자가 부족한 점과 담화나 세팅의 생태적 유효성이 부족한 점, 그리고 인접 학문들과 대화가 부족한 점 등의 어려움을 겪고 있기 때문이다. 미래에는 우리가 어떻게 결과를 발견하였고 올바른 방법으로 하였는가 하는 것보다는 무엇을 발견하였는가에 더 많은 시간을 투자하게 될 것이다. 그날이 오기 전에 다른 방법을 다시 사용해보거나 측정방법을 조금 바꾸거나 가설 검증을 이용해 보는 노력을 통해 연구 방법론을 다듬어서 연구 목적에 가장 잘 부합하는 연구 방법을 찾는 노력을 경주해야 할 것이다.

통역 상황 중 통역사간 토론

군-비올 빅-투오비넨 Gun-Viol Vik-Tuovinen
핀란드 바사 대학교 스캔디나비아 언어학과

서론

본 연구는 통역 연구 중 과정 중심 연구를 목적으로 한다. 번역 과정 연구의 경우 번역 과정에 관한 정보는 번역 작업을 하는 번역사에 대한 소리내어 생각하기(think aloud) 기법을 활용하여 파악이 가능하다. 실제 통역 과업 중 실험 대상자가 자신의 생각을 표현하는 것은 불가능하다. 그러나 본 연구는 두 통역사가 통역 부스 안에서 가끔 마이크를 끄는 상황에 기반을 두고 있다. 마이크를 끈 상태에서 두 통역사가 서로 어떤 이야기를 나누는지를 분석했다. 두 통역사간의 토론을 통해 통역 과정과 통역 과업 그리고 자신들의 통역에 관한 통역사들의 견해를 파악할 수 있다. 또한 토론을 통해 통역사들이 통역 과업 수행 시 특정 전략을 왜 사용하는 지에 대해서도 알아볼 수 있다.

데이터와 실험대상

연구 대상은 1997년 가을 바사 공동체 의회의 두 차례 통역이다. 바사 지역은 공식적으로 두 언어를 사용하는 지역으로 핀란드어와 스웨덴어가 공동체 회의에서 사용된다. 의장은 핀란드어와 스웨덴어를 모두 사용하여 회의를 주재했으며 시장과 두 명의 부시장도 두 언어를 모두 사용했다. 공동체 의원들은 두 언어 중 한 언어만을 사용하고 동시통역으로 진행되었다. 통역사들은 의장이나 시장이 두 언어로 발언할 동안 마이크의 전원을 끌 수 있다. 마이크가 꺼져있는 동안 통역사들은 서로 자유롭게 토론한다. 이 토론을 녹음하여 분석 했다.

분석 대상은 56차례 두 사람 간 대화 또는 혼잣말이다. 길이가 상당히 짧은 것도 있고 어떤 대화는 몇 차례의 발언으로 구성되어 있다. 회의와 통역이 진행됨에 따라 두 사람간의 대화가 중단된 경우도 있다.

이 연구에 참여한 통역사들은 공동체 의회 통역사로 수년간 일한 경험이 있으며 실험의 통역 상황은 매우 익숙하다.

본 논문의 연구자 또한 통역사 중 한 명이다. 이런 종류의 사례 연구의 목적은 통역 과정에 관한 연구에 어떤 유용한 정보를 제공할 것인지다. 연구자 자신이 대화 녹음을 맡고 있기 때문에 의식적이던 무의식적이던 대화를 통제할 수도 있는 위험성은 존재하고 있다. 반면 이런 종류의 대화를 통해 어떤 정보를 얻을 것인지에 대한 어떤 예상도 하고 있지 않다. 녹음된 대화를 분석해 보면 대화의 초기에는 같이 통역하는 동료에게 영향을 주지 않으려고 주의를 기울이고 있음을 알 수 있다. 수동적인 자세를 유지하면서 동료가 대화의 주제를 주도하도록 유도했다. 시간이 지날수록 녹음 상황을 의식하지 않고 자연스럽게 행동하는 것을 확실히 알 수 있다. 동료는 녹음된 대화를 나중에 분석할 것인지는 알지 못하고 있다. 연구 목적으로 통역을 녹음한다고 알려주었으며 기술적인 어려움 때문에 휴식 기간 중에도 녹음기를 끄지 않는다고 이야기 했다. 나중에 대화를 분석해도 좋다는 허락을 받았다.

연구방법

본 연구는 번역학(크링스 Krings 1986, 야스켈라이넨 Jääskeläinen 1990과 1999, 뢰셔 Lörscher 1991, 티르코넨-콩디 Tirkkonen-Condit 1996)에 사용된 소리내어 생각하기 연구법에 근거를 두고 있다. 소리내어 생각하기 연구 방법을 이용하면 말로 이루어진 자료 보고서를 작성할 수 있다. 그러나 본 연구의 통역사들은 연구에 필요한 데이터를 통역과 동시에 생성하는 것이 아니고 회의 도중 휴식 중에 하게 된다. 이런 이유로 통역사들의 발언은 지나간 일에 대한 회상 형식이다. 실제 과업과 통역사들의 대화 사이에는 시차가 얼마 되지 않기 때문에 이 연구의 회상은 즉각적인 회상 데이터라고 정의할 수 있다(찜머만과 슈나이더(Zimmerman and Schneider), 1987:178). 반면 어떤 데이터는 통역사들이 나중에 겪을 수 있는 일에 대해 언급하고 있기 때문에 미래형 데이터라고 정의내릴 수도 있다.

본 연구의 주제는 통역사들이 주의를 집중하는 통역 측면이라고 정의한다. 데이터에서 언급된 주제를 분류해 각기 다른 주제 사이에 통역사가 주의를 분산 시켰는지 살펴볼 것이다. 대화와 독백은 총 56건이다. 분석에서 대화는 통역사들이 새 주제를 언급할 때마다 몇 건의 부주제로 재분류했다. 분석된 총 주제는 90건이다.

대화와 독백의 주제는 두 건의 주 분류인 언어 주제와 언어 외 주제로 나누어진다. 언어 주제의 출처는 출발어 텍스트와 통역 결과물이다. 언어 외 주제는 발언자, 회의절차, 통역 행위가 중심이다. 데이터에는 대화가 포함되어 있는데 이는 실제 통역 상황과는 직접적인 연관이 없다.

분석

언어 주제에 관한 언급

언어 주제에 관한 언급은 보통 회상적인 성격이다. 어떤 이유이든지 통역사의 마음에 떠오른 일반적인 내용이다. 통역사들은 출발 텍스트나 그들의 통역 중의 언어적 요소에 관해 언급한다. 언급의 단위는 용어, 표현 또는 개념일 수 있다.

통역된 언어의 주제

본 연구의 언어 주제에 관한 대부분의 언급은 방금 바로 전에 언급한 통역 자료 혹은 출발 텍스트일 수 있다. 아래 예에서 통역사의 이름은 A B로 한다. 대화는 스웨덴어이며 핀란드어 표현이 포함될 수 있다. 아래 보기에서 스웨덴어로 한 말은 영어로 번역된다. 핀란드어는 번역하지 않지만 보기의 이해를 촉진하기 위해 필요할 때에는 괄호 안에 설명이 첨가된다. 예1에서 통역사의 주의를 끌고 있는 언어 요소에 대해 살펴본다.

[1] B: JHOTT 는 뭐라고 하지?

A: 뭐라고?

B: 뭐라고 하나하면...

A: 맞아

B: 여기 어디 있는데.

A: 감사 결과를 처리하는 것..

B: 뭐라고 해야 하지 공립학교...

보기 1에서 B 통역사는 방금 전 통역의 약자를 잘 이해하지 못하고 있다. 통역사들에게 흔히 생기는 일이다. B가 언급한 것처럼 여기 어디 있었는데 말하는 것은 바른 표현을 찾기 위해 회의록에서 해당 단어를 찾고 있음을 나타낸다. 이 예에서 알 수 있는 점은 통역은 무사히 진행했지만 이 특정 단어에 대해서는 통역사는 확실한 해답을 얻지 못했다. 통역사는 단어의 더욱 정확한 번역 의미를 찾기 위해 노력하고 있다.

보기 2에서도 통역에서 흔히 겪을 수 있는 문제에 대해 알 수 있다. 통역사는 한 번도 들은 적이 없는 단어를 통역해야 하는 경우에 직면했다. 이 단어는 스물아홉 번 째 그룹 또는 그룹 29라는 단어로 공동 의회의 특정 부류를 나타내는 말이다. 이 단어는 조어(造語)다. 통역사는 이 용어를 스물아홉 번째 그룹으로 통역했지만 자신이 없다.

[2] A: 그러니까 스물아홉 번째란 말이지?
B: 아니면 2명 대 9명
A: 잘 모르겠네. 어떻게 그렇게 그룹을 나누지.

보기 2에서 알 수 있는 점은 통역사는 연사의 발언을 이해하기 위해 노력한다는 점이다. 만족할 만한 통역을 했다는 점에 만족하는 것에 그치지 않고 통역한 메시지의 진정한 의미를 이해하려고 노력하고 있다.

일반 언어 주제

일반 언어 주제는 여러 상황에서 발생한다. 그렇지만 실제 통역에서 발생하는 단위와는 관련이 없다.

보기 3에서 통역사가 거리 이름에 대해 어떻게 의논하고 있는지 볼 수 있다. 이름은 회의록에 나와 있지만 실제 회의에서는 언급되지 않았다. 통역사 A는 거리 이름인 포졸란카투를 회의록에서 주목했다.

[3] A: 포졸란카투가 무슨 이름이지?

B: 미안해요. 뭐라고?

A: 하나 발견한 것이 있는데..

포졸란카투 (핀란드 어로)

[자전거 길과 연결 되지]

포졸란카투 (스웨덴 어로)

B: 나는 타투라고 들었는데 [타투는 소년의 이름] 너는 카투라고 말했지.

타투라고 생각했는데

A: 그렇지 타투 포졸란이 누구지.

B: 오소가텐이란 이름이 또 나오네. 하트만 다음에 나오는 이름이네.

다음에 나올 수 있어.

A: 맞아

보기 3의 첫 번째 부분은 새로운 거리 이름이 스웨덴어로 무엇인가에 대한 토론이라고 여길 수 있다. 대화의 마지막 부분에 다른 거리 이름인 오소가텐이 언급되며 다음에 나올 수 있다고 말한다. 흥미로운 사실은 이 대화의 목적이 다른 이름이 언급된 상황에서 미래 상황을 준비한다는 점이다. 사실 포졸란카투에 대한 첫 번째 토론은 같은 목적을 갖고 있다. 미래 상황을 준비하는 예는 다른 데이터에서 찾아 볼 수 있다.

언어외적 주제에 관한 언급

언어외적인 주제는 연사, 회의 진행 절차, 통역에 대해 중점적으로 다루고 있다. 또 다른 측면에서 연사에 대한 통역사의 태도, 회의진행 절차 등에 대해서도 주목한다. 통역이 끝난 연사에 대한 언급 중 많은 부분이 연사 통역의 난이도에 중점을 두고 있다. 통역사는 회의에 참석하는 대부분의 연사를 잘 알고 있다. 통역사들은 연사의 직업과 취미, 정치적 연설의 특성 등에 관해 잘 알고 있다(나미(Namy), 1978:33). 이런 상황은 보기 4에 잘 나타나 있다. 이 예에서 A는 다음 등장할 연사에 대해 짧게 견해를 밝히고 있다. 두 통역사 모두 연사를 잘 알고 있기 때문에 B는 A가 말한 바를 이해할 수 있다.

[4] 자 이제 의원들이 조심스럽게 선택한 단어를 들을 차례네.

이 언급에서 통역사들은 연사가 어떻게 연설을 진행하는지를 알고 있음이 드러난다. 연사에 대한 태도도 잘 드러난다. 전문 통역사 윤리 규정에 따르면 전문 통역사는 개인감정이 통역에 영향을 끼쳐서는 안 된다. 이렇다고 해서 통역사가 연사나 통역 업무 자체에 어떠한 태도를 갖지 말아야 한다는 의미는 아니다.

보기 5에서 통역사들은 자신들이 모르는 연사의 직업을 알아내기 위해 노력하고 있다.

[5] A: 지금 연사 직업이 뭐지?

B: 아마도 교사일거야. 사회와 역사.

A: 그런 것 같아

B: 맞아

B: 말하는 것이 그런 것 같아

A: 말하는 것이 선생님 같아. 진작 그렇게 생각했어.

보기 5에서 통역사들이 연사의 연설 특성을 들으며 직업을 짐작하려고 노력하고 있는 모습을 볼 수 있다. 공동 의회 같은 정치 회합에서 통역사들이 연사의 배경을 알고 있는 것은 중요하다. 정치인들이 연설 중에 그들의 경험을 자주 언급하기 때문이다.

회의 진행

두 통역사는 본 회의가 어떻게 진행되는지 잘 알고 있으며 언급하는 사실은 어떤 상황이 벌어지고 있으며 앞으로 어떤 상황이 생길 것인지에 대한 것들이다. 때로 이런 상황에 맞추어 통역사들이 어떻게 준비해야 하는 지에 대해 이야기한다. 통역사들은 통역 상황에 주목하고 있으며 이런 노력이 현상을 이해하고 적절한 통역을 수행하는데 도움을 준다.

실제 통역행위

실제 통역 행위도 언급한다. 통상 통역에 대한 언급은 누가 통역할 차례인가에 관한 것이다. 아니면 보기 6에 나타난 것처럼 통역사의 통역 자체와 통역의 품질에 관한 것일 수도 있다.

[6] A: 오늘 말이 제대로 나오지를 않네. 계속 틀린 말만 하고 있는 것 같아.
B: 연사가 조심스럽게 생각하고 말한 것이어서 통역이 쉽지 않아.
A: 문제는 내 소리를 나도 잘 못 듣는다는 거지. 볼륨을 너무 크게 했든지.
B: 나도 그렇게 한 것 같은데.
A: 말이 잘 안나오네. 말실수도 하고

B: 헤드폰 한 쪽을 귀에서 떼어보아.

A: 그렇게 해야겠네.

A는 자신의 통역에 만족하고 있지 않는 것을 알 수 있다. B는 그 이유를 분석하려고 노력 중이고 연사가 너무 신중하게 생각하고 연설하고 있다고 말한다. 또 B는 헤드폰 한 쪽 귀를 떼라고 권하고 있다. 이는 A가 귀의 헤드폰 하나를 떼었는지에 대해 묻는 것이다. 통역사들은 자신들의 통역 소리조절을 위해 종종 이렇게 한다.

통역에 관한 언급은 내가 통역사에게 통역 후에 자신의 통역에 대해 어떻게 생각하는가를 물어본 인터뷰 연구와 같은 맥락을 이룬다. 인터뷰에 따르면 통역사들은 어떤 연설은 쉬었는지 아니면 왜 어려웠는지에 대해 분석하는 경향이 있다. 통역사들에게 자신의 통역 품질에 대해 언급을 부탁하면 출발어 연설이 어떻게 진행되는 지에 대해 말하는 경향이 많다. 같은 경향을 보기 6과 데이터의 다른 부분에서도 찾아볼 수 있다.

기타 데이터

통역사의 관심을 끈 다른 분야에 대해서도 통역사가 언급한 부분이 있다. 보기 7에서 공동의회 정치인들에 의해 시작된 기술 교육에 대해 언급하는 부분이 있다.

[7] B: 높은 수준의 기술 교육을 받은 사람들이 이렇게 모자랄 줄은 몰랐네.

A: 맞아 특히 기술 분야에.

대화는 아주 일반적인 것으로 보일 수 있지만 통역 과정에 관한 정보를 얻을 수 있다. 통역사들은 회의 중에 언급된 문제 사항이 무엇인지 파악한다. 정확한 통역을 위해서 통역사는 연사가 특정 사항을 언급하는 정확한 이유를 알아내야 한다.

논의사항

통역사의 대화나 혼잣말은 회의장에서 일어나고 있는 일에 대한 반영이지만 통역사가 서로 대화할 수 있는 시간은 제한적이다. 통역사들은 서로 토론할 때 어떤 주제에 대해 토론할 지에 대해 결정한다. 따라서 토론된 주제에 대한 정량 분석을 통해 통역 과정에 대한 흥미 있는 정보를 파악할 수 있다. 아래 표 1에서 언급된 주제에 대한 정량 정보를 볼 수 있다.

표 1. 여러 주제에 대해 언급된 횟수

언어적 주제	
방금 한 통역의 언어적 주제	25
일반적 언어 주제	4
언어외적 주제	
바로 전에 발언한 연사	15
다음 연사	14
회의 진행 사항	11
통역 전반 사항	10
총합	90

통역사의 발언(언급)이 의미하는 바는 통역사들이 어떻게 문제를 해결하려고 노력하고 앞으로의 문제에 대해 대비하며 통역 상황에서 어떤 일이 일어나고 있는지를 이해하려는 노력이라는 점이다. 이런 발언 중 3분의 1은 언어적인 주제이며 3분의 1은 연사에 관한 것이다. 이 두 주제가 통역사에게는 가장 중요한 것으로 보인다. 언어외적 주제가 언어적 주제보다 더 많은 주목을 받은 사실이 흥미롭다. 놀라운 사실은

통역사 간의 논의 중에 청중에 관한 내용이 없다는 것이다. 사실 통역사들은 청중에 대한 토론을 많이 하기 때문이다. 데이터에 청중에 관한 내용이 포함되지 않은 이유는 이 통역 상황에서 통역사들이 청중들을 잘 알고 있기 때문일 것으로 추정된다.

이 연구에 사용된 연구 방법을 통해 통역이 진행되고 있는 동안 통역사들이 어떤 말을 즉석에서 주고받는 지를 살펴 볼 수 있는 기회가 되었다. 더 큰 규모의 데이터를 살펴보면 동시통역의 과정에 대해 더욱 광범위하게 살펴 볼 수 있는 기회가 될 것이다.

동시통역 연구 회상 기법 활용

아델리나 이바노바Adelina Ivanova
제노바 대학교, 스위스

본 논문은 동시통역 과정 중 중재 행위에 대한 인지 과정을 연구하기 위해 회상 연구법을 사용하는 연구의 일부다. 회상 연구는 통역사의 통역 능력 변화에 중점을 두고 동시통역의 담화 처리 측면을 연구하는 틀에서 진행되었다. 이 과정을 통해 보완 데이터를 마련할 수 있고, 이 데이터는 통역 능력의 다른 측정 지표(통역과 회상의 정확도)와 함께 해석 처리되었다. 연구 결과는 다른 논문(이바노바, 1999)에서 설명했고, 본 논문에서는 회상 기법의 적용과 관련된 방법의 문제점에 대해 중점적으로 논의할 것이다. 세부 목적은 다음과 같이 구성된다.

1. 동시통역 과업 특수성을 고려한 회상 기법을 개괄적으로 구상한다.
2. 동시통역 연구에서 회상 데이터를 사용해서 해결할 수 있는 의문 사항과 문제되는 사항이 무엇인지 구체적으로 열거한다.
3. 현존하는 처리 모델에 근거하여 관찰된 데이터를 해석한다.

기준 중심의 자기 성찰의 이론적 근거와 방법론적인 기준

성찰 연구법은 심리학 역사에서 오랜 기간동안 논쟁의 대상이다. 행동주의자들은 철저히 외면해왔고, 최근에 와선 일부 인지 심리학자들조차 데이터에 신뢰성이 없고 유효성이 떨어진다는 이유로 믿지 않고 있다. 에릭슨과 사이먼(Ericsson & Simon, 1996)은 이 방법에 대한 비판을 정리하면서 결과를 수집하고 말로 된 데이터를 모으는 기본적 방법에 대해 설명하고 있다. 그들의 의견에 따르면 이 방법은 다른 인지 관련 연구에 사용된 실험 방법과 맥을 같이 한다. 두 학자가 계속 강조하는 점은 연구자들이 이 방법의 한계점에 대해 잘 알고 있어야 하는 동시에,

> 말 보고서는 신중한 방법을 써서 추출하고, 수집된 환경에 대한 세심한 이해를 기반으로 할 경우 인지과정에 정보를 얻을 수 있는 신뢰할만한 출처가 될 수 있다 (1980: 247)

이 방법의 신뢰성에 지지를 보내면서도 다음과 같은 점에 대해서는 경계한다. 이 방법은 통역에 관련된 정신적 과정에 대한 가설을 세우는 데 사용될 수 있지만 가설을 테스트하는 목적으로는 사용해서는 안 된다. "규범 분석" 이라는 책에서 말리포트는 인간의 생각에 관한 연구의 다양한 분야, 특히 숙련 기술에 관련된 인지 처리에 관한 정보를 얻는 주요한 출처로 쓰일 수 있다는 점을 지적했다(뉴웰과 사이먼 (Newell & Simon), 1972년 실험처럼). (올슨과 비올시 (Olson Biolsi), 1991 연구 참조)

이 연구 방법에 의해 추출된 데이터의 가장 근본적 한계는 의식적이고 통제된 처리 과정에 대한 현상만을 알아낼 수 있다는 점이다. 에릭슨과 사이먼(1996)에 따르면 음성 데이터의 신뢰도는 데이터를 추출하

는 절차에 달려있다. 자기성찰 연구법이라고 여겨지는 다양한 실험 연구법 중에서 소리내어 생각하기(TAP) 기법이 원천적으로 인간의 사고 연구의 다양한 영역에서 인지 활동에 대한 정보를 얻을 수 있는 중요한 출처로 사용되고 있는데, 이는 실험 대상자(특히 사전 훈련에 노출된 이후)가 자신의 과업을 수행하면서 내는 말소리를 수집하기 때문이다. 회상 연구 기법은 수집된 정보가 장기 기억 장치에 저장된 사고 과정에 관한 정보이기 때문에 기억한 데이터를 망각하는 현상으로 인해 정확도가 감소하게 된다. 실험대상자는 자신이 어떻게 생각했는지에 대해 장기 기억을 동원해 회상하기 보다는 유추하려 할 수도 있다. 이런 이유로 회상 기법에서 얻은 데이터의 타당도의 신뢰도는 의심받을 수 있다. 또한 실험 대상자에게 자신들의 판단에 대한 근거를 생각해보라고 요구하는 일은 자신들의 지적 결정에 대한 이유를 여러 가지로 미루어 짐작하려는 노력을 유도할 수 있기 때문에 편향된 데이터가 나올 가능성도 있다. 그로샨(Grotjahn, 1987)도 성찰 연구법 사용에 따른 타당도 문제를 지적했는데 이는 연구자가 얼마나 충실하게 실험 대상자의 의도를 재구성했는지를 의미한다. 타당도에 대한 신뢰를 손상시키는 문제점을 최소화하기 위해 그로샨은 개방성의 기준을 제안했다. 다시 말해 말로 된 보고서를 해석하거나 이용할 때는 열린 마음으로 해야 한다. 이렇게 함으로써 연구자는 자료에 내재되어 있는 구조적 증거를 발견할 수 있다. 이와 유사하게 에릭슨과 사이먼은 말로 된 자료를 코드화하고 해석할 때 근거가 강하지는 않지만 논란의 여지가 없는 이론적 근거를 바탕으로 과업에 접근해야 한다고 주장했다.

더 나아가 자료 해석에 대한 각기 다른 절차에 대해서도 논의했다. 첫째, 그리고 가장 중요한 단계로써 과업에 대한 초기 분석이 중요하다. 이를 통해 인지 절차의 순서에 대해 미리 예상할 수 있다. 예상과 실제 데이터가 일치한다면 분석이 유효한 것으로 확인할 수 있다. 일부 연구자들은 정교하게 정의된 최종 목표 상태를 염두에 두고 구성된 과업을 기준으로 수집된 성찰 자료 분석법에 대해 자세히 설명했다(안자이(Anzai)와 사이먼의 런던타워 과업, 1979의 예). 음성 데이터는 과업 중 채택된 전략 등과 연계하여 더욱 광범위한 차원에서 작성할 수 있다(에릭슨과 사이먼, 1996). 이 접근법은 번역 처리에 대한 실험적 조사에서 몇 차례 사용된 바 있는데 번역은 동시통역과 마찬가지로 열려있는 과업이며 어떤 식으로 끝나야 되는지 구체적으로 정해져 있는 바가 없다. 크링스(Krings 1987)에 따르면 번역 처리를 설명하기 위한 분석 기준은 번역 문제와 번역 전략의 개념과 맥을 같이하며 특정한 과업에서 수집된 자료에서 추출할 수 있다.

본 연구에 대한 배경 설명

동시통역에 대한 대부분의 연구는 현상의 경험 연구에 중점을 두고 있다(질(Gile), 1988; 모제-메르세(Moser-Merser), 1994). 통역 연습과 교습에 관한 성찰 중심 관찰을 통해 어떻게 과업에 접근하고 과업을 완성하는 지 알 수 있다. 그러나 최근 이러한 성찰 중심 경험의 해석에 대해 그 우려가 커지게 되고, 또한 더욱 심각한 문제는 이런 연구 방법에 의해 작성된 연구 논문에 대한 기준 성격 규정에 대해 그 정도가 심해지게 되었다는 것이다. 마사로(Massaro)와 슐레징거(Shlesinger, 1997: 43)는 이런 관찰의 많은 부분이 협조와 갈등 등에 관한 것이 아니고 일방적인 "지시"(내가 시키는 대로 하면 잘 될 것이다)로 구성되어 있다는 점을 지적했다.

가장 주목할 만한 일은 현장에서 근무하는 다수의 전문가들이 자기 성찰 자료를 체계적으로 유도하고 분석하는 시도를 하지 않았다는 점이다. 이런 회상 연구법이 개발되고 음성 데이터를 수집했을 당시에는 이 방법은 동시통역에 지연된 회상 자료를 적용하는 유일한 방법이었다. 칼리나(Kalina, 1997)는 자신이 시행한 회상 연구에 대해 설명하며 자세한 연구 방법이나 분석의 결과에 대해 논의하지 않았다. 따라서 본 연구는 탐구적 방법론 소개에 중점을 두고 있다. 회상 연구 설계에 대한 윤곽을 제시하고 동시통역 인지 과정에 대한 정보를 제공할 수 있는 잠재성을 살펴보는 것을 목적으로 하고 있다.

자기성찰 방법은 글로 쓰여진 번역에 관련된 인지 과정을 연구하는 분야에 널리 사용되었다. 회상 연구가 점점 더 널리 사용됨에 따라 번역 과정에 관한 다음 측면을 연구하는데 소리내어 생각하기(TAP) 방법의 타당성에 대한 여러 증거가 도출되기 시작했다. 구체적으로 번역 전략(크링스 1986, 1987; 회니히(Hönig), 1988; 뢰셔(Lörscher), 1991, 1993); 번역 단위(겔로프(Gerloff), 1987); 번역의 숙달도의 성격(겔로프, 1988) 과업 수행 중 주의력 집중 과정(예를 들어 야스켈라이넨과 티르코넨-콩디(Jääskeläinen & Tirkkonen-Condit), 1991) 등이다. 반면에 동시통역 연구자들은 다음과 같은 일련의 요소들이 중복되는 이유 때문에 이런 연구 방법을 적극적으로 사용하지 않았다.

1. 동시통역 과정의 동시 발생 성격으로 인해 성찰 기법 사용이 배제되고 있다. 슐레징거 (1995: 17)가 지적한 대로 통역사들은 입력되는 통역 텍스트를 처리하면서 또 다른 텍스트를 소리 내어 기록하기가 거의 불가능하기 때문에 현 상태로의 소리내어 생각하기/소리 내어 기록 방법은 통역 연구에는 적합하지 않다.
2. 동시통역의 도착어를 보면 인지 처리의 기반을 이루는 과정에 대한 정보를 완성된 번역에 비해 더 많이 얻을 수 있다. 귀로 듣고 입으로 발성하는 시간 차 등의 시간 변수는 처리과정의 양적인 정보를 얻을 수 있는 지표로 해석되어 왔다(바릭(Barik), 1973; 거버(Gerver), 1971; 앤더슨(Anderson), 1994). 도착어를 녹음하면 발화를 잘못 시작하거나 다시 수정 하는 등 통역사의 의사결정 과정에 대한 정보를 포함하고 있다. 실제 통역 결과 데이

터도 출발어와 도착어의 정확성을 비교함으로써 수집할 수 있다(딜링거(Dillinger), 1989). 이 데이터에 통역사의 기억 및 인지 데이터를 보완할 수 있다(거버, 1974; 램버트(Lambert), 1985; 딜링거, 1989).

그러나 통역 결과 데이터 하나만으로는 전체적인 상황을 파악하기가 충분치 않다. 예를 들어 출발어에서 한 부분이 생략된 것은 이해의 부족일 수도 있고 번역이나 발화의 문제 또는 처리 용량 과다 현상을 피하기 위한 통역사의 전략적 선택일 수도 있다. 티쥬스(Tijus, 1997:35)는 이런 현상을 지속적으로 "오류"라고 말하는 사람들은 통역 과정의 역동적인 측면에 대한 이해가 부족하다는 점을 지적한다. 올슨과 비올시(1991)는 숙달된 전문기술 영역과 관련하여 통역사가 통역 결과 데이터를 해석하는 일은 용이한 일이 아님을 강조한다. 통역사의 전문지식이 어떻게 발현되고 조직화되는지도 관찰하기 어려우며 특정 상황에 사용되는 전략과 전술의 성격, 어떻게 적절한 응답을 구상하고 만들어내며 발화하는지도 확실히 알기 어렵다. 이런 사항 때문에 인지 과정에 대한 추가적인 데이터를 제공하여 통역 결과 데이터를 보완할 수 있는 회상 기법의 잠재력을 좀 더 살펴보고자 한다.

회상 연구의 설계: 연구 방법과 제반 해결 요망 사항

연구의 해결 요망 사항

본 연구는 여러 문제점의 해결을 목적으로 하고 있다. 위에 설명한 이유로 인해 자기성찰(introspection) 기법을 사용하면 문제점들에 대한 해결책을 구할 수 있을 것으로 기대된다. 구체적으로 다음과 같다.

1. 동시통역을 구성하는 주요 인지 활동 간의 상호작용에 대한 일반적인 평가를 시도. 이해, 번역, 통역사의 발화, 특히 통역사의 발화에 있어서의 번역의 영향 등이 서로 영향을 미치는 점에 대해 연구. 현재 동시통역 과정 중 번역의 본질에 관한 실험 연구는 거의 없음.
2. 통역사들이 주의력을 어떻게 분산하는지를 살펴봄으로써 통역사들의 과업을 어떻게 통제하는지 연구.
3. 동시통역 수행 후 기억에 대한 연구. 여러 동시통역 연구에서 (램버트, 1985; 딜링거, 1989; 이바노바(Ivanova), 1999) 사용된 회상 기법은 출발어에 대한 장기기억이 어떻게 저장되어 있는지에 대해서만 연구가 집중되어 있다. 이와 더불어 회상 기법을 사용하면 다른 기억이 어떻게 저장되어 있는지를 살펴볼 수 있다. 특히 문제 해결을 위해 노력한 상황에 대해 말로 표현될 수도 있는 기억들이 어떤 형태로 저장되어 있는지에 대해 살펴볼 수 있다(뉴웰과 사이먼 1972).
4. 회상 연구 데이터를 분석하면 숙달된 동시통역사의 통역 기능 본질에 대한 정보를 구할 수 있다. 에릭슨과 스미스(Ericsson & Smith, 1991)에 따르면 숙달된 통역사와 초보 통역사로부터 추출한 소리내어 생각하기 데이터를 분석하면 실험 통역사의 수준에 근거하여 통역사가 어떤 해결 방안을 찾으려고 노력하고 있는지를 잘 알 수 있다.

이런 일반적인 연구 관심사는 연구 방법에 관해 다음과 같은 점을 고려함으로써 보완할 수 있다.

방법론적 목적

1. 동시통역의 구체적 과업을 감안하면서 자기성찰 기법의 구상에 대해 총체적으로 검토한다.
2. 동시통역에 관련된 인지과정을 연구하면서 지연 회상 연구법이 적절한지 평

가한다. 올슨과 비올시(1991)에 따르면 인터뷰와 다른 회상 기법을 통해 일반적인 전략과 능숙한 통역사의 일반적인 지적능력에 관한 측면도 파악할 수 있다. 이들에 따르면 이 연구법은 풍부한 정보를 제공할 수 있는 장점이 있지만 위에 언급한 제한점이 있다.

3. 동시통역 연구에서 자기성찰 기법 데이터를 사용하면 해결될 수 있는 문제점과 해결 요망 사항들을 제시하고 동시통역 연구 방법론에서 이 기법의 적절성을 평가한다.

회상 기법 사용 연구의 디자인에 있어서의 방법론적 고려사항

애초에 보완적인 데이터를 제공하기 위해 설계된 회상 연구법은 실험 대상자가 통역 과업 전체를 끝낸 다음에 시행되었다. 이렇게 함으로써 과업을 방해해서 과업에 수반된 과정이 영향을 받는 상황을 피하고자 하였다. 물론 이 방법을 적용함으로써 생길 수 있는 효과가 늦게 나타나는 등 추가적으로 수정해야 할 사항들이 몇 가지 있다. 이런 사항들도 연구에서 논의되었다.

기억의 문제

회상 기법의 가장 핵심적인 문제점은 최신효과(recency effect)다. 다시 말해 과업의 완수와 회상을 시작하게 되는 시점의 차이가 데이터의 타당도에 미치는 문제다(코헨(Cohen), 1984). 이런 점이 본 연구를 설계하는 데 가장 큰 우려사항으로 드러났다. 또한 통역 연구에 있어서 회상이 과연 가능한가에 대한 근본적인 문제점이 제기되었다. 동시통역 과업은 여러 상황이 동시에 일어나기 때문에 이런 방법으로 수집하려고 하는 정보가 장기 기억에 남아 있고 순서대로 회상이 가능할 것인가 하는 점이 문제가 된다. 이런 방법을 통해 구할 수 있는 데이터의 성격에 대해 알아볼 수 있는 기존 연구는 전무하다. 그러나 통역사들을 대상으로 한 예비 인터뷰에 따르면 통역사들은 이런 정보, 특히 이해와 번역에 관련한 처리 과정에서 발생한 문제점에 대한 정보는 기억하고 있는 것으로 밝혀졌다.

에릭슨과 사이먼(1996)은 인지 과정의 기억으로 향상 시킬 수 있는 과업 중단 혹은 회상을 도울 수 있는 힌트 제공 등 두 가지 접근법에 대해 논의했는데 이 연구에서는 두 번째 방법을 사용했다. 최초에는 기억을 돕기 위해 두 가지 사항을 고려했다.

- 출발어 텍스트
- 각 실험 대상자의 녹음된 도착어에 해당하는 출발어 텍스트

기억을 돕기 위해서 추가로 또 다른 도움을 주었다. 실험대상자의 통역 중 행동(흥분된 몸짓, 얼굴 표정, 망설임)과 최종 목표언어 통역 결과물에 나타난 오류 사항을 실험자가 기록하여 회상 노력 중 힌트를 줄 수 있는 도구로 사용되었다. 실험자는 피실험자가 특정 부분에 주의를 기울이도록 유도하고 어떤 점을 기억하는지 질문했다.

소규모 예비 실험에서 두 가지 단서 중에서 더 효과적인 방법은 관찰 기록과 함께 원래 입력된 말을 제시하는 것이다. 이렇게 하는 이유는 첫째, 회상 데이터는 통역 결과물과 비교해 간단하게 분석할 수 있고, 둘째, 힌트를 주는 행위를 통해 연구의 대표 유효성을 증진할 수 있기 때문이다. 피실험자들이 특정 부분의 통역 회상을 기억에 의지하기 보다는 이렇게 말했을 수도 있거나 이렇게 말했어야 하는데 라고 생각함으로써 짐작해내는 경향을 방지할 수 있다(에릭슨과 사이먼, 1987). 또 능숙한 통역사에게도 어쩔 수 없이 발생하는 한계 상황과 실수로 인해 생길 수 있는 당황스런 마음이나 부정적 감정을 배제할 수 있다. 이렇게 예비 실험을 거쳐 본 실험에서는 첫 번째 힌트(출발어 대본 만 사용)가 선택되었다.

회상과 재구성

연구자의 경험에 비추어 피실험자가 실제로 회상할 수 있는 정도와 그에 반해서 인지 과정을 재구성하려는 노력은 회상 연구에서 또 다른 중요한 방법론적 논의 사항이다. 회상을 촉진하는 단서를 선택하는 일은 데이터의 유효성을 증진하는 방법이다. 또한 음성 데이터를 분석할 때 "확실하게 구분이 가능한 경우" 만을 구분하는 기준도 분석의 대상이다. 심하게 변형된 자료의 경우 그 말을 한 피실험자조차 확신을 가지고 구분할 수 없기 때문이다.

실험설계

피실험자

두 그룹이 참여했다. 전문가 집단인 전문 통역사들(8명)을 유명 통역 에이전시를 통해 모집했다. 또 다른 집단은 훈련 중인 초보 통역사(8명)로 소피아 대학교에서 회의 통역 과정 마지막 학기에 재학 중이다. 모든 피실험자들은 유창한 이중 언어 구사자로 유년기 이후에 외국어를 익힌 사람들이다. 표 1에 전문가 집단(Gr. E)과 초보 집단(Gr. N)에 대한 인적 사항이 기록되어있다. 피실험자들에게 실험 참가비가 제공되었다.

표 1. 실험 집단 특성

	집단	
특정	전문가	초보
참가자	8	8
여성	4	5
남성	38	24
평균 통역 기간	9년	3개월 훈련

실험용 자료

킬훌리 우드, 킨니어와 그린(Gilhooly Wood, Kinnear & Green, 1988)이 제시한 자료에 따르면 전문가와 초보를 비교하는 연구에서는 대표성 있는 자료를 선택하는 점이 중요하다. 실제 텍스트 등을 사용하면 전문가 집단이 누적된 경험을 활용할 것이기 때문이다. 현재 연구에서 실제 회의에서 사용된 텍스트를 사용했는데 텍스트를 선택하기 전에 실제 회의 진행 녹음을 분석한 후에 선택했다. 텍스트의 선택을 위해 다음과 같은 기준을 사용했다. 주제 친숙성, 특정한 어휘 사용 많지 않음, 많은 양의 말을 구사함(슐레징거(1989)에 따르면 통역 진행을 촉진), 수용할 만한 연설 속도(거버, 1971 참조) 그리고 우수한 녹음 상태 등이다. 실험을 위해 선택된 연설은 영어 원어민이 녹음했으며 주제는 두 집단의 통역사 모두에게 익숙하다(초보 집단은 수업 시간에 이 주제를 다룬 바 있다). 또 통역사들에게 실험 참여를 권유할 때 주제에 대한 정보를 제공했다.

실험 절차

본 실험은 실제 통역 부스를 모방한 특별 부스가 장치된 소피아 대학교의 음성 실험실에서 진행되었다. 각 참여자와 개별적으로 실험을 진행했다. 실험 시작 전 실험실 상황을 실제 회의 상황과 유사하게 만들기 위해 회의에 대한 정보를 제공했다. 또 텍스트에 나와 있는 이름은 미리 전부 제공했으며 일정기간 이름을 공부한 다음, 각 통역사에게 실험에서 사용된 연설을 한 연사의 유사한 주제의 연설(약 2분)을 듣게 하고, 그 이후에 녹음된 실험용 텍스트를 듣게 했다(약 600자). 통역은 영어(피실험자의 제2언어)에서 피실험자의 모국어인 불가리아어로 진행되었다. 이 단계가 완료된 후 각 실험자에게 출발어 텍스트를 제공하고 텍스트를 구분 단위 별로 끊어서 통역을 진행하면서 생각났던 어떤 것이라도 회상 하도록 지시했다. 이런 식의 일반적인 지시는 회상 연구에서 사용을 권장하는 방식이다(에릭슨과 사이먼, 1987). 피실험자는 제공된 힌트에 따라 자유롭게 회상을 진행했으며 연구자는 관찰 결과 피실험자가 단서를 제공하지 않은 부분에 대해 전혀 기억을 못하거나, 피실험자의 데이터가 본래 과업과는 너무 동떨어진 방향으로 진행되는 등 처리 과정에 대한 문제점이 인지되기 전에는 거의 방해없이 관찰했다. 회상에 대한 시간 제약은 없다. 실험 후에는 실험에 대해 설명했다. 회상과 인터뷰 모두 분석을 위해 녹음하고 기록했다.

자료 분석에 대한 일반적 접근

에릭슨과 사이먼(1984)이 지속적으로 강조한 사실은 음성 데이터 분석은 예비 과업 분석을 기반으로 해야 한다는 점이다. 다시 말해 조사대상 과업의 성격에 대한 초기 탐구와 연구를 통해 도출될 데이터가 함축하고 있는 사항에 중점을 두어야 한다. 이런 점에서 동시통역 과업은 역동적이라고 묘사하는 것이 가장 정확하다. 동시통역은 통역사의 개입 여부와 상관없이 지속적으로 변한다(티쥬스, 1997). 둘째, 과업의 핵심을 정의할 수 있는 일반적이고 공통적인 문제가 무엇인지 찾아내기는 극히 어렵지만 각기 다른 통역사들과 환경에 따라 변화할 수 있는 문제들로 이루어져 있다는 점이다. 마지막으로 언어를 이해하는 것과 마찬가지로(반 디크(Van Dijk)와 킨취(Kintsch), 1983) 동시통역은 "열린" 과업이다. 목표가 확실하게 구분되는 최종 산물이 아니다. 목표 자체도 아주 광범위한 범위 내에서만 정의내릴 수 있다. 예를 들어 광범위한 규모의 과업을 만들어내는 일은 최대 논리 정연한 도착어 텍스트를 만들어 내는 일인데, 이는 출발어의 정보를 가감 없이 사용해야 한다는 뜻이다. 따라서 성찰 실험 데이터는 에릭슨과 사이먼(1996)이 제안한 대부분의 방법으로는 분석하거나 표현할 수 없다.

소규모 샘플 데이터 예비 연구에 따르면 번역학 자료에 대한 크링스(1987)의 관찰 결과는 동시통역 자료에도 적용된다. 두 가지 데이터 모두 문제 해결 구조로 구성되어 있다. 데이터는 다음과 같은 정보 유형에 의거 코딩한다.

- 발생한 문제는 "자동화된 처리 과정의 중단 사태"(파르크와 캐스퍼(Faerch and Kasper), 1997)를 의미한다. 이는 의식적인 인지처리의 중심이 되며 궁극적으로 장기 기억 장치에 남아있게 된다.
- 지속 관찰- 전략적 행동으로 연결되지 않는 것으로 명확하게 판명되지 않은 정보에 주목한다.
- 문제에 대한 반응으로 통역사가 통제된 처리 과정을 의지할 때 사용하게 되는 일련의 전략 또는 문맥에서 파악된 정보를 과업 내용의 해결 처리를 위해 사용한다(거시적 전략).

지면의 제약으로 본 연구에서는 처리 문제를 조사하면서 도출된 결과만을 제시한다. 전략 사용이나 특정 처리 문제에 관련한 전략의 적용 등에 관한 사항은 이바노바(1999)에 자세히 기록했다.

동시통역 데이터의 처리문제 분석-분류와 빈도 데이터

데이터를 분석해 동시통역 과정 중의 어느 요소이던지 처리 중에 발생하는 문제를 분석했다. 처리 문제 분석을 위한 코딩 규약은 동시통역의 인지 활동 및 개별 요소(파악되었을 경우) 처리 과정을 기준으로 일반화 된 모델에 근거한다.

처리 문제 분류

최종적으로 확정된 코딩 규약은 표 2에 나와 있다. 각 코드의 약자, 문제들의 성격에 관한 간단한 묘사, 그리고 전문가 집단과 초보 집단에서 수집한 자료의 예가 나와 있다. 통역에 관여하는 인지 활동과 관련하여 주요한 범주는 아래에 간략한 설명과 함께 제시되었다. 이런 활동에 관련된 구체적인 인지 과정(부차적 범주)은 이후로는 코드 약어와 /로 표시할 것이다.

피실험자의 음성 데이터를 분석한 결과 다음과 같은 인지 과정을 수행하는데 문제점이 있다는 점이 드러났다.

1-이해

이해는 다음과 같이 가정한다. 저차원의 처리 과정에서는 단어를 인지하고 구 단위의 처리를 진행하며 고차원에서는 텍스트를 이해하고 저차원의 처리 과정에서 획득한 정보를 바탕으로 전 텍스트를 논리적으로 재구성하는 것이다(징거(Singer), 1990; 저스트(Just)와 카펜터(Carpenter), 1987). 통상적으로 저차원의 인지 처리 과정은 자동화된다. 그러나 순조롭게 처리가 안될 때는 특정한 과업에 주의력을 집중하게 된다.

2-말 바꾸기 (Tr/)

이해와는 달리 말 바꾸기 과정에 개입하는 인지 과정에 대해서는 거의 알려진 바가 없다. 질(1995)은 "발화노력" 이라고 이름 붙인 장에서 번역 문제를 다룬 바 있다. 모서의 동시통역 처리 모델(1978)에서도 발화의 이런 측면에 관해 확실하게 밝히고 있지 않다. 사실 모서는 이 과정을 코드 바꾸기라고 불렀다. 이 범주에서 세부적으로 분류된 문제는 출발어 덩어리에 해당하는 도착어를 구사하는 절차에 집중하고 있고 이 경우 발현된 형태는 여러 가지로 복잡하게 전개될 것이다. 문제로 제기된 대다수 발화는 단독 어휘소나 짧은 표현에 집중하고 있다. 일반적으로 본 연구에서 연구 참여자들이 지적한 번역 문제는 도착어 단어 구사(이 경우 도착어는 통역사의 모국어) 또는 여러 후보 중에서 가장 적합한 어휘소를 선택하는 점을 지적했다.

3. 과업의 동시성 (Sim/)

이 범주에 해당하는 문제들은 다수의 인지 작용이 동시에 발생하는 동시통역의 특수성이다. 이 과정은 동시에 진행되는 과업을 순조롭게 처리하는 것을 의미한다. 두 가지 언어-출발어와 도착어-를 동시에 처리함으로 인해 야기되는 문제점과 주의력을 적절하게 배분하는 점을 세부 문제로 지적했다.

처리 문제에 대한 피실험자간 분석을 통한 빈도 데이터

데이터를 분석하면서 문제점을 분류해서 이 연구에 참여한 집단의 인지적 작용에 대한 특징을 드러내는 정량적인 분석이 보완 역할을 할 수 있다는 점이 확연히 밝혀졌다. 전문가 집단과 초보자 집단에서 파악할 수 있는 빈도와 분포 데이터를 비교함으로써 두 집단 간의 처리 결과 인지 절차에 대한 차이를 파악할 수 있다.

전문가와 초보자 간 차이에 대한 결과는 별도(A와 B) 장에 표시했으며 각 장의 시작 부분에 주요 범주에 대한 분석과 문제의 세부 항목에 대한 분석을 기술했다.

A. 전문 통역사가 밝힌 문제에 대한 분석

분석의 결과는 표 3과 4에 표시됨.

표 2. 문제점의 분석 및 자기 분석 관찰을 위한 코딩표와 초보 및 전문 통역사의 발화 예시

코드		개요
이해 (compre-hension)	인식(P)	소리가 들리지 않거나 음성 신호에 연관된 문제점
	출발어 단어 이해 (L)	잘 알고 있다고 생각되는 출발어 덩어리에 대한 의미 파악 미흡 (단어나 표현)
	구문 처리(Syn)	구문 수준에서 이해를 못하거나 구문상의 문제점을 인식하지 못함
	텍스트 통합(TC/inte/)	출발어의 통합적 이해에 어려움을 겪음 (여러 구문에 걸쳐 정보를 통합하는데 어려움이 있음)
	텍스트 이해(TC/bgkn)	배경 지식의 부족으로 이해에 어려움을 겪음
과업의 동시성 (Sim/)	(출발어. 도착어)	도착어 발화 속도에 비해 상대적으로 과도하게 빠른 출발어를 처리함에 따른 문제
	도착어 발화 지연(Tr.del)	번역으로 인한 도착어 발화가 늦어짐
말 바꾸기 (Tr/)	도착어 생각해내기(TLr)	출발어에 해당하는 도착어 표현 등을 생각해내는데 어려움을 겪음
	등가어(eqv)	여러 가능성 중에서 문맥에 합당한 표현 등을 선택하는데 어려움을 겪음
관찰 (M/)	번역 (tr)	개념 수준에서 번역의 정확성을 확보함
	내적언어 관찰 (insp)	발화전 발화 메시지의 정확도를 확인함
	시간	도착어 발화에 근거한 출발어 입력 시간의 의식
	감정적 발언 (int. com)	출발어/도착어 발화자에 대한 감정적 발언
	감정상태	통역에 대한 감정적인 자기평가
	분석되지 않은 문제점	분석되지 않은 문제점들

전문가 자료 예	초보자 자료 예
잘 모르겠어. 킨켈인지 콜인지 콜이 연설을 하고 있는 것으로 해야겠네 (E7)	듣지 못했어. 그리스인에 관한 사실 (N7). 유럽연합에 관한 것들. 나는 UN이라고 들었는데. 왜 그랬는지 모르겠어 (N3).
논쟁의 여지가 있다는(contentious) 단어가 문제가 있네. 나중에 뜻이 더 명확해지겠지 (E8)	"tangible(실체적인)" 이란 단어의 뜻을 잊어버렸어. 들은 적은 있는데 뜻이 생각나지 않네. 나중에 떠오르겠지 (N3)
기쁜 이유가 서류를 가지고 있어서인지 아니면 서류가 영어로 되어 있어서인지 확실치 않아 (E2)	이 두 문장은 삽입절인데 너무 늦게 알아차렸어 (N6)
회장직을 누가 누구에게 전달했는지 이해가 되지 않네. 그리스인들이 독일에 주었다는 것인지 아니면 그 반대인지 (E5).	다 듣기는 했는데 연결을 못시켜서 간신히 "문제가 있다" 라고만 했어 (N2).
양도에 관해 - 무슨 이야기를 하는지 이해가 되지 않네. 이 주제는 잘 모르는 분야거든 (E4)	여기 회장직에 관한 이야기에서 무슨 이야기를 하는지 알아차리지 못했어. 서로 돌아가면서 맡는다는 것은 알았지만 무슨 이야기인지 몰랐어 (N2)
너무 빨라. 너무 빨리 지나가서 모든 사항을 다 이해하지는 못해 (E6).	여기에서 너무 시간이 모자라서 회장에 관련된 부분을 말하지 못하고 생략하고 지나간 부분이 있어.
	"어떻게 돌아가고 있는지" 무슨 말인지 모르겠어. 전체를 다 듣기위해 기다렸고, 처리할 시간이 모자라 건너뛸 수 밖에 없었어 (N7)
	"communication" 이라는 말을 생각하지 못해서 다른 말을 했어 (N1)
"communication"이라는 말을 어떤 단어로 옮겨야 할 지 모르겠네 (E1).	중심되는 내용 - 이미 "tochka"라고 말했고 불가리어 말로 동의어를 찾았는데 생각나는 말이 "문제점"이었어 (N6)
여기에서 "njakoj"라고 했는데 잘 말한 것 같네 (E2)	"deepening" 이란 말을 대신해서 "integrazja" 라고 했는데 어느 정도 비슷한 말이라고 생각했어 (N2)
어떤 때는 직역을 하고 있는 것을 잘 알고 있어 (E8)	중심되는 생각-불가리어에는 이런 말이 없는 것 같아 직역을 했어 (N4)
(텍스트를 가리키며) 벌써 여기까지 왔네. 번역하면서 따라가다 보니 상당히 뒤쳐졌네 (E1)	이해는 했는데 시간이 너무 많이 걸려서 나머지는 요약을 할 수밖에 없었어 (N4)
취임하다 라는 영어 단어 - 이 사람은 이 단어를 색다르게 사용하네. 원어민들 만이 이런 식의 표현을 사용하고 있는데 (E6)	
연사가 "the com-mission"이라고 말할 때 따라잡을 수 있었고, 이 점이 자랑스러워 (E1)	이 지점에서 포기했는데 내가 생략해버린 말들을 생각하니 너무 화가나 (N6)
여기 문제점이 있네. 정확히 무엇이지 기억이 나지 않네 (E8).	이 부분이 어려웠는데 지금은 잘 모르겠네. 시간이 꽤 걸렸는데 (N2).

표 3. 전문가들이 파악한 문제점 목록. 피실험자들이 상호 확인함 (상대 빈도는 이탤릭체로 표기)

	E1	*E2*	*E3*	*E4*	*E5*	*E6*	*E7*	*E8*	*Total*	*%*
P	2	1					2	1	6	*12%*
L						1		1	2	*4%*
Syn	1	1							2	*4%*
TC	4	4	2	4		2	4		20	*38%*
Sim						2			2	*4%*
Id	1				1			2	4	*8%*
Total Ss	12	8	4	4	3	9	6	6	52	100%

표 4. 전문가 집단이 제시한 TC, Tr Sim 범주에 대한 부속 범주 상황. 피실험자들이 상호 확인함 (상대 빈도는 이탤릭체로 표기)

	E1	*E2*	*E3*	*E4*	*E5*	*E6*	*E7*	*E8*	*Total*	*%*
TC/									20	
Integ	4	4	2	4		1	4		19	*95%*
Bgkn						1			1	*5%*
Tr/									16	
L2r										
Eqv	4	2	2		2	4		2	16	*100%*
Sim/										
SL.TL						2			2	*100%*
tr.del									0	*0%*
l.voice									0	*0%*

표 3에서 볼 수 있는 것처럼 데이터 상의 대부분 정보(69%)는 고차원의 텍스트를 처리하고 번역하는 과정과 관련이 있다. 이 경향을 표 4에서 살펴보면 전문가 집단은 텍스트 전 영역에 걸쳐 정보의 통합에 관한 문제를 기억하고 있다(38%). 특히 신경을 집중하고 있는 부분은 출발 텍스트 뭉치에 해당하며 문맥에 잘 들어맞는 도착어 표현을 선택하는

부분이다. 전문가 집단이 가장 우선적으로 지적하고 있는 인식에 관련된 문제는 사람의 이름이다. 킨켈을 콜로 통역한 전문 통역사들이 있었다. 사람 이름이 많은 문제를 야기하는 것은 잘 알려져 있는 사실이고 특히 외국 이름의 경우 접해 볼 기회가 많지 않기 때문에 쉽게 알아듣지 못하는 경우가 있다. 그러나 이런 문제는 충분히 예상되고 있는 문제이며 이를 미리 해결하기 위해 피실험자들에게 통역 시작 전 인사들의 이름을 제공했다. 이런 사전 예방 조치가 특정 이름에는 효과가 없었는지 흥미 있는 질문이 되겠지만 본 연구의 의도를 넘어서는 영역이다. 전문가 집단이 보고하는 바에 따르면 제 2언어의 단어를 찾아내고 구문을 처리하는 작업은 효율적으로 문제 없이 진행되었다(이 경우의 처리 과정은 자동화 되었다고 할 수 있다). 동시에 듣고 말해야하는 부담도 이 정도 수준의 통역사들에게는 발화가 중단되는 문제를 야기시킨 것 같지는 않다.

B. 초보 통역사가 보고한 문제점에 대한 분석

초보 통역사의 회상 보고서에서 제기된 문제점은 아래 표 5와 6에 요약되어 있다.

표 5. 초보 통역사가 파악한 문제점 목록. 피실험자들이 상호 확인함 (상대 빈도는 이탤릭체로 표기)

	N1	*N2*	*N3*	*N4*	*N5*	*N6*	*N7*	*N8*	*Total*	*%*
P	2	3	4	2	3	4	2	4	24	*17%*
L		3	1	2	1	3	2	1	13	*9%*
Syn			1			3	1	1	6	*4%*
TC	4	12	3	5	1	10	1	3	39	*28%*
Tr	1	1	3	4	4	4	2	2	21	*15%*
Sim	2	5	2	6	2	2	3	4	26	*19%*
Id	2	4	1	2	2				11	*8%*
Total Ss	9	28	15	21	13	26	11	15	140	*100%*

표 6. 초보 통역사집단이 제시한 TC, Tr Sim 범주에 대한 부속 범주 상황. 피실험자들이 상호 확인함 (상대 빈도는 이탤릭체로 표기)

	N1	*N2*	*N3*	*N4*	*N5*	*N6*	*N7*	*N8*	*Total*	*%*
TC/									39	
Integ	3	11	2	5	1	10	1	3	36	*92%*
Bgkn	1	1	1			1			3	*8%*
Tr/									21	
L2r		1		4	3	2	4	2	16	*76%*
Eqv	1			1	1	2			5	*24%*
Sim/									26	
SL.TL						2			2	*100%*
tr.del				3					3	*12%*
I.voice	2	5	2	3	2	2	3	4	23	*88%*

회상 작업 중 초보 통역사는 전문 통역사에 비해 더 많은 처리 관련 문제점을 찾아냈는데 이는 초보 통역사들의 통역 정확도가 전문가 집단에 비해 훨씬 낮은 현상을 잘 반영한다(57%:81%, p<.001). 번역 숙달도에 대한 소리내어 생각하기 연구(야스켈라이넨과 티르코넨-콩디, 1991 참조)에 따르면 전문가 데이터가 간단명료하고 데이터 양이 많지 않은 이유가 인지 처리 과정이 자동화 되어있음을 나타낸다고 해석할 수 있다. 이 설명은 현재 데이터를 규정하는 데에도 적용될 수 있을 것으로 보인다. 그러나 현재 연구의 데이터는 전 통역 과정이 완료된 후에 추출한 것이기 때문에 이런 결론이 최종은 아니다.

데이터에서 알 수 있는 경향도 전문가 집단의 데이터에서 얻은 내용과 다르다. 특히 특정 정보 통합 텍스트 이해는 초보 통역사들이 동시 통역의 인지 과정 중 가장 문제점이 많다고 지적한 바 있다. 동시 통역을 수행할 때 문제점 중 가장 중요한 부분은 말 바꾸기를 제 시간에 하지 못하는 점(동시성의 문제 중 82%)이라고 지적했다. 또한 출발어의 긴 문장을 제대로 듣지 못한다고 보고했다. 이는 예상하지 못한 결과이며 설명이 필요할 것으로 보인다. 노만과 바브로우(Norman & Bobrow, 1975)에 따르면 여러 가지 과업을 동시에 처리하는 경우 결과에 문제가 생기는 것은 입력 품질이 좋지 않거나 처리 인지 자원이 부족한 것에 기인한다고 제안한 바 있다. 데이터 입력의 한계로 인해 발생할 수 있는 문제점의 가능성을 최소화하기 위해 좋은 녹음 품질을 사용했고 장비를 사전에 점검했으며 이 또한 전문가들이 담당했다. 피실험자들은 실험 후 녹음 품질에 만족한다고 밝혔다. 청취에 문제가 발생했다면 또 다른 가능성은 인지 자원의 부족에서 찾을 수 있다. 이해와 발화가 같은 인지 자원을 공유해야 한다면 입력되는 자료의 일부는 별도의 주의력을 기울이지 않아도 되는 정도일 수도 있지만 발화 작업이 의미론 적인 해석이 필요한 상황이라면 입력데이터에 의미를 부여해 발화를 준비하는 작업은 포기할 수밖에 없는 상황이 될 수도 있다. 따라서 입력되는 자료의 부분적 처리는 출발어 - 덩어리가 들리지 않는다는 주관적이고 다소 감정적인 판단일 수도 있다.

말 바꾸기 과정에 대한 초보 통역사의 언급은 평균적으로 거의 없는 편이다(15%만 번역에 대해서 언급). 이 문제가 언급되면 이는 주로 일치하는 단어를 찾아내는 문제와 연관하여 언급된다. 피실험자들은 즉석에서 입력되는 출발어의 등가어에 해당하는 도착어의 어휘를 생각하는 데 어려움을 겪었음을 피력하고 있다. 출발어의 어휘를 잘 알고 있는 경우에는 말을 바로 바꿀 수 있다. 이런 어휘상의 문제 이외에도 알고 있다고 생각했던 출발어 어휘의 의미를 정확히 끄집어 내지 못한 경우도 언급하고 있다.

과업수행 지속 관찰

과업수행 지속 관찰은 흥미로운 분야며 이제까지의 문제와는 다른 접근법이 필요하다. 왜냐하면 발언 처리 과정에 계속 주목하고 있다는 증거는 되지만 특정한 문제로 분류되지는 않기 때문이다. 이 분류 규약은 만만치 않은 작업인데 동시통역에서 이 분야에 대한 연구는 아직 시행되지 않고 있다. 한 가지 언어만을 사용하는 경우 과업수행 관찰은 연구자들 사이에서도 합의를 이루지 못하고 있다. 이런 경향은 언어 발화에 대한 지속 관찰을 논의한 연구에서 더 두드러진다(블랙머(Blackmer)와 미튼(Mitton), 1991). 거버 (1976)는 동시통역 상황에서 두 가지의 지속 관찰이 존재한다고 주장했다. ⓐ 음성을 발화하기 전, ⓑ 도착어 발화를 위한 발화 후 연습 등이다. 이 모델은 즉석 발화에 대한 지속 관찰 연구와 일맥상통 한다(레벨트(Levelt), 1989). 레벨트에 따르면 자기 관찰은 개념 수준에서의 관찰(가장 추상적이고 메시지의 의미는 있으나 언어화가 되지 않은 상태), 내적 언어 단계(어휘와 문법적인 표현이 이루어진 단계) 그리고 발화(말을 한 이후에 관찰)등으로 이루어져 있다.

모니터링에 대한 말 리포트에는 두 가지 종류의 말하기 전 관찰(번역의 적절성과 발화를 위해 구성된 목표언어가 틀린 곳이 없는지)이 있다. 그러나 청취에 대한 정보는 찾을 수 없다. 마지막으로 두 가지 세부 범주가 포함되는데 여기에는 텍스트를 듣고 나서 혹은 자신들의 통역 결과에 대한 피실험자의 감정이 얼마나 나타나 있는지에 대한 정보가 포함되어 있다.

지속 관찰에 대한 정보를 얻기 위한 회상 연구 자료를 분석하면 피실험자가 시도했던 과업 인지 처리의 전반적인 정보를 구할 수 있을 것으로 기대된다. 다시 강조하면 이전의 분석에서는 피실험자가 구체적인 해결책을 얻기 위한 처리 과정에 어려움을 주는 측면에 대해 언급 했다면 지속 관찰의 경우 관찰의 결과가 행동의 원인으로 지목되지 않았다.

이 상황을 분석할 필요가 있다. 이는 통역사들이 어려운 과업 요소에 어떻게 주의력을 배분했는지를 나타내며 과업 완수 후에 어떤 정보를 계속 보유하고 있는지를 알 수 있기 때문이다.

분석의 결과는 아래 표 7과 8에 기록되어 있다.

표 7. 전문 통역사의 데이터 지속 관찰한 데이터 (피실험자들이 상호 확인함. 각 항목의 상대 빈도는 이탤릭체로 표기)

M/	E1	E2	E3	E4	E5	E6	E7	E8	Total	%
Tr	6	4	2			3	2	1	18	*41%*
Time	4		1	2	1				6	*14%*
Insp	3					1		1	5	*11%*
int. com	3		1			2			6	*14%*
Mood	4	3	1			1			9	*20%*
Total	20	7	5		1	7	2	2	44	*100%*

표 8. 초보 통역사의 데이터 지속 관찰한 데이터 (피실험자들이 상호 확인함. 각 항목의 상대 빈도는 이탤릭체로 표기)

M/	N1	N2	N3	N4	N5	N6	N7	N8	Total	%
Tr						2			2	*13%*
Time		1			1				2	*13%*
Insp			1	1	1			1	4	*25%*
int. com				1					1	*6%*
Mood	1	3		1	1	1	2	1	7	*44%*
Total	1	7	1	3	3	3	2	2	16	*100%*

데이터에서 볼 수 있는 것처럼 전문 통역사는 개념 단계(41%)에서 말 바꾸기가 적절한지에 대해 큰 관심을 집중하고 있다. 특정 출발어 도착어의 말 바꾸기가 성공적으로 이루어졌는지에 대해 언급하고 있다(표 2). 이런 자료는 초보 통역사의 자료에서는 찾을 수 없다. 또 동시에 주목할 사실은, 초보 통역사들은 감정 단계에 집중해서 문제와 연관이 없는 언급(44%)은 과업을 제대로 이루지 못했을 경우 자신들이 좌절했던 경험 등과 관련이 있으며, 많은 경우 이런 상황때문에 발화가 제대로 이루어지지 못하게 된다.

양 집단 모두 출발어에 해당하는 도착어를 발화했던 시점을 기억했다. 텍스트를 인지하는 동시에 생각하고 저장했던 인지 처리의 한 편린으로 보인다. 데이터에 따르면 도착어 메시지를 발화 전에 적합 여부를 검토했다는 추이도 볼 수 있다. 피실험자들은 도착어에 문법적인 하자 여부와 도착어 발화시 문장의 합리성을 결정하는 연결에 문제점은 없는지의 여부를 감지할 수 있었다고 밝히고 있다.

전체적으로 피실험자의 회상 데이터 중에 감정 상태(세부 범주 중 속으로 말하기와 기분 상태가 34%를 차지한다)가 우세하다는 점은 예상치 못한 일이며 흥미로운 발견이다. 피실험자 대다수가 언급한 사항에서 파악할 수 있는 사항은 그들의 실제 발화가 기대치에 어느 정도 부응했으며 출발어를 얼마나 심각하게 분석했는지, 부여 받은 과업에 몰두해 임무 완수를 위해 어떻게 노력했는지 등이다. 이런 통역사들의 언급은 동시통역에서 감정 요소의 중요성을 잘 나타낸다. 프레이저(Fraser, 1994)는 전문번역사들을 소리내어 생각하기 방법으로 연구한 결과 과업에 대한 개인적이고 감정적인 요소가 매우 깊게 관여되어 있음을 발견했다. 이런 사실이 번역사 훈련에 바로 적용될 수는 없겠지만 통역 번역 분야의 전문가들이 보유해야 할 전문기술 수준에 대한 이해와 깊은 연관이 있다는 주장은 상당히 일리가 있다.

문제점과 데이터 지속 관찰에 대한 총괄 토의

전문 통역사의 데이터를 분석해보면 동시통역을 수행하면서 직면하게 되는 문제점이 발현되는 정도는 초보 번역사에 비해 한층 더 정교하고 세부적인 성격을 보인다. 전문통역사들은 구체적인 문제에 집중하고 문제의 성격 자체와 해결책을 더 잘 기억 한다(문제와 연관된 전략에 대한 토론은 이바노바, 1999를 참조). 이런 관찰을 설명하기 위해 말 바꾸기 문제를 생각하고 있는 다음 요약을 참조하기 바란다.

> 의사소통이라는 말은 반가운 일만은 아니고 도착어인 "sobstenija"라는 단어가 의사소통에 해당하는 등가어인지 확실치 않아. 그런 식으로 하면 될 것 같기는 하지만 정확한 번역인지는 확실치 않아. 여러 가능성을 검토해보았고, "poslanie", "komunike", "tzirkuljar" 등의 단어도 생각이 났어.

이런 식의 노력은 말 바꾸기 문제와 해결책, 다시 말해 수용 가능한 도착어를 찾는 과정에서 다른 대안을 찾아가는 것에 발맞추어 생겨난 문제 유형(뉴웰과 사이먼 1972의 주장처럼)임을 설명하고 있다.

그림 1: 회상 연구에서 밝혀진 전문 통역사와 초보 통역사가 밝힌 문제 빈도

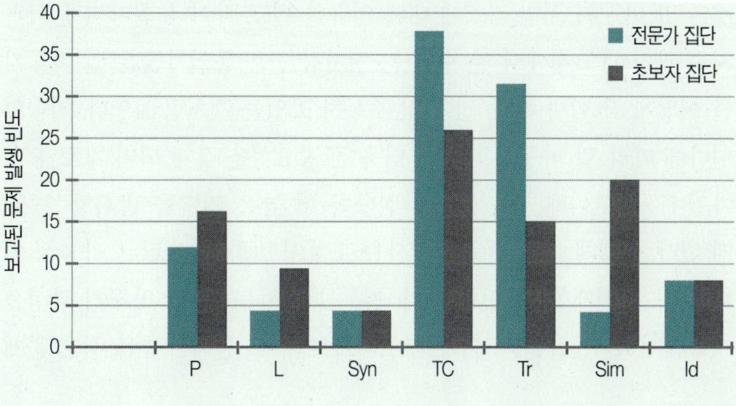

그림 1은 두 집단의 중요한 문제 범주를 요약한 것이다.

두 집단에서 문제에 대해 토론하고 지속 관찰하여 주요한 주제를 정리했다. 우선 데이터에서 볼 수 있는 것처럼 과업 완수에서 전문가와 초보 통역사 두 집단 모두가 겪는 대부분의 문제는 고차원의 텍스트 통합처리 과정에서 발생 한다(그림 1). 이런 과업의 이해에 영향을 주는 것은 대부분 과업 때문에 생기는 인지적 부담이다. 이는 통합에 주의력 처리 자원이 소요 된다는 점을 생각할 때 놀라운 일은 아니다.

초보 통역사의 경우 인지적 부담이 늘어나면서 모국어와 외국어 동시 처리에 문제가 발생한다. 초보통역사는 출발어에 있는 어휘는 찾아내지만 그에 해당하는 개념을 도착어에서 쉽게 찾아내지 못한다. 개념이 어디에선가 본 듯한 것일 수는 있지만 도착어에서 개념에 해당하는 어휘를 찾아내지 못하고 도착어인 모국어 발화를 하지 못하게 된다. 이런 발화 실패는 대부분 앞에서 설명한 것처럼 통역사의 발화처리 실수로 인한 것이다. 더 심각한 인지 부담에 대한 증거는 때로 초보 통역사들이 텍스트에서 언급된(또는 지속적으로 나온) 사항을 기억하지 못하는 경우다(그림 1에서 범주 p). 여기서 쉽게 예상할 수 있는 사실은 전문 통역사에게는 문제가 되지 않지만 초보 통역사에게 이해와 발화 모두가 어려움을 준다는 점이다.

그림 1에서 보면 전문 통역사와 초보 통역사간에 큰 차이를 보이는 것은 말 바꾸기 처리 과정에 대해 언급한 빈도 차이다. 문제의 분석과 지속 관찰 보고서에서 알 수 있는 것처럼 전문 통역사들은 말 바꾸기를 어떻게 잘 할까 하는 점에 더 주목하고 있는 것처럼 보인다. 기술의 연마에 따라 말 바꾸기 과정이 더욱 큰 중요성을 갖게 되며 자료가 많아질수록 또 이해 정도가 빨라질수록 더 높은 기술을 발휘할 수 있게 된다. 이렇게 되면 전문 통역사는 도착어 발화시 더 많은 가능성 중에 하나를 선택할 수 있게 된다. 전문 통역사는 이 말 바꾸기 과정을 지속해서 잘 관찰한다. 이와 대조적으로 초보 통역사들이 겪는 문제

는 효과적인 도착어 발화에 관한 것이다. 슈리브(Shreve)와 다이아몬드(Diamond)(1997)에 따르면 전문 통역사는 잠재적인 말 바꾸기 문제에 대해 더 많이 생각하는데 이는 훨씬 더 많은 도착어를 기억하기 때문이고 입력되는 정보에 대해 한층 더 고도화된 분석을 하기 때문이다. 다른 실험 연구에 의한 자료가 존재하지 않는 시점에서 본 연구에서 드러난 두 집단의 보고는 이런 가정에 힘을 실어주는 역할을 하게 된다.

마지막으로 전문 통역사와 초보 통역사 모두에게 감정적인 요소는 과업 수행에 중대한 영향을 주었다. 피실험자들은 그들이 어떻게 과업을 수행하느냐 하는 점과 과업 요소 중 어느 부분이라도 성공적으로 완수하기 위해서는 어떻게 해야 하느냐 하는 점에 특히 신경을 쓰고 있는 것으로 보인다. 이렇게 집중하고 있기 때문에 모든 통역 작업을 완수하고 나서 통역 수행 중 일어난 사실을 기억하고 묘사할 수 있다는 사실을 설명할 수 있다.

결론

본 연구를 기획하며 염두에 둔 의문점은 회상 연구법의 실현 가능성이다. 통역사들이 과업과 연관된 엄청난 처리 부하와 다양하고 예측불가능한 문제들을 겪으면서 어떻게 과업을 처리했는지 과연 기억할 수 있을까? 본 연구에서 통역사들은 그런 정보를 기억한다는 점이 밝혀졌다. 물론 각 피실험자마다 기억한 바를 말로 표현하는데 길이와 내용이 달라지기는 했다. 이 점 하나만 보아도 피실험자들이(전문가와 초보자 모두) 과업 수행을 위해 어느 정도로 집중했는지 파악할 수 있다.

데이터 분석을 통해 이해와 발화 두 측면이 어떻게 상호 작용을 하고 이 점이 발화에 어떤 식으로 영향을 주는지에 대해 잘 알 수 있다. 전문가와 초보자 모두가 가장 빈번하게 지적하는 사항은 텍스트 통합 처리 과정이다. 이 연구에서 통역사들이 외국어에서 모국어로 통역할 때 이해에 대한 중요성을 잘 알 수 있다. 전문가들의 데이터에 따르면 말 바꾸기 과정은 자신들의 주의력의 인지 자원 중 많은 부분을 차지한다. 전문가들은 초보자들에 비해 말 바꾸기 문제를 더욱 인식하고 있는데 이런 문제들이 문맥과 환경적으로도 적합한 도착어를 찾아내는 일과 관련이 있기 때문이다. 현재의 통역 전문 기술 수준에서 대부분 초보자들은 동시에 여러 과업을 수행해야 하는 과정 자체를 통제하는데 어려움을 겪고 있다. 처리 용량의 과부하 문제는 이미 토론에서 밝혀진 것처럼 외국어와 모국어 모두에서 발화 문제를 야기시키는 주원인이며 이런 과부하 속에서 때로는 지속적으로 입력되는 출발어 문장을 듣지 못하는 경우가 발생한다.

마지막으로 연구 방법에 관한 관측과 토론이 여러 차례 이루어졌다. 지연 회상 연구법을 동시통역 연구에 활용하기 위해서는 세심한 연구 설계와 회상이 이루어지게 하기 위해 기억을 돕는 여러 가지 방법이 동원되어야 한다. 일반적으로 피실험자에게 부분별로 기억을 되살리도록 하고 스스로 전체적인 내용에 대해 말하게 하면 흥미로운 데이터를 추출할 수 있다. 말로 이루어진 데이터의 개인차와 관련하여 과업이 낯설거나 과업 전 사전 교육 등이 없을 때 피실험자가 생각해내는 정보의 양은 영향을 받게 된다. 또한 각 피실험자의 성격도 회상의 결과에 영향을 준다(프레이저, 1996). 유감스럽게도 자기 성찰 기법에서 성격의 중요성을 평가하는 연구는 거의 없다. 본 연구에 사용된 회상 기법의 유용성을 평가하면서 내린 결론은 이 방법이 동시통역 과정에 대한 통찰력 있는 정보와 다른 방법으로는 발견하지 못했던, 전문 통역사와 초보 통역사 간의 인지 처리에 차이가 있다는 정보를 제공했으며, 다른 한 편으로는 다른 후속 연구를 자극할 수 있는 흥미로운 가정들을 제안했다는 사실이다.

미주

1. 이 연구 방법에서 자기성찰을 유도하는 사람을 "정보제공자"(그로샨, 1987)라고 일컫는데 이 사람들의 주관적인 경험이 중요한 역할을 한다. 본 연구에서 연구에 참여하는 사람들을 피실험자라고 호칭했는데 인지 과학에서 일반적으로 쓰이는 용어다.

2. 프레이져(1996)는 번역 과정에 대한 자기성찰 연구의 최신 설문조사 결과를 제공했다.

3. 바쁜 일정 중에도 시간을 내어 이 실험의 진행과 또 실험의 결과에 대한 진지한 관심을 가지고 기꺼이 연구에 참여한 전문 통역사들에게 감사한다.

번역과 통역에 대한 복합 기술 접근

아네트 엠 비 드 그룻 Annetee M.B De Groot
네덜란드 암스테르담 대학교 심리학과
Department of Psychology, University of Amsterdam, The Netherlands

텍스트에서 텍스트로 옮기는 번역이나 동시통역은 수많은 세부 기술로 이루어진 복잡한 인지 행위이고, 세부 기술 모두 인지심리학의 연구 대상이 되어왔다. 인지, 듣기와 말하기, 읽기와 쓰기, 추론과 의사결정, 문제해결, 기억, 주의력 이 모든 세부기술이 인지심리학의 중요 주제이며 번역과 통역에서 결정적인 역할을 하고 있다. 번역 통역 모두 복잡한 행위 또는 "고도의 능력"을 발휘해야 하는 기술(자세한 정의는 슈나이더(Shneider), 1985:286을 참조)임에는 틀림없다. 이 두 현상을 연구하는 것은 인지심리학에서 또 다른 중점적인 연구를 시행한다는 의미다. 인지심리학을 통한 통번역 이해 시도를 하는 통번역학자들은 어디서부터 시작해야 할지 모를 정도로 수많은 가능성이 상존함을 깨닫는다. 마찬가지로 인지심리학의 연구를 통해 발견한 지식을 이용해 번역학연구를 시도하는 인지심리학자나 번역학 연구의 성과를 통해 인지심리학에 어떤 정보를 추가할 수 있는지에 대해 흥미를 가지고 있는 학자들도 마찬가지로 혼란에 빠진다.

수많은 가능성이 있지만 그 중에서 본 연구는 번역과 통역의 복합기술 측면에 집중할 것이다. 이런 연구 관점을 택하면 복합 기술의 본질에 대한 모든 광범위한 연구 자료와 기술의 습득과 훈련 방법 그리고 전문 기술자체가 번역과 통역 연구에 관련성을 갖게 된다. 이 논문에서 이토록 광범위한 연구 분야의 중요 개념들을 중점적으로 살펴볼 것이며 이 개념들을 번역과 통역 연구에 응용하도록 노력할 것이다. 텍스트에서 텍스트로 가는 번역과 동시통역만을 고려할 것이며 이 두 분야를 지칭하기 위해 각각 번역과 통역이라는 용어를 사용한다. 본 논문에서는 복잡 기술을 훈련하기 위한 각 요소별 접근 방식과 여러 과업 요소에서 유창성과 기술 자동화를 획득하는 것의 적합성에 대해 가능한 광범위하게 논의 할 것이다.

부분 과업 훈련과 총체적 과업 훈련

복잡한 기술을 훈련하는 많은 프로그램은 기술을 가장 잘 훈련하기 위해 목표 기술과 유사한 형태('총체적', '완성 형태', 또는 '기준' 과업)로 훈련해야 한다는 오류를 범하고 있는 경우가 많다. 이런 생각을 굳게 믿는 사람들은 훈련생이 거의 항상 전체 과업을 수행해야하는 훈련 프로그램을 추천한다. 슈나이더(Schneider)는 이런 훈련 접근법에 여러 가지 문제가 있다고 지적한다. 구체적으로 이런 접근법이 인지 자원의 과부하를 초래하고 훈련생의 좌절과 극심한 공포로 이어진다. 또 다른 문제는 목표 수행 능력을 분리해서 훈련하면 훈련에서 얻은 능력이 훈련생의 실제 과업 수행 능력으로 전달되지 않는다는 점이다. 많은 연구의 데이터가 이 접근법이 틀렸다는 점을 밝히고 있다. 부분 요소에 대한 훈련도 총체적인 수행 능력에 전달될 뿐 아니라 일부 경우 부분 훈련이 총제적인 훈련 보다 더 효과적이라는 것이다. 예를 들어 어려운 과업을 수행하는 경우나 적성이 낮고 경험이 적은 학습자의 경우에는 부분 훈련이 더 효과적이다(위트만과 린턴(Wightman and Lintern), 1985). 번역과 통역 모두 극도로 어려운 과업이라는 점을 감안할 때 부분 기술의 습득이 총체적 기술 습득에 도움이 될 것이다.

자동화의 중요성: 실제 예

만일 부분 기술 훈련을 선택했다면 훈련 프로그램에 어떤 요소들이 포함되어야 하는가? 통역사와 번역사의 기준이 되는 부분 기술들이 모두 다 훈련에 포함될 필요는 없다. 왜냐하면 그들 중 일부는 훈련 시작 전에 이미 보유하고 있을 수도 있기 때문이다. 예를 들어 문장 텍스트를 번역할 때 단어의 시각 인지다. 능숙한 독자라면 이 과정은 대부분 자동화 되어서 힘들이지 않고 진행 된다(물론 잘 접하지 못하는 단어의 경우 능숙한 독자들도 인지 자원을 사용해야 한다. 허드만(Herdman)과 르파브르(LeFevre), 1992). 번역 훈련 과정에 참여한 일반적인 훈련생정도면 능숙한 독자라는 점을 가정할 수 있기 때문에 이런 프로그램에 단어 시각 인지 부분을 포함시킨다는 것은 시간과 노력의 낭비가 될 것이다.

그러나 훈련 프로그램의 목표가 독서 능력이 떨어지는 훈련생의 독서능력을 늘리는 데에 있다면 단어 시각 인식 요소도 주목해야 할 가장 중요한 요소가 될 것이다. 이 점은 책 읽기에 관한 영향력 있는 최신 이론들이 제안하고 있는 부분이다(다네만(Daneman), 1980; 카펜터(Carpenter), 1983; 펄페티(Perfetti), 1985; 스타노비치(Stanovich), 1980). 책 읽기가 잘 되지 않는 이유는 단어 인식이 부족하고 인식 과정이 자동화 되어있지 않은데 있다. 제한된 인지 자원 중 많은 부분을 인쇄된 글자를 인식하는데 쓰기 때문에 추론을 하거나 문장들을 같이 묶어 생각하거나 고차원의 인지 처리가 필요한 정보를 임시로 보관하는 등의 작업을 할 수 있는 인지 자원이 거의 남지 않는다. 그 결과 이해를 하지 못하는 일이 발생한다. 이에 대한 해결책은 훈련을 통해 문자 인식을 자동화하는 것이다. 문자 인식이 최대한 자동화되면 여유있는 인지 자원을 자동화가 되지 않는 인지 자원에 이용할 수 있다. 독서 기술이 어떻게 발달할 수 있는지를 살펴보면 이 원리가 번역과 통역을 포함해서 다른 종류의 기술 습득에도 적용될 수있다. 자동화가 가능한 기준 기술은 최대한 빨리 자동화해야 한다. 이렇게 함으로써 기술에 대한 수준이 아무리 올라가도 항상 획득이 힘든 항목에 사용할 수 있는 자원을 확보하는 것이다.

읽는 것이 아닌 귀로 입력되는 신호 중에서 단어를 인식하는 연습 역시 동시통역 훈련에 특별한 의미가 있다. 통역에서는 단어 인지 훈련을 강조하고 번역에서는 하지 않는 이유는 말과 글의 품질과 영속성의 차이 때문이다(구어와 문어의 유사성과 차이점에 대한 상세한 분석은 니컬슨(Nickerson, 1981)을 참조). 글로 쓰여진 입력의 품질도 비교적 양호하기 때문에 인쇄된 텍스트의 단어는 인식이 용이하다. 그러나 말로 된 입력은 정확히 구분해서 듣기가 어려운 경우가 많다. 이는 입력되는 말이 주위의 소음에 묻히거나 말 자체의 품질이 안 좋은 경우도 많기 때문이다(너무 빠르거나 불분명하게 말하거나 너무 작은 소리 등). 입력되는 말 품질의 역할에 대한 실험 연구에서 밝혀진 것처럼 이런 종류의 말 입력은 통역 수행에 악영향을 준다. 한 연구(거버(Gerver), 1976 참조)에 따르면 입력 언어에 소음이 들어가거나 입력 속도가 최적 속도인 분당 100에서 120단어를 넘어가면 통역 품질이 현저하게 쇠퇴하는 것을 알 수 있다.

인쇄된 글과 말의 근본적인 차이점은 글은 계속 볼 수 있는 반면 말은 일시적이고 사라진다는 점이다. 귀로 입력되는 신호도 청취 단기기억 장치에 잠시 머물러 있고 단어를 인지하지 못했을 경우 다시 떠올려서 인지하고 동시통역할 기회는 남아 있지만 그렇게 할 수 있는 기회는 읽고 글로 번역하는 경우보다 훨씬 못하다. 통역의 경우 일반적으로 말을 인지하는 경우보다 다시 돌아가 바르게 수정할 수 있는 기회가 훨씬 더 희박하다. 두 사람간 대화와는 달리 통역의 경우 의미에 대해 물어보고 확인할 기회가 거의 없기 때문이다. 화자가 발화한 말을 짐작하려고 노력하다 보면 남아있는 과업을 완수하기 위해 필요한 인지 자원까지 소진하는 일이 생긴다. 이렇게 되면 동시통역의 경우 이미 귀에 들린 말도 알아차리지 못하거나 분석을 하지 못하는 경우가 생기고 심각한 통역 중단 사태가 생길 수 있다. 통역사가 알아듣기 어려운 상황에서 말을 알아듣는 훈련을 하게 되면 통역사가 입력되는 말을 알아듣지 못해도 빠르게 그 뜻을 짐작해내는 적절한 전략을 개발하는데 도움이 될 것이다.

요약하자면 독서, 번역, 통역에서의 단어 인지처럼 최적의 상태로 자동화가 되지 않은 기준 기술들이 훈련의 대상이 된다. 물론 몇 가지 요소에 영향을 받는데 학습자의 전문 기술 정도나 기준 기술의 개별 특성 등이다.

통역과 번역의 훈련 요소

위에서 설명한 것처럼 입력되는 음성 신호의 품질이 동시통역에 영향을 미치는 것을 보면 동시통역 수행에 유창성이 원천적으로 중요하다는 것을 잘 알 수 있다. 세부 기술 중 더 많은 기술이 자동화되면 될수록 항상 주의를 기울여야하고 수시로 정보를 기록해야하는 다른 처리 과정에 더 많은 인지 자원을 제공할 수 있다(위에 언급한 숙달된 독서 기술의 경우처럼). 수행기억에 대한 영향력 있는 이론인 (배들리(Baddeley)와 히치(Hitch), 1974; 데인만과 카펜터, 1980, 1983) 연구에서 알 수 있는 것처럼 이 두 가지 주의력 처리와 저장은 제한된 공간에서 서로 경쟁하며 이 두 가지 기능은 서로 보완과 균형 관계를 이룬다. 처리를 위해 더 큰 인지 공간이 필요하면 저장 공간은 줄어들고, 또 그 반대 경우도 가능하다. 수행기억의 두 가지 기능인 처리와 저장 기능을 이해한다면 동시통역에서 왜 자동화 기능을 최대화해야 하는지 이해할 수 있다. 번역에서는 그 정도가 훨씬 덜하다(다시 돌아가서 번역하는 것이 언제나 가능하다). 정보의 임시 저장과 처리가 필요한 입력 신호 이해를 위한 용량이외에도 말을 하거나 종이에 쓰기 전까지 최종 도착어를 생산하기 위해서, 또 각 행위 간에 균형을 유지하기 위해서라도 도착어의 내용들을 암기하는 용도로 처리 용량이 필요하다(질(Gile), 1997). 이런 임무에 대한 인지적 부담은 때로 숙달된 언어 사용자라고 해도 말이나 글로 입력되는 부분을 이해하기 위해 필요한 부담보다 훨씬 더 크다. 그 부담은 언어를 생산하는 데 관여하는 부담에 비해 훨씬 더 높고 한편으로는 번역이나 통역에 관여하는 산출 요소가 말하거나 쓰는 단독 언어 활동에 비해 부담이 덜 할 것임에도 이런 결과가 나오는 것이다. 통상적으로 큰 그림에서 보면 언어활동에 필수적인 개념화 단계를 번역과 통역 단계에서는 생략할 수 있다. 도착어로 표현될 메시지는 이미 작가나 화자가 제공했기 때문이다. (파디야(Padilla), 바요(Bajo), 카냐스(Cañas)와 파디야(1995))에 따르면 전문 통역사는 과업의 높은 요구를 충족하기 위해 보통 언어 사용자의 용량을 초월하는 수행기억 능력을 개발해야 한다.

그렇다면 번역과 통역 교육 과정에 포함 시키면 도움을 줄 수 있는 과업 중 요소는 어떤 것이 있는가? 최근 몇 연구에 따르면 대학생 사이에도 어휘 결정, 단어 말하기, 의미론적 범주화 등의 기본적인 언어를 처리하는 효율성에 큰 차이가 존재 한다(허드만(Herdman)과 르파브르(LeFevre), 1992; 레웰른(Lewellen), 골딩거(Goldinger), 피소니(Pisoni), 그린(Greene), 1993). 본 논문의 기본 입장은 (틀렸을 수도 있지만) 번역과 통역 훈련을 받는 학생들이 이런 기본적인 언어 기술을 보유하고 있지 않은 경우, 훈련 프로그램 초기에 이런 학생들을 발견하여 훈련 프로그램에 계속 참여하지 못하게 했을 것으로 가정한다. 따라서 이런 기본 기술은 해당 프로그램에서 훈련받을 필요가 없다. 다음 장에서 몇 가지 유용한 훈련 방법을 제안할 것이다. 번역, 통역 훈련생에게 필요한 두 언어 중 하나일 수도 있고 두 언어 모두일 수도 있다. 이런 훈련 방법 제시에 대한 일관된 주제는 기준이 되는 기술의 세부 기술을 능숙하게 활용할 수 있도록 되도록 많이 습득하는 일이다. 그 이유는 위에 언급한 설명대로 세부 기술의 능숙한 사용은 번역보다는 통역에서 더 중요하기 때문이며 이 논문의 후반부는 통역에 집중할 것이기 때문이다.

단어 생각해내기(word retrieval): 개념 설정

훈련 요소로써 생각해야 할 점은 속도에 관한 수업에서 단어 생각해내기에 관한 것이다. 캐롤(Carroll, 1978)은 동시통역에서 신속한 단어 생각해내기의 중요성을 강조한 바 있다. 목표 언어로 표현해야 할 개념이 대응되는 단어(또는 일련의 단어들)를 빠르고 자동적으로 활성화 시키지 못한다면 적절한 단어를 기억에서 찾거나 다른 말로 다시 만들어내려는 노력 때문에 중요한 시간과 인지 자원이 소비될 것이고 통역사는 통역이 중단되는 심각한 위험에 빠질 수 있다. 이런 훈련에 쓰일 수 있는 간단한 과업은 주어진 시간 내에 그림 이름 말하기(스노그라스(Snodgrass), 1993)와 정의내리기(브라운(Brown)과 맥네일(McNeil), 1966; 라헤이(La Heij), 스타르베드(Starreveld)와 스티하워(Steehouwer), 1993)이며 특히 두 언어 중 더 취약한 언어 훈련용으로 사용할 수 있다. 개념과 단어 사이 기억력 관계를 강화하는 방법으로써 이런 과업을 제시하는 이유는 그림과 정의내리기를 통해 그에 상응하는 개념을 활성화할 수 있기 때문이다. 그리고 이런 개념은 반대로 이름 말하기를 활성화 시킨다. 이 단어 말하기 과업은 단어 생각해내기 과업은 아닌데 그 이유는 적절한 이름이 주어지기(그림이나 정의를 통해 간접적으로) 때문이다. 단어 말하기 과업에서는 보통 그 반대되는 과정을 연구하는데 단어가 주어지고(그림 형태로) 그에 해당하는 개념을 기억에서 생각나게 하는 것이다. 따라서 단어 이름 말하기 연습은 단어 생각해내기의 능숙도를 늘리기 위해 적절한 수단은 아니다.

아직 확실하게 밝혀지지 않은 사실은 이 훈련에 사용되는 단어와 상관없이, 이런 단어 생각해내기 훈련이 이런 과정의 속도를 증가시키는 효과가 일반화되는 것인지 아니면 효과는 해당 단어에만 국한되는 것인지, 다시 말해 실제 훈련에 쓰인 단어 생각해내기 속도만 빨라지는지에 관한 것이다. 훈련의 효과가 훈련에 쓰인 단어에만 국한되지 않고 훈련에 포함되지 않은 단어까지 확대된다면 실제 통역 발화에 미칠 이익은 상당할 것이다. 만일 효과가 훈련용 단어에 국한된다면 동시통역에 미칠 효과는 제한적일 수밖에 없는데 전문 통역사의 실제 통역 현장에서 접하게 될 단어 중에서 제한된 숫자만을 훈련에서 다루게 될 것이기 때문이다. 그러나 효과가 단어 수준에 머문다고 해도 훈련용 단어를 용의주도하게 선정함으로써 훈련을 통해 실제 통역 발화에 이득을 줄 수 있는 가능성을 높여나갈 수 있을 것이다. 훈련 시에는 가장 광범위한 언어 사용을 확보할 수 있도록 출발어와 도착어에서 가장 흔하게 접할 수 있는 단어에 집중할 수 있고(단어 빈도와 텍스트 적용범위에 관해서는 네이션(Nation), 1993 연구를 참조) 실제 통역 시에 훈련한 단어를 더 많이 접할 수 있다. 또한 특히 발화가 어렵다고 알려진 단어에 훈련을 집중할 수도 있다(출발어와 도착어가 직접적으로 대응되는 관계가 아닐 경우, 아래 설명도 참조할 것). 마지막으로 상대적으로 약한 언어에 대한 단어 생각해내기도 훈련해야 한다. 단어 생각해내기는 오류가 가장 빈번하게 일어나는 분야이기 때문이다.

단어 생각해내기에 대한 훈련 범위에 상관없이 확실한 사실은 이 기술은 능숙한 통역사의 발화에 핵심적인 역할을 한다는 점이다. 현실적인 문제로 인해 훈련 과정을 통해 적절하게 훈련이 이루어지지 않았을 때(예를 들어 통역 기술의 기준 수준에 이르기 위한 훈련 시간이 너무 많이 소요), 이런 통역 훈련 과정에 입학하는 학생들이 미리 갖추어야 할 기술로 규정해야 할 수도 있다(이 기술에 대한 능숙도를 간단히 시험해서 훈련생 선발에 도움을 줄 수도 있다). 한편 능숙한 단어 생각해내기 기술은 번역에서는 상대적으로 덜 중요하기 때문에 번역 훈련과정을 위한 학생을 선발 할 때에는 이 기술에 대한 선발 기준은 상당히 완화할 수 있을 것이다.

단어 생각해내기: 단어 대 단어 번역

단어 생각해내기 훈련의 효율성을 극대화할 수 있는 훈련 방법에 단어 대 단어 번역을 포함할 수 있다. 이 제안의 가정은 글로 하는 번역에서 뿐 아니라 동시통역에서도 어느 정도는 출발어 언어구조(단어 뿐 아니라 구, 절 등)를 그에 해당하는 도착어 언어구조로 바꾸어야 할 경우가 있다는 데 있다. 통역을 연구하는 학자 중 일부(셀레스코비치 Seleskovitch, 1976)는 이런 견해에 반대하면서 능숙한 통역은 본 연구자가 이름 붙인 대로 두 단계의 "수직적인" 처리에 의존한다고 주장 한다(드 그룻, 1997). 우선 한 덩어리로 통역될 출발어 언어 텍스트 한 단위가 화용론적인 의미 파악이 가능한 수준까지 충분히 분석해야 한다(파라디스(Paradis), 1994)는 이 단계를 언어적 탈부호화 단계로 정의했다). 이런 이해 단계를 거쳐 하향식 접근법으로 언어를 생산해내는 도착어 발화 단계에 이르게 된다(언어 부호화 단계, 파라디스, 1994). 인지 처리를 위해서 머무르는 시간이 길지 않은 통역의 출발어 입력의 성격 때문에 이해를 위한 노력을 하는 동안 출발어 단어의 구조는 상실되고 화자의 의도만이 기억에 남는다. 구조가 없어지고 나면 단어 대 단어(아니면 높은 차원의) 바로 바꾸기는 일어나지 않는다. 특히 낮은 단계의 바로 바꾸기는 낮은 번역 실력과 연관해 셀레스코비치를 비롯하여 많은 학자들이 낮은 수준의 기술로 여기고 있기 때문에 바로 바꾸기가 아닌 탈 언어화 단계는 사실 유익한 것으로 생각된다. 글로 쓰는 번역에서는 바로 바꾸기는 통역 보다는 더 큰 역할을 하고 있는 것으로 생각되고 있다. 입력되는 출발어가 계속 존재하기 때문이다. 출발어가 계속 남아있기 때문에 반사적(쿠스마울(Kussmaul), 1995이 사용한 용어) 으로 바로 바꾸기 마련이고, 셀레스코비치를 비롯하여 비슷한 경향의 연구자들에 따르면 이런 경향은 적극적으로 억제해야 한다는 것이다.

그러나 다른 연구자들은 바로 바꾸어 말하기가 동시통역에서(질, 1991) 더 큰 역할을 할 수 있다고 생각하거나(드 그룻(De Groot), 1997에 따르면 '수평적' 처리), 아니면 전문 통역사(또는 번역사; 파라디스, 1994)의 기준이 되어야 한다고 여기고 있다. 번역과 통역에서 많은 부분이 바꾸어 말하기를 통해 이루어진다는 견해는 널리 알려진 생각인 수행기억에 말로 처리가 된 정보가 1초 반에서 2초 정도 소위 말하는 '음운 고리'에 저장되어 있다는 생각과 일맥상통한다(배들리(Baddeley), 1990). 음성 신호 뿐 아니라 영상 신호도 기억 장치에 저장된다. 이 정도 시간동안 음성 신호로 변환된 정보가 음운 고리에 머물기 때문에 출발어의 내용이 도착어로 표현되어야 할 시점이 되면 핵심적인 출발어 단어는 음성신호의 단계로 아직 남아 있는 경우가 있다. 통역에서 이런 일이 발생할 수 있는 경우는 귀로 듣고 발화할 때까지의 간격이 2초 이하일 때다. 그러나 음성 신호가 그 시간보다 더 오랫동안 남아있는 경우는 어떤 이유에서건 통역사가 특정 단어를 외웠을 경우다. 글로 하는 번역의 경우 음성(또는 영상) 형태는 자발적 또는 비자발적으로 계속 되풀이해서 재활성화 되는데 출발어 입력이 계속 남아있기 때문이다.

통역과 번역 상황 모두에서 입력된 단어 구조가 입력된 단어에 대응되는 도착어로 생산되었을 순간에도 남아있을 수 있다는 사실은 유익한 상황이 될 수도 있다. 예를 들어 출발어와 도착어 단어가 어원이 같은 유사한 단어이고 비슷한 상황에 쓰인 경우다. 그러나 출발어 형태로 인해 통역사가 착각을 일으킨다면 방해가 될 것이다(드 그룻, 1997:40에서 예를 볼 수 있음). 이득이 되든지 아니면 그 반대가 될지라도 흔히 (또

어쩔 수 없이) 생길 수밖에 없는 일로, 해당 도착어를 발화하는 순간까지 기억에 남아 있는 유사 출발어 단어는 훈련 과정에서 이용할 수 있다. 이 훈련의 목적은 번역에서 등가어로 표현되는 단어들 간에 장기 기억 관련성을 강화하는 것이다(이렇게 함으로써 단순 번역에 의한 방해 효과를 약화하는 기능도 있다). 훈련의 초점은 번역이 어렵다고 알려진 (일련의) 단어에 집중한다. 행동측정(예를 들어 드 그룻, 단네부르크(Dannenburg)와 반 헬(Van Hell), 1994)에 대한 연구와 심리생리학적 측정을 시도한 연구(현나(Hyönä), 톰몰라(Tommola)와 알라야(Alaja), 1995 실험 2에서의 동공 확대 실험)을 통해 단어 번역에 영향을 미치는 많은 변수들을 지적하고 훈련대상이 되는 단어군을 제시했다. 물론 단어 번역 요소가 프로그램에 포함된다면 훈련생들이 반사적으로 번역하는 일은 항상 적절한 일은 아니며 때로 아주 부자연스러울 수도 있다는 점에 대해 인식해야 하고 일부 인지 자원을 아껴서 지속 관찰하고 필요하다면(또 가능하다면) 반사적인 번역을 피할 수 있게 훈련시켜야 한다.

이해와 발화의 동시성

언어 기술로서 동시통역의 가장 독특한 특징은 (듣고) 이해하는 행위와 (말로) 언어를 발화하는 행위가 동시에 이루어지는 점이다. 이런 언어 사용의 두 측면을 골고루 잘하는 것은 타고난다기 보다는 훈련에 의해 강화된다고 보는 점이 더 가능성이 크다. 현재 수행기억 이론에 따르면 훈련에 의해 이해하고 발화하는 능력이 영향을 받을 뿐 아니라 이 두 가지 과정 중 언어 이해 측면에 질적인 변화를 초래할 수 있다. 반대로 최소한 일부 언어 사용자는 동시통역 기술을 익힐 수 있다는 사실 때문에 언어 이해에 대한 수행 기억 능력의 견해에 수정이 불가피 할 수도 있다. 이와 같은 입장에서 보면 동시통역은 불가능한 기술이다.

이런 주장의 근거는 다음과 같다. 현재 수행기억 이론에 따르면 언어 이해(그리고 언어 처리 측면의 많은 측면. 개더콜(Gathercole)과 배들리(Baddeley), 1993 참조)에는 음성 또는 음운 고리라는 이름의 요소가 개입되어 있다. '중앙처리' 장치의 하부 시스템인 이들은 중앙처리 장치에 과부하가 걸리면 말 신호로 입력된 정보를 그대로 보관한다. 피실험자들이 상관없는 자료를 되풀이해서 말하게 하는 '조음억제' 기술을 사용한 연구에서 음운 루프가 보관하는 정보는 말하는 상태 중심이라는 점을 밝혔다. 실험에서 조음억제는 구문적으로 복잡한 문장의 이해를 방해한다는 점이 밝혀졌다(개더콜과 배들리, 1993 참조). 이 결과 이런 문장의 분석에 음운 루프가 관여한다는 점을 알 수 있다. 현재의 수행 기억 연구 뿐 만 아니라 이전의 '말의 인식에 관한 운동 이론'에서도 말의 이해에 발화의 중요성을 연관시켰다(리버만(Liberman), 쿠퍼(Cooper), 샤크베일러(Shankweiler)와 스투더드-케네디(Studdert-Kennedy), 1967; 리버만과 매팅리(Mattingly), 1985). 그렇다면 과업의 발화 부분이 조음 기관을 거의 모든 시간동안 이용한다면 동시통역(또는 동시통역에서 이해)은 어떻게 가능하다는 말인가?

한 가지 가능한 설명은 이해에 음운 루프가 관여한다는 견해에 오류가 있다는 견해다. 이 생각과 연관되어 니서(Neisser, 1967: 218)는 동시통역사의 발화를 담화 이해의 운동 이론에 대한 반대 증거로 제시했다. 또 다른 의견은 음운 루프가 통상적으로 언어 이해에 관여하지만 통상적이 아닌 다른 언어 처리 전략을 사용한다는 이론이다. 이런 이론을 통해 개더콜과 배들리(1993)와 버터워스(Butterworth), 캠벨(Cambell), 하워드(Howard) (1986)는 음성 기억이 명백하게 손상을 입었음에도 언어 이해 능력에는 지장이 없다는 실험 대상자인 심리학 전공 학부생인 RE(가명)의 언어 이해 정도를 실험한 내용을 설명했다. 현재 내용과 관련하여 흥미로운 현상은 동시통역사 역시 언어 입력 이해와 언어 발화 동시 처리 부담을 극복하기 위해 특수한 언어 이해 기술을 발전시킬 수도 있다는 점이다. 파디야와 공동 연구자들(1995)은 이 견해를 지지한다. 그들의 연구에 따르면 통역 학습 학생들 집단과 번역과 통역 이외 다른 분야를 공부하는 학생들에 있어서는 조음 억제는 자유회상에 영향을 끼쳤지만 수년간 통역 전문직에 종사한 통역사들에게는 영향이 없었다.

상식상 이런 특수한 언어 이해 능력과 동시에 언어를 이해하고 발화하는 기술은 언어 이해와 생산의 동시성을 요구하는 과업에 대해 연습할 때 더 쉽게 취득할 수 있을 것으로 생각되지만, 동시통역 보다는 용이한 새도윙과 다른 말로 바꾸는 훈련인 패러프레이징을 통해서도 가능하다. 새도윙에서는 제시된 담화를 그대로 똑같이 되풀이해야 한다. 같은 언어로 하는 패러프레이징에서는 입력된 담화를 같은 뜻을 가진 다른 말로 표현해야 한다. 동시통역에서는 입력되는 담화의 이해와 발화가 동시에 이루어져야 되기 때문에 이 훈련은 훈련생의 두 언어를 모두 사용해 연습할 수 있다(마슬렌-윌슨(Marslen-Wilson), 1973)에 따르면 새도윙을 할 때 입력되는 담화를 그대로 되풀이하기 보다는 담화의 의미론적인 분석이 필요하다). 이점은 동시통역을 수행하기 위해 제안된 것 같은 색다른 이해 전략이 필요하다는 것을 의미한다. 이 두 가지 과업은 동시통역 보다는 쉬운 것들이다. 이 점은 그린(Green), 슈웬다-니콜슨(Schwenda-Nicholson), 베이드(Vaid), 화이트(White)와 슈타이너(Steiner)(1990)의 연구에서도 추론할 수 있다. 이들의 실험에서 피실험자들은 동시통역, 새도윙, 말 바꾸어하기 등의 과업을 수행하면서 손가락으로 한 곳을 계속 두드리는 동작을 수행했다. 손가락으로 두들기기만을 수행한 통제 집단에 비해 두 가지 과업을 동시에 진행한 집단에서 동시통역을 수행한 집단의 손가락 두드리기 속도가 다른 두 가지 동시 수행에 비해 더 느려지는 것을 발견했다. 이 발견이 의미하는 것은 이 세 가지 과업 중 동시통역이 가장 부담이 큰 과업이라는 점이다. 그린과 공동 연구자들(1990)의 연구에서도 새도윙이 바꾸어 말하기보다 용이하다는 점이 밝혀졌다(드 그룻, 1997 참조).

복잡한 기준 과업에 대한 점진적 접근을 목표로 하는 통역 교육 프로그램에 따르면 바꾸어 말하기 훈련 보다는 새도윙 훈련을 먼저 시행해야 한다. 모제(1978)가 제안한대로 새도윙 과업은(바꾸어 말하기도 마찬가지로) 입력 담화 속도를 점차적으로 증가시킴으로써 난이도를 증가시킬 수 있다. 이 연구에서는 '연기된 새도윙'이라고 이름 붙일 수 있는 변형된 새도윙 과업도 제시했다. 이 훈련에서 피실험자는 새도윙을 위한 문장을 제공 받는다. 다만 바로 새도윙하는 것이 아니고 첫 문장 혹은 둘째 문장까지 듣고 난 후에 새도윙을 시작한다. 이런 유형의 새도윙 과업은 입력 담화를 이해하고 담화의 초기 부분을 암기하고 들은 부분을 동시에 발화하는 실제 통역 과업을 융합한 것이다. 그러나 이런 과업은 언어 전환이 이루어지지 않는다는 점에서 실제 통역보다는 쉽다.

주의력 통제

질(1995, 1997)은 여러 형태의 번역과 통역을 인지 자원 공유 차원에서 분류했다. 동시통역에서는 듣는 노력, 암기 노력, 생산 노력, 조화 노력 등으로 구분했다. 여기서 '노력'이라는 용어를 사용해서 이 기술 중 어느 부분도 자동으로 이루어지는 것은 없고 모두 처리 인지 자원을 사용해야 한다는 점을 강조했다. 조화 노력을 별도 요소로 처리한 점은 복잡 기술 습득(고퍼(Gopher), 1992; 고퍼, 바일(Weil)과 지겔(Siegel), 1989)에 관한 최근 연구와 일맥상통하는데 이 연구에서는 조화 부분을 '주의력의 통제' 또는 '주의력 관리'라고 묘사했다.

고퍼와 공동 연구자(1989)의 연구에는 '학습 전략'에 관한 대규모 프로젝트의 일부분으로 4개국 여러 대학교가 참여했다(돈친(Donchin), 1980과 린턴(Lintern), 1989 참조). 이 프로젝트의 목적은 특정한 학습 전략이 훈련의 전 과업에 대해 동일한 시간 동안 자율훈련을 실시하는 것에 비해 피실험자의 복잡 기술에 더 큰 기여를 하는지를 알아보는 것이다. 프로젝트의 중요한 특징은 참여 연구자 모두 동일하고 극히 어려운 과업인 '우주기지 게임'이라는 컴퓨터 게임에 참여하는 것이다. 이 게임에서는 연구의 목표로 한개 혹은 그 이상의 훈련 전략을 선택한다. 이 프로젝트는 지배적이던 견해인 '연습을 통해 완벽해 진다'라는 견해에 대한 평가를 시도한 것이다. 이 견해에 따르면 전체 과업에 대해 비조직화된 자율 훈련을 받은 훈련생은 훈련 기간 중 어떤 종류의 훈련이라도 받은 집단과 훈련의 효과면에서 큰 차이가 없다. 조직화 되지 않은 훈련에 대한 아이디어를 평가하기 위해서는 다양한 실험 환경(여러 집단이 다양한 형태로 조직화된 훈련을 받음)에서 전체 과업 수행과 특정한 훈련은 받지 못하지만 기준 과업에 대해서는 훈련을 받은 통제 집단의 수행 정도를 비교했다.

이 프로젝트에 참여한 많은 참가자들이 부분 요소에 대한 훈련을 구조화된 훈련으로 집중했다. 예를 들어 프레데릭슨(Frederiksen)과 화이트(1989)는 총 과업을 16가지 요소로 분류했고 훈련 집단은 16가지 요소를 훈련한 다음 전체 과업에 참여 했다. 기준 과업에 대한 실험 집단의 궁극적인 수행 능력은 통제 집단에 비해 월등한 것으로 판명되었다. 통제 집단은 훈련 시작부터 총 과업에 대한 훈련을 받았다. 이는 처음부터 총괄적인 훈련을 받는 것이 더 효과적이라는 가정에 확실히 어긋나는 결과다.

고퍼(Gopher)와 공동 연구자(1989)가 제시한 '강조점 변화' 접근법에 의한 결과도 역시 흥미 있는 결과를 제시한다. 표준적인 요소 분류 접근법과 달리 이 연구에서 실험 대상자들을 실험 처음부터 총체적인 과업에 대해 훈련하고 과업 중 일부에 피실험자들이 집중해야 할 주의력의 양을 조절했다. 훈련 시작 전 연구자들은 특히 어려운 과업 요소 두건을 따로 분류했다. 첫 번째 실험 집단은 요소 중 한 가지에 집중하도록 했다. 다른 집단은 다른 요소에 집중하도록 하고 세 번째 집단은 두 요소 모두에 집중하도록 했다. 통제 집단으로 구분된 세 집단은 모두 훈련 기간 내내 전체 과업훈련 방법을 시행했다. 기준 과업에 대한 최종 수행 정도는 실험 집단이 통제 집단에 비해 월등했으며 실험 집단 중에서는 두 요소 모두에 집중한 집단이 나머지 집단에 비해 더 월등한 결과를 보였다. '조화 노력'이 동시통역 중 별개의 독립 요소라는 질(1995, 1997)의 생각에 동의하면서 고퍼와 공동 연구자들의 연구에서는 주의력 통제가 복잡 기술과 별개 요소임을 제시하고 있다. 이 요소는 훈련이 가능하며 훈련을 통해 전체 수행 능력에 도움이 되는 결과를 제공할 수 있고 이 용량에 과부하가 걸리는 것이 아니라 추가적인 통제 능력 발휘 미집행으로 인해 실제 수행능력이 감소하는 것을 방지함으로써 가능하다(고퍼, 1992).

주의력 통제를 복잡한 기술의 별도 요소로 분류하는 것만큼 중요한 사실은 계속 되는 연구(고퍼, 1992)를 통해 이 요소가 외양상으로는 공통점이 거의 없는, 동일한 기본 요소를 포함한 다른 과업에 전이 될 수 있음을 밝힌 사실이다. 예를 들어 우주 기지 게임 훈련에서 얻은 기술은 비행 훈련술 습득에 전이될 수 있으며 통상적으로 상당히 높은 중도탈락이 발생하는 비행 훈련 프로그램의 완수 확률이 30퍼센트 이상 증가하게 된다(고퍼, 1992: 317).

고퍼의 연구가 시사하는 점은 주의력 통제에 대한 훈련이 동시통역 훈련에 도움을 줄 수 있다는 점이다. 고퍼의 강조점 변화 조절과 맥을 같이 하면서 훈련은 다음과 같이 구성할 수 있다. 훈련생들이 전체 과업을 수행하면서(비교적 용이한 담화를 들으면서) 특히 어떤 부분(이해, 발화, 아니면 기억)에 주목해야 하는지에 대한 지시를 조절할 수 있다. 이렇게 함으로써 훈련생들은 전문 동시통역사로서 일하면서 자신들의 과업의 요소 각 부분(입력의 품질이 좋지 않으면 이해 부분에 더 많은 주의를 기울여야 한다는 점 등)에 적용해야 할 주의력의 정도를 계속 조절해야 한다는 점을 준비할 수 있을 것이다. 고퍼의 연구에서 발견한 바를 응용하면 동시 통역사를 훈련하는 환경은 그 기술을 발휘해야하는 환경과는 크게 연관이 없지만 기본적으로 입력되는 담화를 이해하고 담화를 발화하고 일정정보를 기억하는 것과 맥을 같이하고 있으며 이 모든 작업이 심각한 시간 제약 속에서 시간을 쪼개 쓰면서 발생한다는 점에서 공통점을 찾을 수 있다. 이런 제약 상황을 만족시키는 과업에 대해 훈련하고, 통역과 공통 요소가 많은 점을 고려하면, 텍스트에서 텍스트로 번역하는 훈련에 비해 통역 훈련에 더 큰 이득이 될 것이다. 훈련 과업과 기준 과업이 서로 공유하는 양적 정도가 기술의 양을 결정하는 것이 아니고 전이되는 정도는 두 과업이 특별히 중요한 요소를 공유하고 있는지 여부로 알 수 있다(다시 말해 다양하고 동시에 발생하는 요소들과 심각한 시간 제약에 대한 주의력 통제 등이다).

결론

이 논문은 글로 하는 번역 보다는 동시통역에 더 많이 중점을 두었다. 따라서 유창성, 자동화, 훌륭하게 복잡한 과업을 완수할 때 부수 요소의 속도 등에 대해 언급했다. 유창성, 자동화, 속도가 번역에서도 도움이 되지만 항상 필수적인 것은 아니고 통역에서는 항상 상당한 중요성을 갖는다. 두 과업의 이런 차이점을 이해하는 것이 근본적인 차이를 이해하는 데 도움이 된다.

통역에서 이해와 생산(그리고 다른 과정도)이 번역에서 이해 및 생산과 상이하다는 주장은 질(1995)과 쿠스마울(1995)의 두 가지 기술에 대한 토론에서 근거를 찾을 수 있다. 쿠스마울은 번역의 인지 과정 분석을 통해 이 과정에 개입되어 있는 요소들의 훈련법을 제안했다. 질도 번역과 통역에 관계하는 인지 과정을 분석했으며(그리고 어떻게 가르칠 것인가에 대해 토론했다), 물론 통역이 중심이다. 쿠스마울이 제안한 훈련 방법 (예를 들어 화용론적인 분석, 언어학적 단어 의미 분석, 담화의 사용법 등)은 거의 모두 시간이 많이 소요되는 연습들로 훈련 후 통역사로 일할 때에도 많은 시간이 소요되는 내용이다. 또 철저한 입력 분석도 통역이 항상 시간이 부족한 과업 성격을 감안할 때 많이 사용하는 방법은 아니다. 질이 중점적으로 연구한 사항은 시간의 제약으로 야기되는 인지적 처리 부담과 이 부담을 어떻게 극복할 지에 관한 것들이다.

과정처리 측면에서 번역과 통역이 전혀 다르다는 사실 때문에 인지 심리학을 통해 어떻게 번역학에 도움을 줄 수 있을까 하는 광범위한 질문보다는(여기에서 번역은 말로 하는 통역과 글로 하는 번역을 다 포함하는 개념) 구체적으로 각각 심리학의 어떤 분야가 통역과 번역에 영향을 끼칠 것인지에 대해 명확한 질문을 제기해야 한다. 더욱 구체적 질문 제기를 통해 두 과업 사이에 명확한 차이가 존재한다는 인식을 일깨우고 인지 심리학에서 잠재적으로 개입할 수 있는 영역을 찾는 노력을 계속해야 할 것이다.

John Benjamins Series

09

Tapping and mapping the processes of translation and interpreting

제 2 부

방법론:

데이터에서 정보 끌어내기

번역의 소리내어 생각하기 연구방법 중점 탐구

리타 야스켈라이넨Riitta Jääskeläinen
핀란드 요핸수 대학교 사본린나 번역학학교

서문

번역 연구에서 사용되는 소리내어 생각하기(TAP) 데이터 추출 방법은 인지 심리학에서 유래되었는데 인지 심리학에서는 전통적으로 문제 해결 및 의사결정 과정 연구에 소리내어 생각하기를 이용해왔다. 현대 심리학에서 인간의 사고 과정을 연구하기 위해 소리내어 생각하기나 다른 말로 하는 보고 방법(자기성찰, 회상 등)을 이용한 연구자들은 에릭슨(Ericsson)과 사이먼(Simon) (1984)이다. 이 연구 방법은 확실하게 정의가 내려져있는 문제들을 다루는데 활용된다 (예를 들어 미리 답이 정해져 있거나 문제 해결 절차가 설정되어 있는 등). 최근 소리내어 생각하기 연구법을 에세이 쓰기(베라이터와 스카다마리나(Bereiter and Scardamalia), (1987)), 엑스레이 사진 이용 진단하기(레스골드, 루빈슨, 펠토비치, 그레이저, 크로퍼와 웽(Lesgold, Rubinson, Feltovich, Glaser, Klopfer, and Wang), 1988), 아니면 법정에서 판사가 결정을 내리는 상황 (로렌스(Lawrence), 1988) 등 확실하게 정의되어 있지 않은 상황에도 사용했는데 이 경우가 암호화된 퍼즐 문제를 풀면서 해답을 찾는 상황보다 번역 상황에 더 유사하다고 여겨진다. 그러나 소리내어 생각하기 방법이 이런 과업에서 데이터를 끌어내는 작업에 성공적으로 적용했다고 해서 모든 번역 연구에 바로 적용이 가능하다는 뜻은 아니다. 아래에서 번역에 대한 소리내어 생각하기 연구 방법과 연관해서 고려해야 할 문제에 대해 논의할 것이다.

이 논문을 통해 해결하고자 하는 것은 번역학에서 실험(현재 연구를 포함해서)을 시행할 때 적절한 연구 방법에 대한 지식의 부족으로 연구가 제대로 시행이 되지 않는 경우다(질, 1995; 투리(Toury), 1991; 1995). 물론 그 이유에는 납득이 가는 면이 있다. 번역학은 전통적으로 텍스트, 언어, 문화를 다루고 있기 때문에 인간의 마음이 어떻게 작동하는지에 대해 파악할 필요가 없다. 이런 지식의 부족으로 과정 중심 연구는 상황을 설명할 수 있는 능력이 부족하게 된다. 이 능력은 지속성이 있는 이론을 구축하거나 시험 가능한 가정을 만들어내는데 필요한 신뢰성 있는 일반화 구축을 위해 필요하다. 이런 상황을 빠르고 쉽게 해결하기 위한 방법은 없다. 많은 경우 실험 연구의 기본으로 돌아가 신뢰성 있고 정확하게 조사할 수 있는 방법을 찾아 보아야 한다(관련 있는 연구 논문을 읽던지 아니면 실험 연구 전문가를 만나보던지). 번역 행위 중 현재는 아니지만 앞으로 필요할 수도 있는 변수들을 찾는 것이 선결 과제다. 그런 변수의 역할과 중요성은 역할과 중요성 파악을 위한 목적만을 위해 설계된 실험을 통해 시험할 수 있다. 이에 대한 예는 다음에 나올 것이다.

우리가 이해하는 번역은 총체적인 성격을 갖고 있기 때문에 심리학이나 심리 언어학 연구에 통상적으로 적용하는 구성 요소 분해 연구법이 번역사의 행동에 대해 유효성 있는 결과를 내놓지는 못할 것이라는 의심을 하게 된다. 결과는 과학적으로는 흠잡을 곳이 없을 수 있지만 생태학적 타당도는 거의 확립되지 않는다는 의미다. 브루너(Bruner,

1990: xii)는 현대 심리학이 환원주의, 예측, 인과 관계 등에 얼마나 집착하고 있는지 비판하며 질문한다.

타당해 보이는 해석이 인과 관계에 대한 설명보다 더 적절한 것은 아닌지 생각해 보아야 한다. 특히 인과 관계 설명을 위해 우리의 연구를 사람들의 삶을 대표하고 있다고 생각되는 한계를 넘어서 인위적인 것까지 만들 수 밖에 없는 경우가 있기 때문이다.

훌륭한 지적으로 판단된다. 비록 번역에 대한 소리내어 생각하기 연구에 실험적인 엄격함이 더 필요하다고 주장하고 있지만 이 과정에 주의를 기울이고 편견에 치우치지 않는 노력이 필요하다.

아래 글에서 번역 과정에 대한 연구 방법과 소리내어 생각하기에 연관된 세 가지 문제점을 살펴볼 것이다. 첫째는 피실험자에 대한 사전 실험 테스트, 두 번째는 소리내어 생각하기와 합동 번역에 관련된 논란에 대해, 그리고 마지막으로 소리내어 생각하기 때문에 야기 될 수도 있는 번역 과업의 방해에 대해 논의 할 것이다.

실험 전 테스트

심리학과 심리언어학 연구에서는 실험 대상자의 배경에 대해 소리내어 생각하기 연구 보다는 더욱 상세히 묘사한다. 소리내어 생각하기 연구에서는 배경 설명은, 만일 있다고 해도, 피실험자의 훈련과 경험(기간, 전문 분야)에 대해 상술하는 정도다. 이런 종류의 정보도 번역사의 행동에 영향을 미치는 요소에 대해 흥미로운 세부 정보를 제공한다. 예를 들어 예전의 소리내어 생각하기 실험에서(야스켈라이넨, 1990; 1999) 네 명의 전문 통역사는 번역계의 한 추세이기도 한 질과 양 중 어느 것이 중요한지 항상 따져보는 집단에 속해 있다. 세 명은 자유 계약 번역사로 일하고 있으며 핀란드의 대기업 비즈니스 소통 전문가로 근무 중이다. 각기 다른 근무 환경에서 업무에 종사함에 따라 각기 다른 직업 윤리를 갖게 되고 이런 점은 번역 과정과 번역 결과물에서도 나타난다. 세 명의 자유계약 번역사는 과정에 더욱 주목하며 번역 처리를 어떻게 전개하는지 여부에 비즈니스 소통전문가 보다 더욱 많은 시간을 쓰고 있다. 또한 자유계약 번역사의 번역 품질이 비즈니스 소통 전문가의 번역 품질을 능가하는 것으로 여겨진다. 여기에서 알 수 있는 사실은 과업에 임할 때 지식의 사용과 과업에 임하는 자세에 차이가 있다는 점이다(야스켈라이넨, 1999). 그러나 피실험자에 대한 상세한 배경 정보가 없는 상황에서는 이 설명도 짐작하는 수준이다.

첫째, 네 명의 전문 통역사 사이의 차이, 예를 들어 스트레스에 얼마나 강한지 등은 각 피실험자의 개인적 특성에 의한 것일 수도 있다. 예를 들어 동기 부여에 관한 연구에서 ① 피실험자들은 실패에 대한 두려움에 얼마나 잘 견디는지, ② 또 실패에 대한 걱정에 엄습할 때 이를 얼마나 잘 이겨내는지 등에 대해 미리 테스트했다(예를 들어 누미(Nurmi)와 살멜라-아로(Salmela-Aro), 1992). 실험 전 테스트를 통해 번역에 관한 소리내어 생각하기 연구에 도움을 줄 수 있다. 왜냐하면 많은 경우 이러한 개인 성격의 차이로 결과의 차이를 이해할 수 있기 때문이다. 이 실험에서 사용된 번역 과제는 난이도가 아주 높은 정도는 아니었기 때문에 실패에 대한 두려움이 피실험자의 행동에 심각하게 영향을 끼치지는 않았을 것이다. 다른 연구에선 번역 과업의 난이도가 좀 더 높았다(예를 들어, 아래에 설명한 것처럼 매트랫(Matrat), 1992의 연구를 참조).

두 번째, 연구의 전문번역사 간 차이는 그들 간의 언어 기술 차이에서 기인할 수도 있다. 참가자 모두 번역 학위가 있고 실험 당시 번역이 생계 수단이기 때문에 언어 능력은 비교적 높다고 볼 수 있지만 동일한 수준이라고 보기는 어렵다. 전문 영역이 다르기 때문에 이로 인한 개인적인 차이도 있을 수 있다. 훈련 정도와 번역 경험의 양과 질 등에 대한 설문조사를 통해 각 번역사의 언어 실력에 대한 정보를 파악할 수 있지만 각 번역사에 대한 언어 실력 테스트를 시행했다면 더 많은 사전정보를 얻을 수 있을 것이다. 이런 우려는 비전문가 집단이나 아직 전문가가 되지 못한 번역 전공 학생들의 경우에 더 심각해 진다. 전문번역사의 경우 언어 실력에 대해 시험을 시행하면 전문가의 자부심에 상처를 입을 수 있을 것이다. 그러나 이런 문제점은 피실험자들에게 미리 이런 시험의 중요성을 알림으로써 피할 수 있다고 생각된다.

종합하면, 실험에 참여하는 사람들에 대한 정보를 파악하지 않은 채 번역에 대한 소리내어 생각하기 연구법을 활용해서 신뢰성 있는 결론을 도출하기는 어렵다. 절대적으로 확실한 결과를 끄집어내기는 쉽지 않지만 잠재적인 변수들에 더 주의를 기울여 연구를 준비한다면 좀 더 확실한 결과를 구할 수 있을 것이다. 실험 연구에 오랫동안 사용되었던 전통적 심리학 연구법이 이런 점에 큰 도움을 줄 수 있을 것으로 판단된다.

소리내어 생각하기와 합동 번역의 비교

소리내어 생각하기 방법의 본질적인 한계점 때문에 더 바람직하고 자연스러운 번역연구 방법으로 피실험자들 둘 또는 여러 명이 함께 번역을 하고 최종적인 결과를 토론하자는 제안이 있다(두 방법 모두 매트랫의 1992 연구에서 합동번역이라는 이름으로 사용했다) (하우스(House), 1988; 매트랫, 1992). 합동번역 과정에 대한 연구를 통해 흥미로운 결과가 도출되고 이는 교육적으로도 큰 의미가 있다(야스켈라이넨, 1999). 그러나 합동번역이 번역에 대한 정보의 근원이 된다는 결론은 아직 시기 상조인 것으로 보인다. 왜냐하면 두 종류의 데이터를 비교하는 연구는 두 실험 조건의 차이를 초래할 수 있는 다른 변수를 포함한 것일 수 있기 때문이다.

하우스(1988)의 실험에서 영어 전공 독일 대학생(번역을 공부하는 학생이 아닌) 한 집단은 소리내어 생각하기를 시행하면서 번역을 하고 또 다른 한 집단은 같은 텍스트를 동료와 함께 둘이서 팀을 이루어 번역하게 했다. 이 번역 과업을 위해 각각 30분의 시간을 부여했다. 소리내어 생각하기에 대한 사전 훈련은 받지 않았다. 사실 이 훈련은 실험 전에 꼭 해야 할 필요가 있는 과정이다(에릭슨과 사이먼, 1984). 번역에 대한 예전 실험을 보면 소리내어 생각하기는 처음에는 어색하고 시행이 어렵다. 예를 들어 내 석사 학위 논문(야스켈라이넨, 1987)에서 피실험자는 실험 전에 사전 과업을 하지 않았다. 결과적으로 실험을 본격적으로 시행하기 위해서는 10~20분 정도의 시간이 필요하다. 나중 세션에서는(야스켈라이넨, 1990; 1999) 사전 과업을 실시해서 피실험자들이 어색함을 극복하고 실험 초기부터 유창하게 정확한 음성 데이터를 얻을 수 있었다. 하우스(1988)의 실험에서는 사전 훈련이 없었기 때문에 어떤 연구 방법이 번역 데이터를 추출하기에 더 적합한 데이터인지 비교하기 어렵다.

매트랫(1992)은 번역학을 위해 합동연구법을 사용해야 한다는 점을 강조했다. 이를 증명하기 위해 네 집단(세 수준의 번역 전문 기술 정도를 대표하는 집단으로 구성하며 초보 번역사, 기술이 뛰어난 학생, 전문가)으로 구성하여 소리내어 생각하기와 합동번역 실험을 시행하여 두 실험을 비교했다. 매트랫의 실험에 대한 접근은 인지(그리고 번역)과정에 흥미로운 접근법이 될 수 있는 비고츠키(Vygotsky, 1978)의 심리 이론에 확실한 기반을 두고 있다. 그러나 비고츠키의 이론 기반은 매트랫의 연구에 적용하기에는 문제점이 있다. 사실 어떤 실험 방법이 번역 과정을(1992) 파악하는데 더 적합한 실험 방법인지 알아보기 위한 매트랫의 목적은 합동해서 번역하는 행위에 상위 인식이 존재한다는 점을 밝히는 것이다(1992: 81). 상위인식의 존재는 의식의 발달을 의미하는 것이고 비고츠키(1978: 매트랫의 1992 연구에 재인용)에 따르면 심리학 연구의 가장 핵심적인 목적이 되어야 한다. 또한 의식은 지능과 감정 모두를 포함한 가장 높은 단계의 인지 능력 조직이다. 의식을 연구하는 가장 좋은 방법은 발생 연구 방법인데 이는 합동 작업을 하거나 문제 해결을 위한 통상적인 방법을 방해하기 위해 실험 과제에 새로운 과업 실행 방해요소를 포함시켜서 '의례적으로 하던 방법'을 넘어서 새로운 해결 방안을 어떻게 발견하는지 관찰함을 목적으로 한다(비고츠키, 1978:13 매트랫의 1992 연구 69쪽에 재인용). 비고스키의 연구 틀에 대해 더 토론할 수도 있지만 여기에서는 매트랫 연구에서 발견한 결과의 해석과 평가를 어렵게하는 방법의 문제점을 지적한다. 그러나 가장 먼저 말로 된 보고서를 통해 번역 과정을 이해하는 전반적인 조건에 대해 논의할 것이다.

에릭슨과 사이먼(1984)에 따르면 피실험자들은 수행 기억에서 활발히 처리되고 있는 생각에 대해서만 말로 표현할 수 있다. 다시 말하면 의식적인 행위다. 오랜 기간 연습을 통해 자동화된 과정에 대한 보고서는 크게 논할 대상이 되지 못한다. 말로 표현하는 것을 억제하는 또 다른 요소는 높은 인지 부담이다. 아주 어려운(또는 부분적으로 어려운) 과업에 사용 가능한 처리 용량 자원을 사용하면 말로 된 자료를 만들어낼 수 있는 인지 자원은 남지 않는다. 또 중요한 사실은 소리내어 생각하기 방법의 목적은 다듬어지지 않고 즉석에서 나오는 계속 진행되는 생각을 담아내는 것이다. 피실험자는 자신들의 생각을 분석하지 않아야 한다. 분석은 실험자의 몫이다.

매트랫의 실험에서 각 세 명으로 구성된 네 집단은 영어에서 이태리어(자신들의 모국어)로 번역 했다. 같은 피실험자는 두 가지 실험에 참여했다. (1) 에릭슨과 사이먼(1984)의 실험과 맥을 같이하는 소리내어 생각하기 실험을 진행하며 (2) 각 집단의 세 명의 피실험자가 함께 텍스트를 번역한다. 두 실험에서 각기 다른 출발어 텍스트를 사용하지만 비슷한 정도의 난이도를 유지한다. 출발어 텍스트는 같은 텍스트에서 추출한 단락이다. 출발 텍스트의 난이도로 인해 상위 인식이 발현되는 비고츠키 접근법을 사용했다(매트랫 1992:81). 사전은 사용하지 않았으며 시간도 제한되었다. 소리내어 생각하기 실험에서 피실험자의 번역 시간은 40분이고 합동 번역의 시간은 60분이다. 번역 대상물에 대해 번역 전에 설명은 하지 않는다.

매트랫에 따르면 자료 수집을 위한 방법으로써 소리내어 생각하기는 상위수준의 번역 학생(정도는 그리 높지 않지만) 집단에서만 적절한 방법이고, 합동 번역은 초보자나 전문가 집단 모두에서 결과분석에 사용할 수 있는 데이터를 얻어낼 수 있는 방법이다. 매트랫은 두 실험 조건에서 수집한 데이터를 (1) 문제 정의와 구조적 측면 (2) 전략적 처리 라는 면에서 비교했다. 여러 결과 중에서도 특히 합동 번역에서 소리내어 생각하기보다는 문제를 더 확실히 파악할 수 있다. 합동 번역에서 알 수 있는 사실은 문제들의 구조가 복잡하다는 점이다. 전략 처리의 증거는 합동 번역 데이터에서 더 잘 찾아볼 수 있다. 매트랫의 연구에서 안타깝게도 명확하게 드러나지 않는 사항은 소리내어 생각하기나 합동 번역 어디에서도 의사결정 전략이나 의사결정 기준을 찾기 어렵다는 사실이다. 다른 소리내어 생각하기 연구에서는 의사결정에 관한 말로 이루어진 데이터가 풍부하다(티르코넨-콩디(Tirkkonen-Condit), 1989, 1992; 야스켈라이넨 1990, 1999). 매트랫에 따르면 전문가들은 의사 결정에 어려움을 겪는다. 예를 들어 합동번역에서 피실험자들은 문제점에 대해 논의하지만 해결책을 구하지는 못하고 계속 진행하기로 결정하지만 결국 다시 그 상태로 돌아와 최종 결정을 내리지 못한다(매트랫, 1992: 188ff., 199).

매트랫 연구 목적 중 하나가 상위 인식 발현을 연구하는 것이기 때문에 애매모호하고 미흡한 소리내어 생각하기 데이터에 만족하지 못하는 점은 놀라운 사실이 아니다. 소리내어 생각하기의 목적은 이와는 정 반대로 혼란스럽고 불완전한 인간사고 과정을 들여다 볼 수 있는 수단을 확보하는 것이다. 더 나아가 전문가들이 결정을 내리지 못하는 현실을 미루어 볼 때 불완전한 텍스트와 제한된 시간 내에 번역을 해야 하는 상황에 대한 의문점이 들게 한다. 전문가들은 정말로 완성된 번역 산출물을 만들어 내기 위해 노력하는가? 결정을 미루는 경향은 불확실한 상황에 대처하기 위한 전략일 수도 있다(티르코넨-콩디, 이 책에 실린 논문). 매트랫이 부과한 과업은 완수되지 않은 번역 과정을 의미하기 때문에 전문가들이 아직 최종 의사 결정 단계에는 이르지 못했을 수도 있다.

이와 더불어 미트라타의 실험 환경에 따르면 두 개의 데이터 추출 방법 이외에도 다른 변수들이 개입되어 이런 결과를 초래했을 수 있다. 완전한 텍스트보다 텍스트 요약분을 사용하는 것이 이 연구를 진행하기에는 적절할 수도 있지만 시간의 제약 때문에 피실험자들의 번역이 영향을 받았을 수도 있다(위에 상술한 것처럼). 다른 심각한 변수는 난이도가 높은 텍스트의 사용이다. 예를 들어 전문가 집단은(각각의 실험에서) 찰스 피어스(Charles S. Pierce) 가 쓴 기호학의 논리: 기호이론 이라는 책을 두 단락씩 번역했는데 난이도가 높은 과제다(사실 이런 종류의 배경지식이 없는 상태에서 이런 종류의 학술 텍스트의 단락을 번역한다는 것은 의문의 여지가 많은 활동이다). 참고 도서 없이 제한된 시간 내에 난해한 텍스트를 번역하는 일은 과도한 인지 부담이고 이 부담으로 인해 전문가 집단조차 빈약하고 애매한 음성 데이터만 나온다. 과업의 성격으로 보아 전문가 집단에서 음성 데이터가 빈약한 것은 자동화된 인지 처리 능력 때문이라고 할 수는 없을 것 같다. 과업의 어려움으로 미루어 볼 때 과업을 완수하지 못할 수도 있다는 두려움이 피실험자의 능력 발휘에 영향을 미쳤을 수도 있다. 마지막으로 각각 다른 실험을 위해(첫 번째는 소리내어 생각하기 그 다음에는 합동으로 번역하기) 동일한 텍스트를 사용한 점도 문제다. 어떤 과업을 먼저 하던지 한 과업을 통해 텍스트에 익숙해진 것이 다른 과업을 수행하는데 도움을 줄 수 있기 때문이다. 매트랫의 실험에서 피실험자가 합동 번역을 시작하면 출발어 텍스트에 이미 익숙해져있기 때문에 연구 결과에 나타난 것처럼 합동 번역에서 문제점을 발견하고 바로 해결에 도입하는 경향에 대한 설명이 가능하다(매트랫, 1992:180). 앞으로의 실험에서는 소리내어 생각하기와 합동 번역에 대한 실험 순서를 서로 바꾸어가면서 진행해야 할 것이다.

실험 목적에 대한 피실험자의 해석도 중요한 역할을 한다. 전문가의 합동 번역 예를 보면 피실험자 중 한 명은(이태리어로 된 말을 매트랫이 번역함) '번역할 때 번역을 어떻게 하는지에 대해서는 관심거리가 아니라는 것이다.' 라고 밝혔다(매트랫, 1992:199). 매트랫이 어떤 지시를 했는지에 대해서는 설명하고 있지 않기 때문에 이런 해석의 출처가 어디인지 알아내는 것은 불가능하다. 아마도 상위인지 출현을 관찰하고자 했던 매트랫의 목적을 반영하고 있는 것일 수도 있다. 이와는 대조적으로 다른 소리내어 생각하기 연구에서는 '통상적인 문제해결 방법'(위에 언급한 비고츠키 1978을 참조) 을 포함해 전문가들이 어떻게 번역하는 가에 관심이 있다. 전문가들의 방법을 비교하며 언급한 점은 중요한 문제다. 만일 피실험자들이 생각하기에 번역에 대해 논할 수 있는 능력(번역을 분석하는 능력)을 연구하는 것이라고 알고 있다면 소리내어 생각하기 조건에서 혼자서 난해한 넥스트를 번역할 때 자신감을 잃었을 수도 있다. 합동 번역에서도 주어진 과업의 난이도는 동일하지만 함께 문제 해결을 위해 노력한다는 점 때문에 (또한 텍스트를 한 번 경험해 보았다는 사실 때문이라도) 세 집단 모두 번역의 품질에 대한 두려움이 있는 상황은 아니고 더 많은 음성 데이터를 얻을 수 있다.

종합하면 위에 언급된 연구를 통해 확실히 알 수 있는 사실은 여러 데이터 추출 상황에서 변화를 초래할 수 있는 변수들을 찾아내서 분리하는데 더 주의를 기울여야 한다는 점이다. 그러나 번역에 관한 과정 중심 연구 상황에서 소리내어 생각하기나 합동 번역 중 어떤 방법이 이상적인 연구방법인지 결정하는 것은 불가능하다. 즉각적인 회상 같은 다른 연구 방법도 마찬가지다. 사실 번역의 각기 다른 측면을 연구하기 위해서는 다른 데이터 추출 방법이 더 이상적일 수도 있다(프레이저(Fraser), 1996). 어떤 방법이 더 좋은지 파악하기 위해 방법론에 대한 체계적인 연구가 필요하다. 매트랫의 연구(1992)는 이런 방향으로 향하는 훌륭한 첫 걸음이다. 그러나 여러 장점에도 불구하고 합동 번역을 통해 단독 번역 과정을 파악 할 수 없다. 두 가지 실험의 목적이 다르기 때문이다. 이런 차이점이 결정적인 영향을 미치는지에 대해서는(한 가지 조건의 결과를 통해 다른 조건의 결과를 일반화 할 수 있는지 등) 방법론에 대한 체계적인 비교가 필요하다.

마지막으로 두 사람 이상이 함께 번역을 하도록 부탁하는 일은 소리내어 생각하기 실험만큼이나 부자연스러운 상황이다. 대부분의 번역사들은(학생이건 전문가이건)단독으로 번역에 임하기 때문이다. 따라서 통상 함께 일하는 두 번역사의 번역과정에 대한 세기노트(Séguinot)의 연구(1996, 이 책에 실림)를 통해 합동 번역에 대한 흥미롭고도 진정성 있는 데이터를 구할 수 있다.

소리내어 생각하기가 초래하는 간섭 협상

투리(1991:60-62; 1995: 234-238)는 소리내어 생각하기가 번역을 할 수도 있다고 주장했다. 이는 물론 소리내어 생각하기 연구 방법을 통해 도출된 연구 결과의 유효성을 저해하는 주장이다. 에릭슨과 사이먼(1984)에 따르면 이런 간섭이 실제로 일어나는 것은 아니고 다만 전체 과정이 약간 느려질 수는 있다. 이미 지적한 대로 에릭슨과 사이먼의 주장의 근거는 번역과는 매우 다른 데이터다. 따라서 그들이 제시한 증거만을 의지하는 것은 피하는 편이 좋다.

투리 주장의 요지는 소리내어 생각하기에 개입된 두 가지 형태의 번역(말로 하는 번역, 글로 쓰는 번역)이 서로 간섭을 일으킨다는 것이다.

실험에서는 글로 쓰여진 텍스트를 글로 번역한다. 생각하는 과정을 소리를 내 표현해야 한다는 부담 때문에 피실험자는 (소리 내) 생각하는 것 이외에 글로 결과물을 표현 하기 전 말로 번역도 하게 된다. 말로 하는 번역과 글로 쓰는 번역에는 동일한 전략이 포함하지 않는다는 가능성도 존재한다(1995: 235).

물론 투리가 제기한 잠재적으로 효과가 겹치는 여부 자체에도 문제가 있을 수 있지만(아래 참조), 그가 제기한 비판은 검토할 만한 가치가 있다. 이런 우려에 대한 근거를 일부 심리학 연구에서 찾을 수 있기 때문이다. 인지 심리학에서 음성 리포트의 사용에 근거가 되는 정보처리 이론에서는 포괄적 문제 해결자, 인간의 정보 처리 시스템 안의 처리 용량이 제한된 중앙 처리 장치를 가정하고 있다. 그러나 다른 조직의 시스템이 이런 작업을 담당한다는 연구 결과도 있다. 특성화된 특정 내용 중심의 하부 시스템이다(알포트(Alport), 1980a; 1980b). 이런 점에서 보자면 소리내어 생각하기가 글로 하는 번역을 간섭하는 일이 발생할 수 있다. 왜냐하면 두 과업 모두 최종 산출물을 추적해보면 시작은 말로 하는 과업임을 알 수 있기 때문이다.

투리는 자신의 주장을 설명하기 위해 영어가 출발어인 문장을 독일어로 옮긴 두 종류의 번역을 비교했다. 한 번역은 소리내어 생각하기 실험을(산도크(Sandork), 1982) 하며 번역했고, 다른 번역은 교사의 지침서에서 나온 모범 번역이었다. 번역 단위의 순위와 범위 등을 살펴본 투리에 따르면 소리내어 생각하기 실험의 번역이 그렇지 않은 실험에 비해 훨씬 더 형식적인 측면에 치중하는 경향을 보였다(투리, 1991: 61; 1995:237).

투리의 연구에서 예로 든 것은 한 문장에 대해 각 다른 사람이 번역한 두 건의 번역으로 이 비교를 통해 나온 결과를 일반화하는 것은 거의 불가능하다. 또한 실험에 참여한 번역사들은 학생과 교사로 두 사람

간의 언어와 번역 실력 차이는 상당하다. 따라서 번역에서 나타난 결과가 반영하는 것은 번역이 이루어진 상황이 다름에 의한 결과의 차이라기보다는 초보 번역사와 전문번역사 간의 과업 달성에 대한 실력 차이라고 할 수도 있다.

투리의 비판에 대한 예비 조사를 위해 소리내어 생각하기 실험에서 생성된 여덟 건의 번역과 소리내어 생각하기를 하지 않은 여덟 건의 번역을 비교했다(더 자세한 사항은 야스켈라이넨 1999 연구 참조). 여섯 건의 번역은 사본린나 학교의 고등반 학생들이 수업 중 실시한 번역의 일부다. 번역 품질 분석을 위해서 두 명의 교사가 한 두건의 번역도 구했다. 이 두 번역은 간섭이 있는지의 관점에서도 살펴보았다.

실험은 텍스트 전체를 대상으로 하고 있기 때문에 한 문장만을 분석한 토리의 실험 보다는 좀 더 광범위한 분석을 실시할 수 있었다. 첫째, 구조적 분석을 통해 열여섯 건의 번역이 출발어의 구조를 얼마나 잘 따르고 있는지, 특히 문장 경계와 제시된 정보의 문장형식이 얼마나 잘 묘사되고 있는지를 분석했다. 두 번째로 어휘 수준에서의 형식적 일치가 잘 이루어지고 있는지 살펴보았다. 다시 말해 생략, 추가(선택적인), 형식변환 등이 일어나는 경우에 대한 건수를 파악했다.

번역 산출물에 대한 소리내어 생각하기의 영향에 대한 예비 연구 결과 토리가 우려했던 점은 어휘 수준에서는 증명이 되었지만 구문 수준에서는 그렇지 않은 것으로 드러났다. 예를 들어 소리내어 생각하기 상황이나 또는 그렇지 않은 상황에서도 문장 경계 변화 등 구문 상의 변화를 기꺼이 시도한 집단은 전문번역사 들이었지만 어휘 선택은 간섭을 받았을 수도 있음이 드러났다. 다음 출발어 문장이 좋은 예가 될 수 있다. '나이제리아의 마이두가리 대학교의 오 소디무 피 조세프(O. Sodimu, P. Joseph)와 케이 어거스티(K. Augusti)는 극단적으로 지방함유량이 높은 먹이를 쥐들에게 주었다. 이런 종류의 텍스트에서 연구자의 이름을 명기하는 것은 핀란드어의 경우에는 흔치 않은 일이다(번역 목적 이외에 너무 자세한 사항을 적었다). 그러나 소리내어 생각하기에 참여했던 피실험자는 전문가, 비전문가에 상관없이 이름을 그대로 번역했으며 소리내어 생각하기에 참여하지 않은 피실험자들은 (두 명의 번역 교사를 포함) 이름을 생략했다. 물론 실험 참여자 수가 너무 적기 때문에 결론을 내리기에는 충분하지 않지만 소리내어 생각하기가 미칠 수 있는 영향 등에 대해서는 체계적인 조사가 필요하다.

번역과 동시에 말을 해야 하는 상황과 그렇지 않은 상황 사이에 근본적인 차이가 있는지에 대한 증거는 아직 미약하지만 어떤 간섭도 없다고 결론 내리기도 시기상조다. 소리내어 생각하기와 합동 번역의 문제와 더불어 내릴 수있는 결론은 번역 최종 산출물에 대한 번역 중 소리내어 생각하기 행동이 어떤 영향을 끼치는지에 대한 상세한 조사가 필요하다는 것이다.

보정 작업

종류도 많고 변화도 심한 소리내어 생각하기 데이터를 분석하는 방법은 이 논문에서 언급하지 않았다. 대부분 분석 방법은 소리 내어 생가하기 데이터 중 특정 부분의 데이터를 설명하기 위해 만들어졌다. 그리고 분석 방법을 통해 여러 종류의 데이터를 시험한 후에는 수정 작업이 필요하다. 이런 점 때문에 실험 결과를 비교하고 일반화하는 작업이 복잡해진다. 실험 연구 초창기에는 이런 현상은 이해하고 넘어갈 만했다. 하지만 내가 생각하기에 번역에 관한 소리내어 생각하기 연구에서 데이터를 분석하는 방법을 시험하고 다듬는 일에 충분한 주의를 기울이지 않은 것으로 보인다.

이런 상황을 개선할 수 있는 방법은 합동 연구다. 사본린나 번역 학교의 티르코넨-콩디가 시작하고 이 책에 등장하는 연구자 여러 명이 함께 참여하는 합동 연구가 현재 진행 중이다. 이 합동 연구의 목적은 여러 건의 소리내어 생각하기 실험을 시행하는 것으로 실험의 내용은 동일한 영어 출발 텍스트를 적어도 한 언어 당 세 명 이상의 전문번역사가 영어 이외 다른 언어로 번역하는 것이다(여기에서 전문가의 정의는 전문번역사로서 최소한 3년 이상 또는 1,000시간 이상 번역에 종사한 사람을 의미한다). 실험 절차는(사전 번역과 지시사항) 동일하며 피실험자는 통상적인 번역 작업 조건하에서 번역에 임하게 된다(통상적으로 번역할 때 참고서도 자유롭게 볼 수 있고 컴퓨터도 쓸 수 있다).

이 논문에서 번역에 관한 소리내어 생각하기 방법에 연관된 방법론적인 문제점과 그 해결 방안을 제시했다. 총체적 결론으로 과정중심 연구에서 각기 다른 데이터 추출 방법의 유효성과 신뢰성을 결정할 수 있도록 설계된 체계적인 방법론에 대해 빨리 연구를 시작해야 한다는 점을 강조한다.

미주

1. 네 집단의 피실험자는 세 수준 별 번역 숙달 정도를 나타낸다. '초보'는 번역학교 1학년, '높은 수준의 학생'은 세 명의 3학년, 세 명의 4학년 학생을 가리키고 '전문가'는 최소 10년 이상의 경험이 있는 전문번역사들을 가리킨다.

(인지) 언어학이 (문학) 번역에 도움이 되는가?

엘즈 비에타 타바코츠카 ELżBIETA TABAKOWSKA

폴란드 크라코우 야기엘로니안 대학교 영어과
Institute of English, Jagiellonian University of Kraków, Poland

이론

언어학이 번역사에게 도움이 될 것인가 하는 질문에 대해 많은 학자들은 아니라고 대답할 것이다. 그러나 이 글은 긍정적 대답을 제안하는 것이기 때문에 토론의 바탕이 될 수 있는 기본적인 가정에 대해 먼저 언급하고자 한다.

우선 번역의 과정 중심 실제 연구를 선도하고 보완해 줄 수 있는 몇 가지 절차가 있다. 예를 들어 소리내어 생각하기, 인터뷰, 녹음 기록, 녹음된 내용 기록 등이 있다. 이 절차 중 한 가지는 언어 교습에서 "자세히 읽기" 또는 "텍스트 해석"이고 알려진 것이다. 당연한 이야기지만 텍스트가 이루어진 특정 언어에 대한 고려가 없는 텍스트 분석은 가능하지 않다.

두 번째로 "핵심" 이론 언어학이 번역학에 개입하는 것을 항상 반기는 분위기는 아니지만 문법이 번역사에 대한 훈련에서 한 부분을 차지할 수 있는 것처럼(아니면 사실 그래야 하는 것처럼), 번역은 언어 학습 교과과정의 한 부분이 될 수 있다(아니면 그래야 한다). 이런 사실이 문학 번역과 같이 일반적으로 교육이 불가능하다고 알려진 것을 가르치는 상황에서도 한층 더 중요한 사실이라고 믿고 있다. 문학 번역은 기술이라기보다 예술이라고 믿는 사람들이 많다. 번역이 예술이 될 수 있는 이유는 원 텍스트와 번역 간의 관계를 고려해 특정 언어에서 선택할 수 있는 수많은 가능성 중에서 한 가지 표현을 골라야 하기 때문이다. 아니면 '빈칸 채우기' 과제를 수행해야 하는 언어 학습생이 해야 할 일과 같은 활동이라고 할 수 있다.

세 번째로 이 주제에 대한 관련 책자 등에서 볼 수 있는 것처럼, 번역학에서 가장 가치 있는 공헌을 하는 사람들은 종종 학자이면서 번역사들이다. 번역 학자는 전문 언어학자인 경우가 많고 그들 연구에 대한 이론적 기반을 자신들의 고유 분야에서 찾는 것이 자연스러운 일이다. 출발어와 도착어를 만들어 내는 일은 각각 다른 언어 과정이다. 언어 이론에 좋은 해결책을 기대해 보는 것은 이런 과정을 설명하기 위해 꼭 필요한 과정이다. 실제로 점차적으로 나타났다가 사라지는 일련의 언어 이론은 번역 이론을 구성하고 있는 개념들에 대한 접근 방법에 잘 나타나 있다(잘 알려진 번역 등가어 개념을 포함하여). 물론 다양한 언어학 이론에 대한 평가는 실제로 써본 다음 적용되고 최근 발달한 내용 중에서 인지 언어학이라고 알려진 모델이 적용 가능성이 가장 크다고 생각한다. 번역을 가르칠 때 인지 언어학이 가장 가치 있는 공헌을 한다고 생각되는 분야는 언어에 "익숙해지는 과정"이다. 이 과정은 초보 번역사에게 언어 메시지로 전달되는 전반적인 의미가 어떻게 형성되고 수정되는가에 대해 알려주는 과정이다. 원 텍스트와 번역 텍스트 모두에서 원 저자와 번역사의 선택에 의해 특정 언어로 문법 등 제반 언어 틀에 의해 결정되는 언어 선택에 대해 알려주는 일이다. 문법의 인지론적 모델에 따르면 이런 선택은 로날드 랭거커(Ronald W. Langacker, 1987, 1991)가 정의 내린대로 시각적 표상의 차원 또는 번갈아 생기는 현상에 대한 해석이고 이 이론이 후반부에 제시된 분석의 기반이 된다.

사실 이 생각은 새로운 것은 아니다. 예를 들어 두 문장이 "같다"고 해서 그들 문장이 정말로 정확히 동일한 것은 아니다. *레드가 월드컵에서 우승했다.* 는 *문장은 월드컵을 차지한 것은 레드였다.* 라고 말하는 것은 같은 사실이지만 이 사실은 다른 각도에서 바라본 것이다. 앞 문장은 팀의 중심이라면 나중 문장은 월드컵이 중심이다. 실제적인 의미론적 내용과 내용에 대한 해석은 전반적인 의미를 구성하는 부분이다. 이런 사실은 스타일에 관련된 모든 연구에서 이미 오랫동안 확실하게 자리 잡고 있는 기본 가정이다. 인지심리학의 강점은 "스타일에 의한 의미"를 어휘부터 형태론과 구문론에 이르기까지 모든 수준의 문법 구조에서 찾을 수 있다는 점이다. 또한 다른 모델과 달리 선택의 필요성과 자유를 인정함으로써 언어학 규범은 제한을 받지만 인지심리학에 의해 문체의 스타일이 순수언어학 내에서 인정받는 분야로 승격된다.

인지언어학은 번역 이론이라기보다는 언어 이론이지만 번역학 학자들이 연구 기반을 두고 있는 사실과 평행선상에 있음을 가정한다. 근본적으로 인지 언어학과 번역학 모두 의미는 "텍스트 안에 고정되어 있는" 것이 아니고 언어가 사용됨에 따라 점진적으로 변화해 나갈 수 있다고 가정한다. 번역 과정을 통해 도착어를 구성하면서 번역사들은 의미가 스스로 변화해서 적절한 의미가 나오도록 하는데 이는 언어를 구사하는 사람들이 역동적인 언어 사용 과정 내에서 하는 언어 행위와 같다. 번역사가 번역을 진행하면 대화를 하고 있는 화자가 말 할 수 있는 잠재적인 언어 선택은 계속 남아 있는 반면, 계속 진행되는 선택에 대한 의구심은 줄어들게 된다. 마지막으로 스스로를 제한하는 언어의 선형 1차 변화 추이는 피할 수 없지만 번역은–다른 언어 과정과 마찬가지로–그 자체가 원래 비선형적이고 일반적인 문맥상의 제한 요건에 의해 또는 "억제 메카니즘"에 의해 지속적으로 관리하는 의미 중에 하나를 선택할 수 있는 가능성이 상존한다. 이런 관점에서 보자면 번역 과정을 묘사하는 일은 언어 메시지를 생산하는 더욱 일반화 된 과정을 묘사하는 것과 맥을 같이 한다. 또한 최종 산출물에 의해서만 판단을 내릴 수 있다.

본질적으로 상황에 따라 선택이 달라 질 수 있지만, 여러 단계에서의 언어의 요소에 관한 인지적 관점의 묘사는 메시지의 전반적 의미가 언어 내외적인 요인을 감안한 말 바꾸기 이후에 어떻게 변화하는 지를 나타낸다. 따라서 전통적으로 언어학자나 문학자 모두 문장의 스타일 변화라고 부르는 주목할 만한 현상은 더욱 철저한 언어학적인 묘사의 대상이다. 다시 말하면 스타일의 변화는 언어학적 분석과 문학적 해석이 교차하는 중간에 위치한다.

번역학도 이 중간에 속해있다. 언어학과 문학 연구 사이의 간극을 메우려고 노력하는 사람들에게(아리스토텔레스의 시학 이후로 두 집단이 각기 제 길로 발달해서 간극이 더욱 벌어졌다) 번역학이 유용한 연결 역할을 할 수 있다. 언어학자가 문학 비평가들 뿐 아니라 현역 번역사, 번역비평가들로부터 협력을 구한다면 텍스트의 구조, 문법 간의 대조, 두 언어 사이의 등가어의 정의와 평가 등 그 자신에게도 흥미가 될 조언을 모두에게서 찾을 수 있을 것이다. 그 반면 번역사는 언어학자로부터 그 자신의 통찰력에 대한 확신, 체계화, 보강이 가능하다. 현 시점에서 확실하게 주장할 수 있는 점은 현역 번역사들이 이런 통찰력을 보유하고 있다는 점이다. 번역사들은 실제로 번역을 하면서 자신들의 언어학적 지식을 의식적으로 사용하지 않는다. 그렇다면 왜 언어학적 분석을 해야 하는지 생각해 봐야 한다. 해답이 될 수 있는 가능성은 텍스트의 해석이 어떻게 가능한지를 보여주면서 '자세히 읽기'를 가르치면 실제 번역에서 유용하게 쓰인다는 점이다. 사실 어떤 종류의 텍스트, 특히 문학 텍스트안의 의미가 단어 자체 뿐 아니라 문법에도 내재되어 있다. 이를 통해 어떤 언어학적 매개 변수가 텍스트로 이루어진 이미지를 구축할 수 있는지 알 수 있다. 마지막으로 시와 관련하여 다음과 같은 진술이 있다. 모든 "시적 이미지"는 궁극적으로 "언어적 이미지"의 기능이다.

본 논문의 후반부에서 간단한 사례연구를 살펴볼 것이다. 사실 아래에 묘사하는 것은 번역 작업을 하는 대부분의 작가들이 이제까지 해왔던 작업이다. 그들의 글을 읽는 독자들에게 각자의 사례를 들려준 것이다. 사실 이렇게 하는 것이 어려운 것은 아니다. 그럼에도 불구하고 번역 이론가들을 힘들게 하는 일은 각각의 개별 사례 연구에서 일반화시킬 수 있는 사실을 끌어내어서 정말로 "이론" 이라고 이름 붙일 수 있는 진리를 확정할 수 있는가 하는 점이다. 언어 표현에 원래 존재하는 본질적인 주관성을 감안하면 인지 언어학이 의도하는 목적을 달성하기는 힘들 수도 있다. 이론상, 방법론상의 일관성만을 추구한다면 언어에 대한 인지론적인 접근만을 원하는 사람들에게서는(언어학과 함께하는) 번역 이론은 불가능하다는 비관적인 의견이 나올 수도 있다. 반면 이런 이론이야말로 번역 학자 등이 원하는 것일 수도 있다. 이런 역설적인 현상을 해결하기 위해서 노력한 결과 다음과 같은 이론이 나온다. 번역에 대한 언어 이론은 인지언어학 이론에서 큰 강점을 얻을 수 있다. 두 이론 모두 다 이미지의 등가와 부등가에 대해 언급하고 있고 인지 언어학적 모델은 언어 중심의 번역 이론가들을 항상 힘들게 했던 언어의 다음과 같은 측면들을 함께 고려한다. 의미의 본질적 주관성, 예측 불가능한 "인간적인 요소"의 상존, 분리되지 않는 의미와 형태, 결점은 있지만 버릴 수 없을 만큼 매력적인 사피르-워프 가설(인간의 생각은 사용하는 언어에 의해 좌우된다는 이론-역자 주), 항상 존재하는 은유적 표현, 겉으로는 비슷해 보이지만 전혀 뜻이 다른 단어들, 동의어와 동음이의어 등이다.

다음에는 짧은 시의 분석에 대해 논하고자 한다. 먼저 선택된 장르는 연구자가 좋아하고 흥미를 가지고 있는 장르 중에서 선택했다. 물론 다른 이유도 있다. 이 글의 목적이 조직에 관한 여러 차원에서의 언어 요소에 대한 인지적인 접근을 통해 전체적인 의미가 어떻게 나타나는지(또는 번역 경로에 변화가 있는지) 등을 살펴보는 것이기 때문에 서정시가 적절한 선택이라고 여겨진다. 출발어와 도착어를 전체적으로 함께 살펴볼 수 있으며 처음부터 끝까지 인용하거나 토론하기에는 너무 긴 텍스트를 다루면 발생할 수 있는 문제에 대처하기 힘들 수도 있다.

더구나 시는 정의된 대로 비평가 등이 말하는 "시적 기능"의 내용을 함축해서 담고 있다. 야콥슨(Jakobson)의 고전적인 선언(1960)과 맥을 함께 해서 인지 언어학에서는 그런 기능도 매일 존재하는 언어의 공통 특징이고 "시 같거나"와 "시가 아닌 것 같거나"의 차이점은 질이 아닌 양의 차이이다. 그림을 떠오르게 하는 시는 항상 문법의 산문을 바탕으로 만들어 진다. 이 시점에서 영어와 폴란드어의 문법에 대해 일부 이야기하고자 한다. 명사로 이루어진 시와 영어와 폴란드어의 시제와 습득 양상에 대해 논할 것이다. 마지막으로 어떤 식으로 반복과 구문 병치 구조가 시적 이미지를 구성하는 지를 보여주고자 한다. 이렇게 하는 이유는 동조하지 않는 비평가를 설득하고자 함이 아니라 번역 등가어를 찾고 있는 번역 비평가들과 현역 번역사들이 직면하는 문제점을 찾아내고 정의하는 작업을 돕기 위함에 있다.

실행 자료

현대 아일랜드 시인인 에드윈 모건(Edwin Morgan)이 쓰고 국적이 폴란드이며 시인이며 번역사인 안드레 슈바(Andrzej Szuba)가 번역한 오반 소녀라는 시에 대해 논의할 것이다(둘 다 1988년 폴란드 영국 문화원에서 코레스튜디오(Correstudio)에 의해 발간되었다). 출발어와 도착어에 대한 비교 분석을 위해서는 문제가 되는 두 언어에 대한 지식을 필요로 한다. 이 지식은 실질적인 동시에 이론적인 지식이며 저자와 시의 독자 모두가 필요로 하는 지식이다. 한 가지 분명한 사실은 아래 토론 사항을 읽는 독자들은 폴란드어를 모른다는 것이다. 폴란드어는 "드물게 쓰이는 언어" 이기 때문이다. 물론 대부분의 번역사들이 인정하는 것처럼 특정 언어에 대한 지식이 그 언어 이해를 위해 필요한 지식을 보완할 수는 없지만 저자의 희망은 아래에 제공하는 문법 설명으로 독자들이 이 논문에서 제시한 논점을 이해하는 것이다.

모간의 시는 다섯 줄 정도이며 번역이 용이 한 것으로 보인다.

오반 소녀

창문에 보이는 소녀가 메론을 먹고 있다.
메론을 먹으며 그림을 그리고 있네
그림을 그리며 헤이 주드를 부르고 있다네
해는 저물어져 가며 헤이 주드를 부르고 있네
가을에 소녀는 결혼을 할 거라네(모건, 1998: 20)

다음 시에 대한 해석을 통해 세미나에 참여하는 학생들과 동료들이 제공한 도움 덕택에 직관적인 판단을 적절하게 내릴 수 있었다.

시 제목에서 사실적 표현과 함께 연관을 시킬 수 있으며(플라망식 그림), 이런 인상은 시의 처음 두 줄 때문에 더욱 강조된다. 여기에서 소녀의 초상이 "그려져" 있으며, 어떤 행위(메론을 먹고, 그림을 그리고)를 하고 있는데 시각 예술 작품으로써 지속되고 변함없는 가치를 보이고 있다. 보고 싶은 사람은 언제든지 와서 볼 수 있는 것처럼 관람자의 입장에서 초상화에 볼 때마다 "현재 시각"의 가치를 부여한다. 달리 말하자면 현재 시각은 보는 사람에게 속한 것이지 보는 대상에 속한 것이 아니다. 셋째 줄 중간에서 예상치 못한 반전이 나온다. 소리로 듣는 인상이 눈으로 보는 인상을 대체한다. 그리고 특정한 선율에 대한 암시로 인해 간접적으로 실제 독자들을 대상으로 이야기를 전개한다. 헤이쥬드라는 노래는 특정한 시대에 그 노래를 알았던 사람들만이 이해하는 노래가 된다. 이 시점이 되면 독자들은 공통적이며 시간을 초월하는 질적인 측면을 잊게 되고 시의 독자들은 자신들이 경험한 관점에 비추어 볼 때 시의 그림은 과거에 속한 것임을 깨닫는다. 또한 이런 해석을 직접적으로 나타내는 넷째 줄 둘째 부분에서 이런 점을 더 확실히 깨닫게 되는데 주 동사가 과거형으로 사용되었다.

그림을 경험하면서 관찰자들의 눈과 귀는 그림을 한 부분씩 받아들인다. 처음 보는 것은 그림의 공간적인 "틀"인 창문과 소녀가 메론을 먹고 있는 장면이다. 다음으로는 소녀가 그림도 그리고 있다는 관찰과 마지막으로 노래를 부르고 있다는 사실이다. 빛이 어두워지고 있는 환경은 일종의 시간적 배경을 제공한다. 헤이 주드의 선율처럼 특정한 시간대를 가리킨다. 이와 대조적으로 다섯 번째 줄은 미래를 직접 의미한다. 앞으로 다가올 미래와 과거에 있었던 일들의 차이를 시의 첫 네 줄과 다섯 번째 줄 이후, 또 시작하는 대문자 등을 이용해 상징적으로 강조하고 있다. 시간의 대조는 시의 전반적인 의미를 해석하는데 여러 가능성을 열어놓는다. 소녀가 곧 결혼한다는 소식이 소녀를 한 번 보았던 기억을 떠오르게 했을 수도 있다. 구체적으로는 먹는 것, 그리는 것, 노래하는 것 등 소녀가 곧 결혼한다는 소식 때문에 시인은 행복할 수도 있고 또 그 반대일수도 있다. 이런 질문은 대답이 힘들다. 문학 비평가나 민감하게 시를 읽는 사람들이 해답을 제시할 수 있을 것이다. 가장 먼저 하는 질문이고 또 가장 기초적인 질문이다. 학교에서 배운다면 "시란 무엇인가?"라는 질문에 대해 딱 맞아 떨어지는 해답을 얻을 수 있고 사실상 누구든지 동의하는 부분이 될 수 있다. 하지만 궁극적으로 해석의 가능성을 열어주는 것은 질문이다.

중요한 사실은 "시의 의미"이기 때문에 이런 의미가 어떻게 생기는지를 알아보는 일은 언어학자의 몫이다. 이 논문의 나머지 부분에서 두 가지 주장을 뒷받침 할 수 있는 언어학상의 증거를 제공하려고 한다. 오반 소녀의 의미는 우선 문법에 의해 파악해야 하며 폴란드어로 번역이 잘 되지 않은 이유는 번역사가 이런 사실을 간과한 탓이다.

이와 관련해 중요한 일은 인지언어학에서 말하는 기초 작업(예를 들어 랭거커가 1991년에 언급한 자주 일어나는 일), 물리적(소녀가 창가에 있다), 시간적(빛이 점점 흐려지고 있다), 정신적(소녀가 곧 결혼할 거야) 공간에서의 "화용론적 조정"이다. 언어학적 표현들을 통제하기 위해 사용되는 언어 기능은 문법학자들이 지시어라고 정의내리는 것들이다. 본 논문에서 논의되고 있는 상황에 비추어 보자면 두 형태의 지시어가 중요한 의미를 보여준다. 명사를 지칭할 때 확실한 정의가 되어 있는지 아닌지 동사에서의 시간의 흐름에 따른 양상 등이다. 인지 문법에선 두 개의 기본적인 문법 범주인 명사와 동사가 정의되고 각각 존재하는 사물과 관계를 지칭하는 말이 된다. 명사는 "사물" 또는 개념적 영역의 지점들을 나타내고 물리적 또는 관념적인 상황에서 개념화된다. 소녀, 창문, 메론과 노래, 빛, 가을 등이 대비된다. 동사는 전형적으로 "시간의 관계"나 "과정"을 지칭하고 사물 간의 관계를 정의한다. 메론을 먹고 있는 소녀, 그림을 그리고 있는 소녀, 헤이 주드를 흥얼거리고 있는 소녀, 서서히 약해져 가는 빛, 결혼을 앞 둔 소녀 등이다.

이 두 개념은 극단적인 차이를 보인다. 명사적 표현은 개념화 될 수 있는 사물들을 나타내는 반면 동사는 시간의 흐름 안에서 진행되는 것으로 나타난다. 인지언어학에서는 인간 인지 가능을 통제하고 조직화하는 이 두 가지 기본 개념이 사실은 유사한 조건 하에서 수용되고 있다고 주장한다. 여러 언어에서 수많은 표현들 중 시간에 관련된 표현들이 공간적 관계로 재 표현되고 있는 것을 발견할 수 있다(예를 들어 두 시간 동안에 '길다'라는 표현인 long을 쓰거나 곧 부활절이라는 말을 위해 오고 있다는 의미인 coming을 쓰는 것 등을 의미한다. 사실 두 가지 범주는 몇 가지 중요한 개념적인 비유를 나타내며 이들은 인간의 이지적인 능력에 바탕을 두고 현격한 문법적 차이를 기본 조건을 하고 있다. 이러한 의미론적인 값은 결합을 통해 일어나고 한 현상의 확장 범위를 정해주는 개념이다. "소녀" "창문" "메론" "그림" "노래" "가을" 등의 개념은 서로 결합된 것으로 간주된다. 그들을 구성하는 각 부분(예를 들어 "창문", 창문 틀이나 문틀을 만드는 것 등). 이 특정한 형태를 구성하는 것으로 이해되고 그 내부 조직은 다른 조직과의 구분을 가능하게 한다. 다른 유사 구조는 동일 범주 안에서 전형적인 사례로 간주되는 것이다. 예를 들어 또 다른 "창문"처럼, "창문들"이라고 말하는 것도 가능하다. 복수 명사로 바꿀 수 있는 능력은 결합 능력의 직접적 결과이고 문법학자들에게 셀 수 있는 명사 현상이라고 알려진 현상을 구성하는 필수 조건이다.

결합이 아니라고 정의할 수 있는 현상들도 존재한다. 예를 들어 빛이라는 명사는 셀 수 없는 무한한 양의 입자들을 지칭하고 관찰자들의 입장에서는 대동소이한 것으로 간주된다. 확실하게 경계를 나눌 수 없는 집단적인 명사들을 문법학자들은 군집명사라고 부른다. 문법책에 설명되어 있는 바와 같이 영어같은 언어에서는 셀 수 있는 명사와 군집명사 간의 정 반대되는 성질 때문에 명백한 지칭의 조건을 구성하게 된다. 따라서 결합된 현상은 개념적인 영역을 구성하는 적절한 범주 안에 속하거나(이럴 경우 한 소녀라는 표현은 "소녀들의 집합 범주" 중의 한 면을 지칭하게 된다) 특정 공간 내에 나타나게 된다(담화가 발생한 바로 그 순간을 나타내는 말. 내가 바로 전에 말했던 바로 그 소녀). 이와 대조적으로 결합되지 않은 실체는 단순하게 적절한 "질적인 공간" 또는 "사물"(물리적이던지 개념적이던지, 예를 들어 물과 빛) 로 정해지던지 특정 공간에 위치한 그런 사물의 '일부' 로 인식된다(예를 들어 [사라지고 있는] 빛).

따라서 확실하거나 또는 그렇지 않은 지칭이 의미하는 바는 사물의 방향 설정 또는 지시를 나타내는 것이며 이는 개념적 범주들의 "절대적" 영역 내 또는 담화의 "상대적" 공간 시간 영역 내에서 이루어지며 이에 대한 정의를 내리는 것은 배경을 구성하는 화용론적인 매개 변수다. 모건의 시로 돌아가 첫 번째에서 세 번째 줄까지의 "시간을 초월한"

묘사는 확실히 정해져 있는 것 보다는 그렇지 않은 명사에 대한 지칭 사용 때문이다. 이런 스타일 기능의 이해는 한정 지칭에 대한 표준 지침서와 비교해 보면 잘 드러난다(예를 들어 아첸 성당의 보물 안내도에 나와 있는 기록 일부를 보면 수직 기둥 아래 후반부에 설치되어 있는 크리스털 바위...). 여기에서 텍스트는 거기에 있는 물건을 실제로 보고 있는 사람들을 대상으로 묘사하고 있다. 이 시에서 부정(不定)적 지칭을 통한 명사인, 소녀, 창문, 메론, 그림 등이 각각의 범주 내에서 방향성을 얻고 있다. 제목에 있는 명사구는 특정한 마을(오반)을 지칭하는 말로 한정되어 있어서 그 자체가 범주 역할을 하고 있다. 주목할 만한 사실은 이런 방법이 영어로 그림제목 표현을 구성하는 방식이다. 그림이 나타내는 것은 특정 범주의 보기(나이 먹은 농사짓는 여성)다. 그러나 이런 보기는 관광 안내 책자에 기록된 흥미로운 관광지와는 달리 외부의 특정한 화용론적인 지칭과는 관련이 없다.

빛이나 가을처럼 대상이 확실하게 드러나는 지칭의 경우 다른 지칭을 보완해 주는 역할을 하고, 이는 상황에 적절한 명사(헤이 주드), 인칭대명사(그 여자), 그리고 상반되는 시제(과거형, 미래형)에 의해 강조된다. 이는 명칭과 동적 문법 기능을 이용해 두 가지 시간의 영향을 받는 이미지를 만들어낸다. 화용론적으로 지칭이 된 표현들은 부정(不定) 명사구 뿐만 아니라 세 개의 진행형 형태와 대조를 이루어서 먹고 노래하는 관계를 묘사한다. 사물과 마찬가지로 관계도 구속이 되거나 그 반대일 수 있다. 그러나 사물의 범주에서 구속이 되어 있다는 것은 공간적인 구속을 의미한다. 관계는 현실적인 것이고 구속이 존재하지 않는다는 것은 시간의 영역 내에서 고려해야 한다는 의미다. 이런 구분을 문법학자들은 미완료형과 완료형 동사 관점이라고 지칭한다. 예를 들어 빛이 점점 사라져 가고 있다. 그 여자는 결혼할 것이다 등의 표현이 가능하다. 이는 인지언어학자에 따르면 군집 명사와 셀 수 있는 명사의 차이와 관념상 동일 한 것이다.

사물과 마찬가지로 관계도 특정한 담화에 상대적인 방향성을 취한다. 문법 시제는 지칭 기능을 수행하기 위해 관측자와 상대적인 시간 영역에 위치한다. 관측자는 규범에 의해 말하는 사람과 동일시된다. 따라서 약해지는 불빛과 예정된 결혼은 두 이미지를 각각 말하는 사람의 과거와 미래에 일치시킨다. 이와 대조적으로 보조 부사가 선행되지 않는 진행형 형태는 방향의 일치와는 전혀 상관이 없다. 다른 말로 하면 개념적으로 "먹는 것" "그림 그리는 것" "노래 부르는 것" 등은 시간의 흐름과는 상관이 없는데, 이는 "물" 또는 "빛"이 공간과는 관계가 없는 것과 같은 맥락이다. 아니면 언어학자들이 말하듯이 전문 용어를 사용해서 말하자면 감각의 연속성이 유보된 것이다. 그 결과 세 과정을 구성하는 연속적인 사건(예를 들어 메론을 한 입 베어 물고 씹고 삼키는 과정, 브러쉬를 연속해서 만지는 것, 헤이 주드를 시작해서 노래하는 것 등)은 물처럼 흐르는 빛의 입자들이 관념적으로 균질화 되듯이 동일화 되었으며 이렇게 되면 시간을 초월한 영속성을 보유하게 된다.

시를 적절하게 번역하면 시간적 요소와 또 그렇지 않은 요소 간의 적절한 성질을 함께 담게 되며 그 결과 도착어의 의미를 충분히 표현할 수 있게 된다. 폴란드어로 번역된 시는 이런 목적을 달성하지 못하고 있다.

The/a/0 오반에서온 소녀
The/a/o 소녀는 the/a/0 창문에서 the/a/0 메론을 먹네
the/a/0 메론을 먹으며 /the/a/0 그림을 그리네
the/a/0 그림을 그리며 헤이 주드를 부르네
헤이주드를 부르며 the/a/0 빛이 흐려지네
the/0 가을에 [소녀는] 결혼할 것이네

(모건, 1998:21)

폴란드어로 번역된 시는 한마디로 다른 시가 되었다. 부분적으로는

영어와 폴란드어의 본질적 차이 때문일 수도 있다. 아니면 번역사의 부주의 때문일 수도 있다. 첫째 범주로 주목할 만한 사실은 두 반대되는 현상, 구속되거나 불구속 되거나 아니면 지칭이 되거나 안 되거나 하는 점에 대한 확실한 표시가 되어 있지 않다. 영어에서는 관사를 이용하여 (관사를 사용하지 않는 것 까지 포함하여) 이런 사항을 표현했다. 폴란드어에서는 별도의 제약사항이 없으면 자연스런 지칭이 이루어지는 것으로 간주한다(담화의 일반적 화용 법칙에 따라). 따라서 번역된 시는 그림에 관한 것이 아니고 "안내 책자"로 가장 자연스럽게 해석될 것이다. 모든 구성이 공간 시간상 순간적으로 존재하는 요소들에 부합된다.

위의 예는 번역 불가능성의 한 경우로 생각될 수도 있다. 관계의 초월적 시간성은 번역이 불가능하다. 세 진행형 형태는 삼인칭 단수 불완료 현재 시제 동사로 간주되었다. 관계성의 불구속성(불완료형)은 유지되지만 특정 문법 시제(현재)를 선택 한 점은 독자의 시점을 현재로 고정시키는 역할을 한다. 관점은 특정 관람객이 특정한 시각에 그림을 보고 있음을 나타낸다. 이는 "안내 책자 전략"과 일치하지만 원 텍스트의 의미와는 일치하지 않는다. 그림은 과거에 그린 것이긴 하지만 시인의 기억에는 영원히 존재하기 때문에 언제든지 회복할 수 있다는 원래의 의도는 사라졌다. 관념적인 지칭과는 달리 번역사가 내리는 결정은 체계적인 일치의 부족에 의해 부과되는 것이 아니다. 폴란드어의 문법에 의해 말하는 사람들은 소위 형용사에 의한 원칙을 지켜야 하며 이와 대조를 이루는 불완료 형태에 남아 있는 시간에 관련된 근거를 생략하게 된다. 이런 형태를 담아 해석하면 더욱 강한 등가적 이미지를 구성할 수도 있을 것이다.

시의 첫 줄에서 도입된 시간적 제약으로 인해 시간의 유한함과 무한함, 과거와 미래 등의 핵심적인 대비가 큰 손상을 입을 수밖에 없다. 확실히 현재 시점을 나타내는 개념과 과거를 나타내고 있는 개념(빛이 흐려지고 있다네에 해당하는 번역)이 동일한 단락에서 충돌을 일으키는 것을 피하기 위해 번역사는 지속적으로 현재 불완료형 동사(빛이 사라진다)를 선택한다. 이렇게 되면 흐려지는 빛 자체도 그림의 한 요소가 된다. 이미지의 두 부분은 단락을 연결하는 연결사(and)를 사용하여 연결했으며 이는 의미상의 병치 구조다.

다섯 번째 줄에서 문법을 지키기 위해 인칭대명사 중 여성 단수 대명사에 해당하는 폴란드어를 생략하는 것은 화용론적인 근거를 약화시킨다. 출발어에서 소녀는 화용론적으로 적절한 대명사를 사용하여 표현했는데 도착어에서는 동사 끝 무렵에 간접적으로 존재한다. 첫째 줄부터 네 번째 줄까지 약속된 해석에 따라 소녀는 "확실하게 지칭되는 것 이상"인 상태로 나타나지만 그림에서 표현된 상태에서만 이런 상태로 나타난다. 결과적으로 시의 마지막 줄에서는 그림이(과거에 만들어졌지만 영원히 존재하는) 소녀가 곧 결혼한다는 소식을 듣고(미래에), 실제로 생각이 난다(시인의 현재 시점에)는 해석이 더 이상 존재하지 않게 된다.

번역사가 선택하는 동사의 형태가 제한되어 있다는 사실이 또 다른 결과를 초래한다. 번역에서 무엇이 잘못되었는지 이해하기 위해선 구문적으로 병렬 구조와 실제 단어의 반복 사용이 스타일 기능에 어떤 영향을 끼치는지 고려해야 한다. 이 특정 "시적 기능"을 인지언어학에서 우선 순위와 차 순위 인물이 어떻게 연결되는지를 바탕으로 정의할 수 있다. 이 개념 자체는 게슈탈트 심리학에서 기본 틀로 시작된 것이고 관찰자의 시각에서 특정 요소가 더욱 중요하며 핵심적인 것으로 인식되는지를 알 수 있다는 점이다. 앞에 있는 것은 형상이며 뒤에 나타난 것은 지칭의 개념적 시작점으로 간주된다. 언어학적 표현도 같은 패턴을 따른다. 예를 들어 창문 속의 소녀는 우선적으로 형상이다. 부사로 위치(창문 안에)를 표현하였다. 이렇게 되면 지칭의 기준이 되고 그 자체가 두 번째의 형상이 된다. 높은 단계의 구조, 더 길어진 문장인 메론을 먹고 있는 창문 속의 소녀에서 우선적인 형상은 창문 속의 소녀이고 메론은 그 다음 형상이 되는데 먹는다는 동사에 의해 관계가 설정되었다. 이 시점에서 영어 문법은 보고 있는 장면의 마지막을 나타내든가 (적절한 구두점이나 아니면, 종종 실제로 그러는 것처럼 줄을 바꾸거나 해서) 아니면 문법적으로 복문 구조를 만든다. 창문에 있는 메론을 먹고 있는 소녀가(구조가 복잡해진 상태에서 제일 중요한 형상) 그리고 있는(첫 번째 형상과 그 다음 형상 사이에 관계 설정) 그림(차 순위 형상)이 보인다. 그러나 시는 패턴을 따르고 있지 않다. 둘째 줄에서 동등 구조(창문에 보이는 소녀)인 메론을 먹고 있고, 그림을 그리고 있네 라는 문장에서는 형상이 정렬되어 있다. 여기에서 창문에 있는 소녀는 더 이상 제일 중요한 우선순위를 차지하지 않으며 인지언어학에서 말하는 것처럼 이면으로 전이 되었다. 동등 구조에서 접속사로 연결하고 두 개의 "상층 구조" 형상 (창문 속의 소녀) 메론을 먹고 있고 (창문 속의 소녀가) 그림을 그리고 있다. 같은 기능이 다시 한 번 셋째 줄에서 쓰이고 있다. 그림의 가장 핵심(적인) 되는 요소는 (아니면 우선순위가 가장 높은 형상들) 이 시점에서는 그 다음에 동등 관계가 나온다. (소녀가) 그림을 그리고 (소녀가) 헤이 주드를 부른다. 넷째 줄에서는 이런 패턴이 무너진다. 우선순위는 이제 (소녀가) 헤이 주드를 부르고, 부사절인 빛이 흐려짐에 따라 전체 배경을 구성한다.

요소의 반복은 시를 각 줄로 나누는 과정과 비례하며 그림이 형성되고 수용되는 방법에 대한 반영으로 나타난다. 후속 행위가 하나씩 시작되고 연속되는 형상의 측면들은 차례가 되면 앞으로 나오게 된다. 배우인 소녀도 역할을 다하면 배경의 일부가 되고 행위 그 자체에 관련된 일련의 세부 행동에 주목하게 된다. 메론을 먹고, 그림을 그리고, 노래를 흥얼거린다. 각 행위가 인식되기 위해서는 다음에 오는 행위와 연결되어야 하고 눈으로 인지하는 과정을 명확하게 보여준다. 이전 것들이 사라지기 전에 새 것이 시각에 들어온다. 이런 식으로 원래가 비직선적인 눈으로 인지하는 정보에 비해 구문상의 중복으로 인해 말로 기록하는 직선적인 한계를 극복할 수 있다.

폴란드어 번역에서 원래의 의미는 보존되었다. 하지만 세 개의 한정된 동사는 단수인 삼인칭을 지칭하기 위해 동사의 형태가 변했고 행위 자체를 인지하도록 하는 대신 계속해서 배우를 전면에 나서게 했다. 우리가 인지하는 것은 행위를 주도하는 배우다. 이 차이는 별 것 아닌 것처럼 보일 수 있지만 사실 모든 이미지를 총괄적으로 바꿀 수 있는 가능성이 있다. 아니면 전체의 뜻을 바꿀 수도 있다.

결론

이 모든 일들이 정말로 할 만한 가치 있는 일인가? 출발어와 도착어를 읽고 나서 폴란드어 번역은 잘 된 번역이 아니라는 것을 깨닫기만 하면 되는 것 아닌가? 아마도 그럴 것이다. 그러나 비평가들은 자신의 직관력을 정당화하고 강화할 수 있는 정확한 도구를 제공받으면 큰 도움이 될 것이다. 또 출발어 텍스트에서 어떤 면이 번역하기 까다로운 부분인지 알아두는 것이 바람직하다. 많은 경우 관사나 단어의 종결어미 등 미세한 부분이 어려움을 배가시킨다. 번역사가 번역 등가를 찾을 때 도착어에 대해 많이 알고 있으면 충분한 해결 자원이 되는지 파악하는 것도 도움이 될 것이다. 이럴 경우 번역이 불가능한 경우와 가능한 경우를 구분할 수 있고 어떤 번역학 연구를 하든지 중요한 구분이기 때문이다. 언어학적인 지식을 가지고 세밀하게 따져보면 번역사들은 의미론적 내용을 담고 있는 문법상 순수 표지를 찾게 되고 이로 인해 지엽적으로 보이는 번역 결정이 총체적인 결과를 초래할 수 있다. 문학 번역의 경우 언어 실력이 뛰어나다고 해서 번역 실력이 뛰어난 것은 아니다. 그러나 중요한 필수 요소임에는 틀림없다.

소리내어 생각하기, 인터뷰, 텍스트 분석

이레나 코바치크 Irena Kobaćić
슬로베니아 류블리아나 대학교 (University of Ljubljana, Slovenia)

배경

번역학에서 나의 특정 관심 분야는 자막번역이다. 자막번역은 몇 가지 점에서 다른 번역과 구분된다. 텍스트의 양은 자막의 길이와 관객의 평균 독서 속도 때문에 제한된다. 언어는 뜻을 전달하는 도구 중 하나며 영화와 소리와 함께 보조를 맞추어야 한다. 원래의 말로 된 담화가 글로 표시된다. 결과적으로 자막번역에는 또 다른 의사결정 절차가 필요하지만 이 점에 대해 충분히 연구가 이루어지지 않았다.

자막번역사들과 함께 일하면서 확신한 점은 자막번역사들은 자신들이 내리는 결정이 체계가 잡혀있는 것도 아니고 결정도 즉석에서 내리는 경우가 많고 결정도 거의 본능적이라 확신한다는 점이다. 자막 번역을 하는 사람으로서 본능적이라고 할 수 있는 생각을 하고 있는데, 자막 번역에도 일종의 규칙은 필요하다는 점이다. 규칙이라기보다 일반적 원칙이다. 언어학자로서의 배경 때문에 이런 문제에 대해서 최종 단계에서 거꾸로 접근했는데 이는 자막을 텍스트로 간주하며 분석하는 것이다(코바치크, 1991, 1992). 연구를 통해 회화 분석과 화용론의 요소가 포함된 확장 기능 언어학 모델이 자막 번역 이론을 구성하는 기반 원칙이라고 생각되는 요소들을 밝혀내는데 효과적이라고 알려져 있다. 이 원칙들에 따르면 관념적인 기능이 사람 간의 기능 (이미지와 소리가 들어가면 부분적으로는 되풀이 될 수밖에 없는)이나 문자 (또는 응집성이 강한) 기능 보다는 더 자주 보존된다(영화의 나레이션이 계속 끊임없이 나오기 때문에 연속성이 보장되어야 한다). 한편 전통적인 문법 범주와는 상관 없는 특정 언어 요소와 텍스트 요소가 발견되고, 정보를 담고 있고 화용론적인 가치를 담고 있다는 점도 밝혀졌다. 이런 분석을 통해 자막 번역에서 비교적 일관성 있는 내용을 파악할 수 있지만 의사 결정 중 미리 궁리하고 의도적으로 결정을 내리는 부분과 즉흥적으로 결정을 내리는 부분의 비율이 얼마나 되는지 등에 대해서는 정보가 많이 없다.

실험

최초 연구 후 수년이 지난 후 최근 다시 자막분석을 시도했다. 여러 다른 접근법을 통합하기로 결정했다. 최초 연구와 비슷한 텍스트 분석과 더불어 소리내어 생각하기 자료도 분석했는데, 목적은 "자막번역사의 인지 과정에" 되도록 가깝게 접근 하기 위해서다. 소리내어 생각하기에 대한 최초의 분석이 끝나고 연구 범위에 대한 한계가 명확해지자 세 번째 방법인 인터뷰를 시행했다. 최종적으로 연구 프로젝트의 구성은 다음 세 가지로 구성된다. (1) 소리내어 생각하기 데이터 (2) 텍스트 분석 (3) 인터뷰 세 가지 실험에 여섯 명의 피실험자가 모두 참여하였다. 그 중 두 명은 비교적 초보였고(자막 번역 경력이 20시간 이하), 두 명은 비교적 경험이 있었으며(100-120시간 정도 번역 경험) 두 명은 200시간 이상 경험이 있다. 각 실험에서 발견한 사실을 다음에 짧게 정리했다. 소리내어 생각하기와 텍스트 분석에 대한 더 자세한 논의는 코바치크의 1997, 1998 연구(1997, 1998)에서 볼 수 있다.

소리내어 생각하기 연구 방법

첫째, 피실험자들에게 미국 영화 "밤으로 긴 여로(Long Day's Journey into Night)"의 장면을 소리내어 생각하기 연구에서 권장하는 지침에 의거하여 자막번역하도록 했다. 이 실험의 목적은 실험 중의 말하기가 번역 결과로 나온 자막의 텍스트 분석과 어떤 상관 관계가 있는가를 살펴보는 것이다. 실험의 음성 데이터는 다섯 범주로 분류된다. (a) 일상적인 번역 문제(주제 분석, '번역 등가어'); (b) 자막 번역하기–특정 '자막 자르기'(대화를 각 자막에 맞게 맞추어 자르기); (c) 자막 응축하기(텍스트를 정해진 공간에 맞추어 배열하기) (d) 구어체를 문어체로 바꾸는 문제(구어체의 독특한 특징을 자막의 문어체로 바꾸는 방법); (e) 자막 작성의 문제(타이핑 실수, 외부의 소음 등등).

연구의 가장 중요한 핵심에 관련해서(텍스트 분석과의 연관성), 이 연구에서 가장 핵심은 (c) 범주다. 그러나 피실험자들에게는 가장 핵심적인 것으로 수용되지는 않았다. 응축의 문제가 두 초보 번역사들의 소리내어 생각하기 데이터의 중심 문제인 것으로 보인다. 나머지 네 명의 번역사는 번역이 진행됨에 따라 여러 문제들을 잘 처리하고 있는 것으로 보인다. 이러한 차이점으로 인해 널리 통용되고 있는 가설들의 신뢰도를 높이는 역할을 한다. 한 가지는 소리내어 생각하기 연구에서 나온 것이고 다른 한 가지는 자막 번역 자체에서 널리 통용되고 있는 가설이다. 첫째 소리내어 생각하기의 피실험자들은 일상적이 아닌 인지 처리만 소리 내어 기록하는 것이고 둘째는 소리내어 생각하기에 참여한 경험이 풍부한 자막번역사는 텍스트를 번역하고 응축하는 작업을 동시에 진행한다. 한편 경험이 부족한 자막번역사는 우선 모든 텍스트를 먼저 머리로 번역하고 나서 자막에 주어진 공간에 어떻게 채워놓을지를 결정하는 반면 '경험이 많은' 자막번역사는 번역을 시작하기 전 또는 하는 동안에 문제가 많은 텍스트를 제거하는데 이 과정에서 적절한 길이에 관한 착오를 거의 하지 않는다. 이렇게 한다고 해서 번역사들이 초기 번역물로 다시 돌아가 번역 중에 발생한 여러 가지 예상치 못한 번역상의 차이를 처리하고 일관성이 없는 실수 등을 제거하지 않는다는 뜻은 아니다. 그러나 그들 번역의 품질이 적절한지 따져보는 시간은 그리 많지 않다. (d)와 (a)에 속한 번역사들이 더욱 많은 양의 말로 된 데이터를 생성한다.

(d) 집단이 두드러져 보이는 이유는 슬로베니아어 만의 독특한 이유 때문일 수도 있다. 슬로베니아어는 언어 규범이 극히 엄격하기 때문에 자막번역사들은 항상 표준적인 문어와 즉석에서 발화해야 하는(흔히 표준에 미치지 못하는) 구어 사이에 균형을 맞추기 위해 노력한다. 그 외에도 이후 인터뷰에서 모든 실험 참여자들은(그 후 다른 실험의 다른 번역사들도) 이렇게 말로 생각(속으로 하든지 아니면 실제로 말을 하든지) 하는 것이 가장 적절한 자막을 선택하기 위해 일상적으로 사용하는 전략이라고 밝힌다. 최종 결정을 내리기 전 자막번역사들은 여러 가능성을 놓고 생각한다. 사실상 내적 연설이고, 마음 속에서 들리는 대화이고, 억양이나 고저 발음이나 기타 특징적인 내용이 다 들어있다. 예외적으로 감정적인 대화에서 번역사들이 주장하는 바는 번역된 글이 어떻게 발음 되는 지를 들을 필요가 있다는 점이다. 이를 위해 번역을 완성하기 전에 큰 소리로 읽어본다.

(a) 집단에는 세기노트(Séguinot)가 1996에 토론한 네 건의 모든 종류의 세부 번역 전략이 포함 된다(세기노트의 실험에서 '사람 간의 전략'이 '스스로 하는 대화'로 바꾼다면). 출발어와 도착어를 읽고 또 읽는 행위, '바른 단어와 단어의 순서'를 찾는 일, 주제 중 더 넓은 상황에서 짐작해 보는

것 등이다.

원래의 텍스트를 최초로 읽어보는 것은 번역사가 한 번에 번역하기 위해서 선택하는 텍스트 한 덩어리를 나타내는 것으로 흥미로운 결과다. 그 성격상 첫 번째 읽을 양은 원래 문장 보다는 길고 번역된 자막 한 단위 보다 길다(예외적으로 피실험자 F의 경우 25년간 자막 번역 경험이 있고 텍스트 전체를 훑고 지나갔다). 마치 피실험자들이 미리 전체의 내용을 알고 싶어 하는 것 같았다. 대화 분석에서 분석 단위가 서로 간의 의사 교환이고 한 주제에 관련된 대화의 한 부분이거나 대화 한 쌍이다. 만약 상대적으로 길 경우 한 등장인물이 하는 연설 등이다. 피실험자 E의 음성 데이터는 즉석에서 수집한 것이 아니고 회상 형식이며 한 대사에 대화 한 쌍을 포함시키려고 노력한다고 설명했다("시작과 응답"이라고 설명한다). 도착어 텍스트를 다시 읽는 것을 규칙적으로 지속 관찰하였는데 이는 출발어 텍스트를 이해하기 위해 읽는 것 보다 긴 대화를 대상으로 한다.

소리내어 생각하기와 텍스트 분석 간의 상관 관계에 대한 개별 질문의 해답을 구하기 위해 노력하는 동안 소리내어 생각하기 관련 연구 자료에서 어떤 사항이 점점 더 많이 주목을 받고 있는지 파악할 수 있다. 실험 대상자의 다양한 행동적 특성과 '인간적인' 특성에 대한 것들이 그 것이다. 피실험자 간의 비교를 통해 독특한 인지적 환경과 연관이 있을 것으로 여겨지는 아주 특별한 차이가 드러난다. 실험 당시 어휘에 관한 석사 논문을 쓰고 있던 한 피실험자는 단어의 선택과 단어의 연합적 사용에 관심을 보였으며 다른 피실험자들보다 텍스트 분석에 더 많은 관심을 가지고 있는 다른 실험자는 응집성이 강한 구조에 대해 더 많은 데이터를 남겼다. 출판사에서 편집자로 근무하는 세 번째 피실험자는 텍스트의 서술과 극적인 요소에 더 많이 주목한다. 실험 도중 피실험자들은 자신들이 번역하고 있는 내용과 직접적인 관련이 없는 행동을 하거나 말을 했다(창밖의 교통체증에 대해 "참 답답하네, 이만 때면 항상 이렇지"등). 또는 번역 내용과 연관이 되는 내용(그 여자는 제목이 잘 생각나지 않지만 그 영화의 주인공 같지 않아?), 아니면 일반화 노력(잘 쓰이지 않는 구어체 표현을 생각할 때면 "일단 이 말을 써보고 그 사람들이 그냥 두는지 아닌지 살펴보도록 하자 [그 사람들=TV 방송국의 슬로베니아어 교정작가들]. 그렇게 할 때도 많은데 한 번 해보고 고치는지 안하는지 한 번 보도록 합시다.) 등등이다.

실험에서 나온 소리 내어 말하기 자료를 보면 어느 자료도 원래 제기했던 질문에 대한 해답을 제공하지 않는다. 어떤 과정을 통해 번역 결과가 나오는 지에 대한 실마리는 파악되지 않는다. 기능적인 것이건 문법적인 것이건 간에 언어 범주에 관한 어떠한 언급도 발견하지 못했다. 다른 연구에서도 이런 상황을 경험한 적이 없다. 단 하나 발견한 예외는 1996년 세계언어학회에서 발표한 디미트로바(Englund Dimitrova)의 논문이다. 이 논문에서 인용한 한 피실험자는 다음과 같은 말 데이터를 남겼다. 여기에 러시아어 줄인 문장/그대로 놔두는 것이 좋을 것 같은데/나는/이 문장에서 두 문장을 만들려고 하는데/복문 형태고/주어와 서술어 형태로/. 이런 말을 한 사람은 번역을 가르치는 사람이고 사실 이런 데이터는 소리내어 생각하기에 해당하는 경우라기보다는 아마도 무의식적으로 교실에서 가르치던 방법을 다시 말한 것이라 할 수 있을 것이다.

잠정적인 결론은(정보를 담고 있고 다른 것들 보다는 중요성이 있는) 초보 자막번역사라고 해도 번역 과정이 너무 자동화 되어서 쉽게 말로 데이터를 생성하지는 않는다는 점이다. 번역사들은 소리내어 생각하기 자료에도 나타나는 것처럼 계속 응축하는 기술과 자막 조직화 능력을 배우고 있지만 무엇을 포함시키고 어떤 사항을 배제할 것인가를 결정하는 배경이 되는 언어 분석은 언어를 이용한 의사소통에 관련된 다른 독해 활동과 다르지 않다. 1993년 슈리브(Shreve)와 공동 연구자들이 함께 시행한 실험 연구에 따르면 번역사들이 텍스트를 읽는 행위는 어느 정도는 일반 독자에 비해서는 더욱 철저하고 신중하다고 보고하고 있으나 확실히 그렇다고 말하기는 어렵다.

이런 결론은 실험을 시작하면서 던졌던 질문에 대한 대답이 된다. 그러나 자막번역과 번역에 대해서 조사할 것이 남아있다. 이미 세기노트가 1996년에 제안한 조사/추론/관찰에 관련된 전략 분석에 대해 언급한 바 있다. 다른 요소는 1997년에 티르코넨-콩디(Tirkkonen-Condit)가 논의한 음성 자료에 대한 평가 요소다. 내가 발견한 것이 일반적으로는 티르코넨-콩디의 연구 결과와 일치 한다(독특한 절차로 인해 분석 거리가 거의 없는 피실험자 F만 제외하고). 경험이 풍부한 번역사들이 내리는 평가는 더욱 구체적이고 명확하며 평가 위주의 언급을 포함한 데이터의 양(정확히는 비율)의 차이와 번역물을 보게되는 사람들의 수에서 확실한 차이를 보인다. 피실험자 E는 인지 처리 과정을 말로 표현한 것은 아니고 기본적으로 텍스트의 일부를 번역한 다음에 어떻게 번역했는지를 설명하고 유사한 상황에서 보통 어떤 식으로 번역하는 지를 설명했는데 텍스트를 바꾸어 가면서(출발어 텍스트를 소리 내어 읽고 말을 하거나 하지 않으면서 번역물을 타이핑한다.) 일반 대중을 대상으로 강연을 하는 것처럼 설명한다. 두 피실험자의 경우 평가 판단의 반 이상을 말로 하지 않고 목소리의 톤과 높낮이로 설명한다(해결책이 잘 나오면 "감탄"하는 톤을 사용하고 자신이 없거나 완전히 만족하지 못하는 해답에 대해서는 "망설이는" 톤을 사용한다). 아니면 짧은 관심을 끄는 감탄사('예', '그래요', '맞아', '음')를 사용한다. 또 다른 평가는 출발 대화의 내용을 나타내거나 등장 인물의 특성을 설명한다. 강조해서 읽거나 흉내 내거나 비꼬는 톤을 사용해서 표현한다. 일정 시점에서 속으로 계산하고 있는 것처럼 보이는 현상은 말이 계속해서 지속되는 것처럼 보이거나 소리를 파악하는 일이다. 확실하게 멈추거나 거의 들리지 않는 망설임을 강조하는 패턴이다. 그러나 이런 현상들의 특징은 파악이 어렵고 말로 된 데이터만큼 확실하게 알아차리기는 어렵다. 이렇게 세분화된 특징을 번역 과정과 연관시키는 방법을 찾는 일은 번역사의 몫이다.

소리내어 생각하기 자료에서 구할 수 있는 데이터를 이용해서 번역 과정의 수 많은 측면을 설명할 수 있다는 사실은 이 방법이 매력적이지만 동시에 혼동이 된다는 점을 나타낸다. 이 데이터들은 원재료라고 할 수 있고 연구자들은 이 원재료에서 무엇을 얻어낼 수 있는지 알아야 한다. 소리내어 생각하기 자료도 그 자체가 텍스트이고 다른 텍스트가 그렇듯이 분석을 통해 얻을 수 있는 가능성은 무궁무진하다. 두 번째로 연구자가 객관적인 자세를 견지하기 위해 노력할지라도 독자 반응 이론에서 적용되는 것처럼 텍스트의 의미는 독자에 의해 만들어진다. 소리내어 생각하기 자료를 분석하는 사람들은 그 자료 안에서 자신들의 경험과 연계 시킬 수 있는 사항을 찾아낼 수 있다. 자신들에게는 의미가 없다고 생각되는 자료들은 별 주목을 받지 못하고 분석의 대상이 되지 못하는데, 흥미 있다고 생각되지 않아 의미가 없다고 생각되면 분석하지도 않는다.

일시 멈춤(휴지), 음성의 음조, 고저 등의 요소를 고려하면 소리내어 생각하기의 형식에 대한 의문점을 제시할 수 있다. 소리내어 생각하기는 말 데이터를 모은 것이고 다른 자료와 마찬가지로 여러 형태로 정리할 수 있다. 말 자료의 여러 구성 요소를 포함할 수도 있고 제외할 수도 있으며 여러 차원에서 정밀하게 조정할 수 있다. 연구자는 어떤 식의 분석을 계획하고 있는지에 따라 망설임, 휴지의 길이, 말의 높낮이의 특성, 말로 구성되지 않은 의사소통 행위 등을 녹음의 대상으로 할지 결정해야 한다. 명확하게 말로 구성된 데이터는 녹음하기도 쉽고 해석도 용이하다. 실험을 비디오로 기록하는 여부도 선택의 대상이다. 이 경우 연구자는 명확하게 드러나지 않는 메시지를 구분해 내고 얼굴 표정에 나타난 긍정과 부정의 표현을 분류해야 한다.

소리내어 생각하기 방법은 번역과정을 연구하는 사람들이 제일 처음 생각해낸 것은 아니다. 그러나 번역학 실험에 계속 사용하면서 번역 분석에 점점 더 많이 사용되고 번역의 특정 문제 해결 상황에도 적용되면서 원래의 제약 조건 등에 구애 받지 않고 사용되고 있다(예를 들어 기록 방법의 조절, 대화 부분의 사용, 자기 성찰과 회상 기법 등을 함께 사용하는 점들이다). 실험적 연구의 목표는 동일하다. 번역의 인지처리 과정 연구이고 어떻게 연구해야 하는 점이 다른 것이다.

텍스트 분석

연구의 이 부분의 실험 중 소리내어 생각하기에서 추출한 텍스트가 사용되었다. 이 외에도 실험 대상자들에게 동일 영화의 대화 부분을 크게 소리 내지 말고 번역 하도록 부탁해서 분석 대상 자료를 더 많이 확보했다. 여섯 명의 자막번역사 중 다섯 명이 번역한 자막의 수는 비슷했다(11분짜리 분량을 번역한 수는 120에서 129 단어였고 평균은 129였다). 한 명의 번역량은 157단어로 심한 차이를 보였다. 자막의 형태와 형식에 대해서는 코바치크(1998)의 연구에 자세히 나와 있다. 여기에서 출발어 대화와 도착어 대화의 기능적 분석에 중점을 두려고 하며 특히 축소와 생략에 주목을 두었다.

출발어 텍스트와 번역 텍스트는 할리데이(Holliday, 1995)의 세 가지 확장 적응 거시 기능 모델을 기준으로 서로 비교했다(사람간의 관계 중심, 텍스트와 관념화 기능 중심). 분석 결과는 표 1에 정리되어 있다.

표 1. 자막 번역에서 텍스트 생략

기능/구조	A	B	C	D	E	F	X
합계	242	212	298	206	278	302	256
(1) 대인관계	101	101	128	103	125	125	114
(a) 혼자하는 말	50	44	63	45	56	60	
(i) 감탄	22	20	25	19	24	22	
(ii) 강조	26	18	20	22	12	22	
(iii) 형태소/증빙	2	6	18	4	20	16	
(b) 대화체	51	57	65	58	69	65	
(i) 순수한 호칭	47	53	59	52	65	53	
(ii) 호칭/강조	4	4	6	6	4	12	
(iii) 호칭/의례적 표현							
(2) 텍스트 (=응집력 있는)	50	37	51	45	37	69	48
(a) 연결	6	12	14	13	6	20	
(b) 반응	34	23	37	30	27	41	
(c) 지시	10	2		2	4	8	
(3) 개념화	84	70	115	48	109	103	88
(a) 협조	6	2	12	2	20	14	
(b) 병렬	38	33	33	19	16	16	
(c) 명제	40	35	60	23	71	64	
(d) 수정			10	4	2	9	
(4) 기타	7	4	4	10	7	5	6
(a) 즉석 연설	3	1		2	3	1	
(b) 두 번째 생략	1			3		1	
(c) 상황 (언어 외)		1	2				
(d) 스타일 (은유)	3	2	2	5	4	3	

이 분석에 의해 산출된 결과는 1992년 연구(1991년 코바치크 연구도 참조)와 유사하다. 정리하면 방향성을 제시하는 요소는(그 크기에 비례해서) 대인관계 관련 요소나 텍스트 요소에 비해 훨씬 더 많은 정도로 보존된다는 점을 알 수 있다. 절대적인 숫자로 보면 그리 명확하게 드러나지 않지만(텍스트 상에서의 생략이 방향성에서의 생략보다 더 많다), 만일 보존된 요소와 생략된 요소를 비교한다면 방향성 요소가 다른 두 요소보다 훨씬 더 앞서는 것을 알 수 있다. 가장 빈번하게 생략되는 대인관계 요소는 교감을 위해 사용되는 표현이며 호칭과 감정을 실은 감탄 등이다. 그리고 목표 언어에 따라 달라지지만 조동사 표현도 생략 빈도가 높다. 이런 요소들이(상대적으로) 없다는 점은 자막번역사와 TV 시청자 사이에 자막의 텍스트는 스크린에서 나오는 말로 표현되지 않는 메시지(주인공의 성격, 거리에 따른 미묘한 차이, 몸 짓, 음성의 톤 등)와 합쳐져야 한다는 묵시적인 동의를 전제로 한다. 이런 점에서 실제로 자막은 여러 기호로 표시되는 텍스트의 한 부분이 되며 텍스트를 구성하는 다른 요소들을 보완해주고 상호 영향을 미치게 된다.

응집력을 나타내는 표현들이 생략되는 또다른 이유는 대화의 일관성을 유지해 주는 것은 영상 자료이기 때문이다. 실제 대화에서 응집력 표현의 주 기능은 이해를 촉진하고 대화의 전개와 유지를 촉진하는 것이다. TV 프로그램에서 영상작가들이 이점에 대한 실무를 담당한다. 따라서 응집력 표현은 대화가 자연스럽고 즉석에서 발생한다는 착각을 불러 일으키는 역할을 하며 시청자들이 대화의 흐름을 따라가는 것을 돕는 역할은 아니다.

개념화하는 요소의 생략은 기본적으로 그 요소에 포함된 기능적 의미(일반적으로 환경에 대한 표현은 가장 잘 생략된다)와 표현이 얼마나 자주 되플이 해서 나오는 지에 달려있다. 수식하는 표현 요소 (형용사나 관계절 등)도 생략 빈도가 높다. 그러나 지적해야 할 사항으로 문법적 구분에 따른 기계적 분석은 이런 점에서 신뢰도 높은 길잡이는 아니다. 또한 상황 지식이나 수식 표현들도 이야기 전개의 구조상 매우 중요하다. 대인 관계나 응집력 요소들도 특정한 기능을 보유할 때는 중요성을 갖는다.

표 2. 자막과 생략 횟수 (실험 대상의 경우)

	A	B	C	D	E	F
대사	134	130	132	157	120	129
생략	242	212	298	206	278	302
생략/대사	1.81	1.63	2.26	1.31	2.32	2.34
대사/생략	0.55	0.61	0.44	0.76	0.43	0.42

표 2에 나와 있는 생략된 텍스트와 대사 간의 비율은 텍스트를 다루는 기술의 차이에 따른 현격한 차이를 나타내고 있다. 대사의 양이 적다고 의미 전달의 잠재력이 낮아진 것은 아니다. 의미 잠재력의 상실 가능성이 가장 낮은 실험 대상자는 D와 B다. 흥미로운 사실은 다른 집단에 비해 그들이 가지고 있는 특성은 분류 [3] 개념화 기능에서 드러난다. 이 영역은 언어의 기능 중 더 적은 수의 단어를 사용해서 더 많은 말을 하는 예술의 기능을 발휘하는 곳이다. 아마도 이런 기능은 번역 작업에 대해 고찰하고 분석한 결과라고 말 할 수도 있다. 하지만 두 실험 대상자와의 인터뷰를 통해 전혀 다른 결과가 도출되었다. B는 6명의 실험 대상자 중 텍스트 응축에 대한 접근법과 텍스트를 생략하는 이유에 대해 가장 정확하게 묘사했다. D는 정 반대되는 경우라고 할 수 있다. 대답한 사항은 모두 일반적인 사항이며 애매모호하고 주어진 상황과 대화에 대한 상대적 중요성을 넘어서지 못하고 있다.

텍스트 측면에서, 흥미로운 사실은 실험 대상자들이 경우에 합당한 말을 어떻게 처리하는 가를 관찰하는 일인데, 구체적으로 자막에 적절한 말을 찾아내는 일이다. 경우에 합당한 말을 찾는 문제는 말하는 자료에 쓰여 있는 자료로 이동하는 것을 나타내는 일이며 이는 설정된 기준과의 갈등을 전제로 한다. 자막번역사는 원래 영화 대화의 모든 특성을 정확히 재현해야 하는지? 그 특성에는 말 시작 실수, 망설임, 문법상의 실수 등이 포함된다. 문학 작품을 각색한 경우 문학성을 어떻게 표현할 것인지, 은유나 비유적인 표현들, 특정한 어휘나 문장 등을 최대한 그대로 살려야 하는지 아니면 다른 기본적인 어휘나 문법 구조로 대체해야 하는지 등에 관한 문제다. 우리의 실험을 통해서 보면 번역된 자막이 원래의 문학성을 얼마나 보유하고 있는지에 대해 피실험자간의 차이가 상당했다. 그러나 즉석에서 표현의 자유를 위해 슬로베니아어 표준어의 근본을 흐트리는 일은 없었다.

소리내어 생각하기의 말 데이터와 텍스트 구조 요소 간에 체계적인 상관관계는 존재하는 것처럼 보인다. 텍스트 구조에 대해 더 많이 이야기한 사람은 응집력 요소를 다루는 면에 대해서 더욱 체계적으로 접근했다. 그러나 원 대화의 말에 녹아있는 풍미를 보존해야 한다는 필요성에 대해 언급한 피실험자는 다른 동료들에 비해 더 많은 문학 표현을 사용했다.

텍스트 분석을 통해 언어 구조의 상대적 위계 가치에 대해 높은 정도의 일관성을 발견하였지만(협의의 문법 구조에서도), 이런 측면은 소리내어 생각하기 데이터에서는 찾아 볼 수 없다.

특정 문화에 속한 사항을 번역할 때에는 매우 다른 전략이 사용되었다(원문 중심, 도착어 중심, 또는 회피). 피실험자들은 음성 데이터 수집 시 이런 사항에 대해 크게 구애받지 않는 듯 했다. 일부 측면에 대해서는 소리내어 생각하기 데이터나 텍스트 분석을 통해서도 어떤 방식을 통해 접근하는지 분명하지 않은 경우가 있었는데 이런 현상은 출발어의 상징성이 강할 때 특히 두드러지게 나타났다.

인터뷰

실험 대상자로부터 번역 과정에 대한 좀 더 많은 정보를 얻어내기 위한 노력의 일환으로 번역사에게 그들이 번역할 때 특정한 해결책을 어떻게 구하는지 언급을 부탁하며 인터뷰를 진행했다. 이제까지 자막번역사들과 대화를 통해 다음과 같은 일반적인 질문은 역시 일반적이고 애매모호한 대답만을 구할 수 있기 때문에 자막 번역 과정을 이해하는 데 별 도움이 되지 않는다는 것은 이미 파악한 바 있다. 일반적인 질문은 다음과 같다. "번역에 어떤 사항을 포함시킬지 어떻게 결정하는지 말해주세요." "일반적인 번역 전략은 무엇인가요?" "특정 영화나 프로그램에서 상황에 맞는 특정 언어나 표현은 어떻게 선택하나요?" 등이다. 각 피실험자의 예전의 번역과 소리내어 생각하기 자료, 텍스트 분석 등에 기초해 몇 가지 질문을 미리 준비했다.

인터뷰에서 가장 일반적인 질문은 피실험자가 생각하기에 자막번역에서 가장 중요하다고 생각되는 세 개에서 다섯 개의 일반 원칙을 열거하는 것이다. 피실험자들이 열거한 원칙 중에서 가장 두드러진 것들이 적절한 형식(자막 한 단위=한 개 또는 이상의 구문 구조)과 읽기 속도(번역된 자막이 슬로베니아어 독자들에게 얼마나 잘 이해가 되는지 여부에 추가적인 우려의 목소리가 있다), 내용, 장르, 스타일 측면에서 원문과 잘 일치가 되는지 등이다. 다른 대답을 보면 "TV 방송의 특별한 요구에 잘 부합하는지", "훌륭한 영화 번역이 두드러지게 잘 나타나는지," 그리고 그럴듯한, 다시 말하면 자연스럽고 설득력이 있는 대화로 구성되어 있는지 등이다. 흥미로운 사실은 텍스트 분석의 대상이었던 피실험자들이 번역된 대사에 의미가 빠지지 않고 모두 보존되도록 최선을 다했다는 것이고 대사 번역의 주요 원칙으로 "번역된 양이 줄어들기는 하지만 심각할 정도로 줄어드는 것은 아니라는 것이다(가능하면 되도록 많은 양을 보존하는 것이 좋다). 자막번역사들이 말을 만들어내며 겪는 어려움을 잘 나타내는 대답이" 조심스러운 적응('축소')이다. 이런 적응을 어떻게 해야 하는지에 대한 질문에 대해 피실험자들의 대답은 "핵심 의미"('원천적 의미')를 찾기 위해 노력하고 찾은 다음 장식(=상대적으로 덜 중요한 요소를 사용하여) 한다.

어떤 언어 요소를 가장 빈번하게 생략하는가에 대한 질문에 대해 두 명의 피실험자는 흔히 생각할 수 있는 문구를 사용하여 대답했다(하나는 위에 언급한 핵심 의미였고 다른 사항은 "의미 단위, 메시지의 요지, 그리고 들리는 것들"). 연결어들(대화의 요소로 의미는 많이 전달하지 않지만 대화가 잘 흘러갈 수 있도록 하는데 목적이 있음)이다. 그 외에 언급된 사항들은 도입 부분의 인사, 예/아니요 대답, 동사구(내 생각에, 이렇게 보이네요 등의 굳어진 표현들)다. 예외적인 경우지만 다음에 무엇이 올 지 확실하게 지정해 주지 않는 이상 모든 뜻이 성립하는 문장들이다.

이후에 피실험자들에게 동일한 영화에서 짧은 문단을 번역하도록 부탁했고 미리 정한 변수들에 의해 분석한다. 그 후 특정한 번역 해결 방안에 대해 질문한다. 우선 번역을 하면서 어떤 점을 이해했는지에 대해 밝히도록 했고, 만일 필요하다면 더 구체적인 질문을 제기했다. 질문을 구성할 때 되도록 전문적인 용어가 포함되지 않도록 했으며 대답은 가감없이 수용했다.

대답에서 확인된 바는 의사 결정 과정에 문법이나 언어 범주에 대한 의식적인 고려는 확실히 포함되지 않았다는 점이다. 대답에서 알 수 있는 점은 자막번역사들은 텍스트 분량을 대충 자막의 분량만큼 잘라낼 수 있는 기술을 발달시켰다는 사실이다. 이런 잘라낸 덩어리들은 보통 5초에서 7초 정도가 되며 이 정도 길이가 자막의 평균 길이다. 인터뷰에서 번역사들이 계속 주장하는 것은 텍스트의 어느 부분을 남겨놓았다는 사실을 알아차리지 못했다는 점이다(때로는 복잡한 문장이나 짧은 구에 이르기 까지). 결론적으로 그들은 "자막 길이의 덩어리"에 전반적인 시각으로 접근했다는 점이고, 중요하게 생각되지 않는 부분은 이를 의식하지도 못한 채 없애버렸다는 점이다(텍스트 분석에 따르면).

그 다음은 대사에서 생략한 문단을 번역사들에게 제시하고 왜 그 부분들은 생략했는지 기억하고 있거나 그 근거를 말할 수 있는지에 대해 질문했다. 이어서 생략하지 않고 그대로 두었을 때의 번역을 제시하면서 왜 특정 부분을 그대로 두었는지에 대해 질문했다. 선택적 번역에 대한 이유에는 다음 사항들이 포함된다.

a) 번역을 하지 않은 이유는 문장/텍스트의 나머지 부분과 비교했을 때 중요하지 않기 때문이고 이미 언급된 것처럼 지저분해 보이고, 번역해도 잘 알아듣기가 어렵고, 공간이 부족하기 때문(텍스트 자체는 의미가 있지만)에 슬로베니아어로 의사소통을 할 때 흔히 일어날 수 있는 일이기 때문이라고 했다.

b) 번역을 한 이유는 문장/텍스트의 다른 부분과 비교해 보았을 때 중요하기 때문에, 다름에 오는 말과 잘 연결이 되고, 몸의 움직임, 핵심 의미, 등장인물의 성격을 적절히 설명해 주기 때문이라고 했다.

텍스트의 일부는 완전히 생략된 것은 아니고 압축되거나 줄인 말을 사용했다. 이런 경우에 어떤 식으로 전개 했는지에 대한 피실험자의 설명은 다음과 같다. "그냥 생략했지요"(사실 요소가 지워진 것은 아니지만 의미론적인 가치로는 그 다음에 오는 요소와 합쳐졌다); "말을 할 때 사용하는 표현을 글로 쓸 때 사용하는 표현으로 바꾸었지요", "인토네이션을 강조해야 했지요", "관용적인 표현을 다 아는 표현으로 교체했지요", "다른 말로 했지만 결국 같은 말이에요"등이다.

결론

세 단계 실험을 비교한 결과 각각의 단계에 대한 관찰을 통해 각기 다른 통찰력 있는 정보를 구할 수 있다는 사실이 드러났다. 세 부분의 데이터가 거의 겹치지는 않지만 한 부분에서 도출한 결과가 다른 부분과 비교하거나 보완하려고 할 때 실마리를 준다. 소리내어 생각하기 데이터에는 의사결정 과정에 대한 말로 된 데이터가 완벽하고 확실하게 포함되어 있지 않다. 그러나 다른 직접적인 방법을 통해, 특히 브레인스톰 방법을 통해, 최소한 번역사들이 어떤 선택들을 고려하고 있는지 알 수 있다. 그리고 확실한 차이를 보여준다. 어떤 점은 경험에 관련이 있고, 어떤 점은 개인적인 경험과 배경, 각 개인들이 가진 특성들과 체계적이지만 알려지지 않은 요소들에 의해 영향을 받는다. 텍스트 분석과 인터뷰를 비교하면 자막 번역 과정은 다른 번역 과정과 마찬가지로 새로운 비밀을 알려주는 동시에 또 새로운 지적인 도전이 된다.

번역사들의 실제 활동 연구

전문번역사들로부터 소리내어 생각하기 자료 이용법 개발

자네트 프레이저 Janet Fraser
영국 웨스트민스터 대학교 (University of Westminster, UK)

번역과정에 관심이 있는 연구자들이 함께 모인 심포지엄이 1996년 8월 유바스클라에서 열린 세계 언어학회에서 개최되었고, 현재까지 종합이 안 된 상태에서 진행되던 연구를 한 번에 종합하는 유익한 계기가 되었다. 아래에서는 심포지엄 내용 중 어느 분야가 지속적인 발전을 이루었는지 등에 대해 중점을 두면서 발표된 논문들을 폭 넓게 분류하고 더 연구가 필요한 분야를 찾기 위해 공통되는 주제와 연구 범위 등에 대해 언급할 것이다. 동시에 "소리내어 생각하기(TAP)" 자료를 확보하기 위해 전문 통역사들이 주도한 연구가 어떻게 진행되고 있는지 등에 대한 비전도 밝힐 것이다. 통역에 관한 논문은 고려하지 않을 것이다. 중요하지 않기 때문이 아니고 이제까지 드러난 여러가지 이유로 인하여 현재 자기 성찰연구의 연구 도구인 소리내어 생각하기 방법을 통해 통역을 연구하기는 어렵기 때문이다(물론 통역에 관심을 가지고 있는 연구자들은 자신들의 연구 영역에 합당한 자기 성찰 연구 방법을 개발하고 있다).

전문번역사 - 본격적으로 연구가 되지 않은 분야

현재 활동 중인 전문번역사들을 소리내어 생각하기 방법으로 연구한 자료는 프레이저(1996a)에 나와 있다. 물론 이런 연구는 소리내어 생각하기 연구 중 일부분에 지나지 않고 주류를 이루는 연구는 언어학습자, 번역 학습자 등에 몰려있다. 특히 번역 과정을 교육적으로 활용하는 점에 관심이 많은 연구자들은 전문번역사들을 대상으로 하는 연구에서 흥미로운 발견을 했다고 보고하고 있다. 저자를 포함해 번역전문가들을 연구 대상으로 한 사람들은 두 연구에서(프레이저 1993, 1994) 다음과 같은 다섯 가지 사항을 발견했다.

1. 예상대로 전문번역사들은 자신들이 맡은 일에 대한 자부심을 가지고 있으며 이런 점은 사전을 사용할 필요가 없거나 (아니면 그런 일을 거부하거나), 출발어의 애매모호함이나 불확실성을 잘 견디는 성향을 나타낸다.
2. 더욱 주목할 만한 사실은 많은 수의 전문번역사들이 자신들의 번역 과정을 연구에 상당한 도움이 될 수 있을 정도로 말로 표현할 수 있다는 점이다. 일부 자료에서는 이런 과정이 '자동화' 되어서(이런 과정이 오랜 경험과 고도로 숙련된 기술이기 때문에) 다시 회상할 만한 내용이 없을 것이라고 주장했다.
3. 전문번역사들은 학습자들과 비교해 최종 결정을 내릴 때, 명확한 규정이 있거나 아니면 일반적으로 수용되는 번역 지침이나 요구 사항에 더 많은 영향을 받는다. 이런 과정을 거쳐 어휘나 의미 기준에 의거 수용되는 정도(다시 말하면 언어를 배우고 있고 인지 능력이 발달하고 있으며 텍스트 수준에서 번역을 평가하는 경험이 부족한 언어 학습자가 통상적으로 해낼 수 있는 번역수준)가 아닌 도착어 텍스트의 수용성 기준에 적합한 번역이 탄생하는 것이다.
4. 전문번역사들은 완벽주의자일 경향이 높으며 미세한 점까지 지나칠 정도로

신경쓰며 높은 수준의 번역을 위해 번역 자체에 감정까지 이입하게 된다. 소리내어 생각하기 연구를 통해 발견한 사실에 근거해 통역 번역사의 성격에 관한 설문조사를 통해 발견한 사실과 일치하는 바를 찾게 되는데 이는 번역사에 대해 전통적으로 갖고 있는 인식과 일맥상통한다(핸더슨Henderson 1987).

5. 특히 이전 세대에서 그런 경향이 더 많이 나타나지만, 많은 수의 전문번역사들은 체계적인 학문적 훈련을 받지 않았지만, 번역에 대해 일련의 묵시적이거나 확실히 드러나는 이론이나 가설을 알고 있으며 효율적이고 효과적인 번역을 위해 필요한 고도의 실용적인 전략을 만들어 사용하고 있다. 이런 이론, 가설, 전략은 주장하는 사람들에 따라 다를 수는 있지만, 번역사 훈련 프로그램을 설계하는데 가장 가치있는 자료가 된다. 특히 직업 훈련에서 더욱 가치가 있다. 이제까지는 성공적인 전문가 기술과 어떻게 이를 훈련할 것인가를 연결하는 연구는 거의 수행되지 않았다.

유바스클라에서 열린 학회에서 전문번역사를 대상으로 한 연구와 학습자를 대상으로 한 연구 간의 불균형 해소에 대해 논의했다. 이레나 코바치크(Irena Kobaćić)와 나는 전문번역사만을 대상으로 하는 연구에 대해 보고했고, 소냐 트리코넨(Sonja Tirkkonen-Condit)은 자신의 연구와 리타 야스켈라이넨(Riitta Jääskeläinen)의 연구를 참조하여 학습자와 현직 번역사를 모두 아우르는 연구에 대한 결론을 제시했다. 반면 아네트 드 그룻(Anette De Groot)은 우리가 종합한 연구의 기저에 흐르는 특징에 대한 심리학자의 시각을 발표했다. 더욱 주목할 만한 사실은 심포지엄에서 시작한 야심찬 합동 프로젝트는 여러 연구자들과 함께 전문번역사들의 소리내어 생각하기 자료를 축적하는 것이다. 영어 텍스트를 중심으로 하고 통상적인 교수법과 절차를 따라가는 것으로 이 연구를 통해 전문번역사를 대상으로 하는 연구와 결정적인 비교가 가능해 질 것이다.

지속적으로 발견되는 주제와 중점사항

번역 과정에 관한 논문을 살펴보면 하나(또는 그 이상) 또는 세 개 정도의 분류에 연구가 중복되는 것을 볼 수 있다.

중요한 영역은 번역의 결정에 관한 것으로 이에 대해 프레이저, 코바치크와 소냐 트리코넨이 발표했다. 이 논문과 다른 논문들은 이 책에는 수록되지 않았지만 다음과 같은 점에 주목하고 있다. 첫째, 자막 번역 절차, 고유 명사와 문화적으로 독특한 내용을 어떻게 번역하는지, 번역사가 번역 결정을 내리기 위해 지침서를 어떻게 사용하는지, 두 명씩 작업하는 상황이 번역 과정을 협상하고 관리하는데 어떤 영향을 주는지 등에 관한 내용들이다.

두 번째로 프레이저와 하우스(House)는 번역의 중요한 특성으로써 문제는 잘 일으키지만 많은 흥미를 유발하는 '번역사의 개성' 이라는 영역에 대해, 번역사들이 어떻게 사전을 사용하는 지에 대한 측면을 통해 다루고 있다. 발견한 사실은 놀랄 만큼 서로 비슷하다. 첫 번째 연구는 전문번역사들을 대상으로 하고 두 번째는 학습자를 대상으로 했다는 차이점은 있다. 프레이저의 연구 대상인 전문번역사들은 자신들의 경험을 통해 텍스트가 전개되면서 의미가 떠오른다는 점을 알고 있다. 그 다음 사전을 사용해서 바로 결정을 내리기 보다는, 시간을 두고 자신들이 선택한 점을 다듬는다. 하우스의 연구에 나타난 학습자들은 다른 사람과 함께 일할 때 자신감을 얻고 자신이 아닌 다른 사람으로부터 어휘의 정확한 의미를 구할 수 있다는 점이 다르다.

마지막으로 세 번째 연구자의 이론적 또는 교육적 관점에 따라 작성된 연구에 대한 구분이 달라지게 된다. 각기 다른 나라에서 다른 수준의 번역사 교육이 어떻게 진행되는 지도 나타내고 있다(대학 및 대학원). 예를 들어 세기노트는 언어학습의 중요한 부분으로서의 번역에 대한 가설을 시험하는 일에 흥미를 가지고 있으며 연구에서 발견한 결과의 일부는 온타리오 번역, 통역사 협회에서 발표했다. 디미트로바(Englund Dimitrova)는 심포지엄에 참여했지만 이 책의 저자로 참여하지 않았는데 번역에서 언어처리 단위에 대한 가설을 시험하는 데 관심이 있다. 연구에 컴퓨터 프로그램을 사용했으며 이 프로그램은 번역사가 번역한 도착언어의 변화를 지속적으로 기록했으며 이렇게 하면 다른 연구에서 연구자들이 지적한 바 있는 피실험자들의 말로 기록을 남기는 것에 대한 거부감을 극복하는 데도 도움을 줄 수 있다는 것이다. 코바치크는 전문번역사에 의한 자막번역 등 특정한 기술 영역을 연구했고 소냐 트리코넨 콩디와 야스켈라이넨은 번역을 배우는 학생들이 전문가 수준에 오르는 방법에 대해 집중적으로 연구했다. 마지막으로 프레이저는 전문번역사들의 성공적인 실제 번역 방법에 대해 연구하고, 이를 이용해 교육과정을 수립하고 교육 방법을 혁신하는 방법에 대해 집중 연구했다. 이에 더해 전문번역사의 지속적인 발전을 위해 필요한 사항에 대해서도 연구했다.

향후 예상 연구 분야에 대한 구상

심포지엄에서 발표된 내용에 대한 간략한 설문 조사를 통해 흥미로운 경향을 알 수 있고 이 분야의 연구자들이 각자 독립적으로 연구하고 있지만 일부분은 비슷한 생각을 하고 있음을 알 수 있다. 무엇보다 중요한 일은 연구자들이 각기 다른 연구를 통해 다소 느리기는 하지만 중복되는 1950년대 퍼스, 20년 후에 스타이너에 의해 제기된 질문에 대한 해답을 찾기 위해 노력하고 있음을 알 수 있다.

> 번역사들은 [언어를 뛰어넘어] 영역을 넘나드는 것을 알고 있지만 구체적으로 어떤 연결고리를 통하는지는 모르고 있다(퍼스 Firth 1957; 27).

우리는 번역사들이 어떤 일반적인 방법을 사용하는지, 구체적인 해결 또는 실험적인 원칙이 있는지, 이런 것이 아니라면 자신들이 등가어를 선택할 때 어떤 방식과 일관성 있는 해결 방안 등을 사용하는지에 대해 거의 아는 바가 없다 (슈타이너 Steiner 1975: 273).

이제 우리가 의도하는 바는 심포지엄에서 제시된 연구 결과를 이용하고 발전시켜서 어떤 종류의 연결고리를 사용하는지, 연결고리를 건설하는데 어떤 규격과 재료를 사용해야 하는 지에 대해 알아보고 이를 교육과정 설계에 연결할 것이다. 아래에 언급된 영역은 이런 목적을 달성하기 위해 향후 연구에서 집중할 수 있는 분야다.

분석방법

하우스(1998, 본 책에 포함)와 쿠스마울(Kussmaul, 1995)은 번역 과정 연구를 위해 대화를 통해 추출한 소리내어 생각하기 데이터가 유용한 정보를 제공 한다는 점을 지적했다. 흥미로운 사실은 트리코넨 콩디(본 책에 수록)에 따르면 대화 분석은 단독 소리내어 생각하기 데이터를 분석하는 도구가 될 수 있다는 점이다. 이는 혁신적인 생각으로 지지를 보낸다. 대부분의 번역사는 '언어를 다루는 사람들'이고 그들이 인정하는 사실은 번역을 하는 중에 언젠가는 혼잣말을 한다는 점이다. 또한 우리 연구자들은 소리내어 생각하기 연구에 참여하는 피실험자들에게 연구자에게 영향 받지 말고 말을 해보라고 하지만 실제로 연구자가 존재한다는 사실은 결과적으로 도출된 데이터에는 연설과 대화를 나타내는 특징들이 많이 존재한다는 사실이다(어스틴(Austin), 1962; 그라이스(Grice), 1975; 설(Searle), 1976). 따라서 응용된 형태의 대화분석은 데이터에서 관찰할 수 있는 단계를 넘어서 가치 있는 도구가 되고 더 깊이 있고 암묵적인 가정과 전략에 대한 가설 검증을 가능하게 한다.

텍스트와 임무에 따른 구분

번역사들이 여러 대안 중에서 어떻게 가장 바람직한 선택을 하는지 여부는 성공적인 번역 방법과 효과적인 번역 교습 측면에서 가장 중요한 논쟁거리가 되었다. 이미 강조한 바와 같이 번역 '지침'은 작업 틀로써 번역사가 생각할 수 있는 여러 대안들 중에서 궁극적으로는 선택하게 될 도착어를 생각해내기 위한 잣대로 사용할 수 있다(프레이저 1994, 1996b). 야스켈라이넨(1987) 역시 '번역 할당'이라는 용어를 사용하며 최종 번역 산출물의 스타일을 결정하는 데 결정적인 역할을 강조했다. 이런 점에서 특정한 분야의 번역으로서 자막 번역에 대한 코바치크의 연구는 여러 분야에 번역학이 확대될 수 있는 첫 번째 신호가 될 수 있는 고무적인 현상이다. 검토해야 할 일은 각기 다른 텍스트 형태에 대한 응답 또는 각기 다른 전문 분야에 따라 수집된 자료가 각기 다른 과정을 이해하는데 도움을 주거나, 아니면 전문가의 번역 방법이 텍스트나 부여 받은 임무/영역에 따라 다시 세분화 될 수 있는지를 파악하는 것이다. 이를 통해 학계에 있는 사람들이나 교육과정을 설계하는 전문가로 하여금 번역 교육 전략이 접근 방법에 따라 세분화되어야 하는지에 대한 논의를 시작할 수 있을 것이다.

텍스트의 불확정성 처리하기

번역사가 결정을 내리는데 가장 중요한 요소는, 번역사들이 어떻게 애매모호하거나 불확실한 상황을 처리하는가 등이다(어휘, 의미, 화용론 측면에서). 트리코넨 콩디(이 책에 수록)에 따르면 번역사는 번역 전략의 일부로 불확실성을 처리하는 방법을 익혀야 "목적과 목표를 관리할 수 있으며", 번역사들이 갖추어야 할 능력은 최종 해결책을 미결인 채로 남겨두고 계속 생각할 수 있는 능력이다. 내 연구를 통해서도 불확실성을 처리하는데 학습자와 현역 번역사 사이에 두드러진 차이가 있음을 알 수 있었고, 학습자가 경험 할 수 있는 일상적인 불확실성을 피하려는 경향을 극복할 수 있는 방법이 있음을 제시한 바 있다(프레이저, 1996b). 이 영역은 효과적인 번역 방법을 교육 환경에 적용할 수 있는 가능성을 제시하고 있다.

개성

물론 불확실성을 극복하는 일은 어려운 개념인 '번역사의 개성'과 상당 부분 겹치게 된다. 심포지엄 발표를 통해 하우스는 이런 측면에 대해 언급한 바 있다. 구체적으로 사전을 사용하는 경향과 성과를 위해 잠재적 위험성을 감내하는 경향의 차이점을 서로 연결시켰다. 이 점은 내 연구(프레이저, 1994)에서도 언급한 바 있다. 번역사와 통역사 개성의 차이에 대한 연구에서 핸더슨(1987)은 이 두 집단 사이에는 분명한 개성의 차이가 존재하고, 이런 차이는 통상 언어학자들(또는 다른 부류의 학자들)이 나누어 놓은, 의례 있을 것이라고 생각되는 차이일 수도 있지만 사실은 두 집단 사이의 차이는 생각보다 많지 않으며 두 집단 사이에 중복되는 부분이 예상 외로 많다는 점을 지적했다(핸더슨 1987: 126).

이런 중복 여부에도 불구하고(과정 연구는 통역사에게 이런 중복현상이 일어나는 여부와 상관없이 능력 있는 번역사들에게서 나타나는 특성에 중점을 두게 된다), 심포지엄에서 제시된 향후 소리내어 생각하기 자료의 심리학 지향 분석에 좀 더 중점을 둘 때 유익한 출발점이 될 수 있을 것이다. 핸더슨 (1987: 127) 자신도 다음과 같이 지적했다.

> 이러한 제한적이지만 특별한 문제 해결 능력은 번역사가 되는 사람은 원래 보유하고 있는 것인지, 아니면 교육에 의해 길러지는 것인지 여부는 또 다른 질문 거리다.

성공적으로 임무를 수행하는 전문번역사들에게서 볼 수 있는 개성의 특징들에 대한 연구는 매우 가치 있는 일이 될 것인데 연구에 대한 목적은 이런 개성들을 훈련시키고 개발시킬 코스를 시행하는 일이 될 것이다. 더 나아가 번역사 선발을 위한 기준과 절차 개발에도 사용할 수 있을 것이다. 모든 점을 고려하면 사전 사용에 관한 하우스의 연구(이 책에 수록)에서 '위험성을 감내하는 정도가 낮은' 집단에서도 번역 과제 수행 시 사전 사용을 금지할 경우에도 큰 불평 없이 일을 감내하는 상황을 묘사했는데, 이는 이런 특징을 가진 번역자들이 안심하고 자신 있게 임무에 임할 수 있는 지원을 제공한다는 조건이 따른다(이 경우 두 명이 함께 일하며 분석 자료는 소리내어 생각하기 방법으로 추출함).

더 나아가 야스켈라이넨(1996), 트리코넨 콩디와 라우카넨(Laukkanen 1996)과 나의(1996b) 번역 연구에서 예측한 바는 감정이 번역 과제에 상당 부분 큰 영향을 미칠 것이라는 점이다. 야스켈라이넨(1996:71)은 번역에 있어 감정 요소의 역할을 다음과 같이 지적한다.

> 최소한 일부 번역 상황에서는 자신감과 긍정적 태도가 높은 품질의 전제 조건이 되므로 번역자의 자존감을 없애기 보다는 고양시키는 것이 무엇보다 중요하다.

주어진 구체적 과업이나 텍스트 형태에 따라 각기 다른 연구가 필요함을 이미 언급한 바 있고, 이런 연구를 통해 각기 다른 데이터가 도출되는지 알 수 있을 것이다. 이와 관련해 야스켈라이넨(1996:70)은 다음과 같은 핵심 사항을 언급한다.

> 번역에 있어서 감정의 역할은 더욱 철저히 연구 되어야 하며 간과 되어서는 안 된다. 그 역할이 과장 평가 되어서도 안 되는데, 그 이유는 모든 과업이나 번역을 성공적으로 수행하기 위해 같은 정도의 동기 부여가 필요한 것은 아니기 때문이다. 다시 말하면 번역사의 성격상 각기 다른 영역이 다른 종류의 과업에 필요하기 때문이다.

야스켈라이넨(1999)의 박사학위 논문에서 이러한 학제간의 연구 영역에 대해 제안했다.

번역사에게 필요한 여러 기술들

그러나 이 모든 영역을 총괄해 생각하는 것은 나머지 사실보다 한층 더 기본이 되는 사항이다. 이는 성공적인 번역사에게 필요한 일련의 기술이다. 러드(Rudd)와 프레이저(출간 예정)에 따르면 번역에 관한 수많은 관련 자료에도 불구하고 번역사에게 필요한 기술 군들을 실제로 정의하거나 자세히 설명해 놓은 것은 없다. 그 대신 전문번역사에게 필요한 종합적인 기술 중 여섯 가지 영역에 대한 개괄적인 설명은 도출되었다(어휘 수준 혹은 구문 수준 뿐 아니라 실제 언어 사용 기준에 따라 언어를 처리할 수 있는 능력). 이들을 살펴보면 다문화 이해 능력, 일련의 언어외적 능력, 예를 들어 연구, 전문용어, 정보통신, 프로젝트 관리 능력, 메이슨이 언급한(사람과의 개별적 의사소통 능력) “사람에 따라 달라질 수 있는 개인적인 기술들", 예를 들어 미세한 사항까지도 살필 수 있는 전문가로서의 긍지와 즐거움, 위에 언급된 '번역사로서 합당한 개성', 현재 까지 이용 가능한 번역 이론을 적용하거나 번역사 자신의 번역 작업을 위해서 새로운 적용 이론을 만들어 낼 수 있는 기술 등이다(위에 "이론, 가정, 전략" 이라는 이름을 붙인 바 있다).

이상하게 들릴 수도 있지만 이 분야를 다루고 있는 관련 문헌은 그렇게 많지 않고 두 건 정도의 문헌이 이에 대해 언급하고 있다. 번역에 관련된 대부분의 문헌은 핵심 언어 기술을(출발어와 목표어 모두에서) 당연한 것으로 여기고 있다. 로빈슨(Robinson, 1997)의 연구에서만 어휘 발달과 유지 보완 측면을 다루고 있다. 그러나 유능한 번역사는 매우 특정한 범주의 언어학자로 분류되고 가장 극단적인 경우에는 전문번역사도 전혀 말하지 못하는 언어로부터 출발하여 번역하는 경우도 있다. 대부분의 경우 번역사가 자신들이 다룰 수 있는 언어 영역을 한 두 개 늘려야 할 필요가 있을 경우 비즈니스나 사회적인 목적 때문에 언어를 사용해야 하는 언어 학습자와는 다른 방식으로 언어에 접근할 것이다. 이런 번역사가 자신의 핵심 언어 기술을 개발하는 방식은 번역학의 연구대상으로 삼을 수 있는 영역이라고 생각된다. 대조적으로 텍스트에 관련된 기술은 관련 문헌에서 가장 상세하게 다루고 있는 분야지만 이 분야의 대부분의 연구에서 간과하고 있는 것은 전문번역사들이 어떻게 그런 기술을 실제로 자신의 번역에 사용하게 되었느냐는 점이다.

다문화 이해 능력 기술은 주로 국제 비즈니스에서 다루고 있지만 번역 문헌에서도 흔히 나타나고 있다(예를 들어 기구들이나 조직들의 이름은 무엇인지 등). 위에 언급한 언어외적 기술은 번역사의 지침서 등에 잘 나와 있지만 다문화 이해 능력은 학교에서 번역을 공부하는 학생들이 읽어야 할 도서 목록에는 포함되어 있지 않다. 그 대신 우리들은 학생들이 학교를 떠나자마자 이런 기술들을 익힐 것이라고 기대한다.

'개성'이나 '태도에 관련된' 기술은 위에서 언급한 바와 같이 더 폭넓은 연구를 할 수 있는 준비가 되어 있다. 반면 이론을 적용하거나 조성하는 기술은 마지막으로 위에 언급한 텍스트와 관련된 기술과 연결되고 다시 말하면 이런 기술은 성공적인 번역을 위한 핵심 능력이다.

여기에서 강력하게 주장하는 바는 번역 과정 연구는 번역사들이 생산하는 소리내어 생각하기 데이터를 통해서 이 기술들이 활성화 되는 것을 관찰함으로써 이 여섯 가지 기술을 하나의 분석 도구로 묶는 총괄적인 방법론이라고 할 수 있다. 예를 들어 번역사들은 익숙하지 않은 어휘를 이용하기 위해, 출발어 텍스트를 이해하기 위해, 출발어와 도착어 독자 간의 문화적 간극을 좁히기 위한 전략을 고안한다(커뮤니티 번역에 관한 연구(프레이저 1993)를 통해 문화 간극에 관한 광범위한 통찰력 있는 이해를 얻을 수 있다). 그러나 이런 전략은 만일 사용 되었다고 해도 최종 산물인 도착어 텍스트에는 잘 나타나 있지 않다. 성공적으로 활동하고 있는 전문번역사들에 대한 관찰은 비언어적 수준의 효과적인 실천 방안을 찾을 수 있는 주요한 단서가 된다. 특정 집단의 번역사들이 동일한 텍스트를 사용하여 번역을 하면서 추출한 주목할 만한 소리내어 생각하기 자료를 보면 이 방법을 사용하여 번역사의 자세나 개성에 관한 연구를 하는 것이 매우 효과적일 수 있음을 나타낸다. 마지막으로 소리내어 생각하기 자료 수집 방법은 리스트에 있는 마지막 단계의 기술을 조사하기 위한 맞춤형 방법이고 이론을 적용하거나 만들어 내기 위한 기술이라고 지칭할 수 있다. 번역 과제 전반을 지지하고 있는 이론, 가정, 전략을 제외하고는 소리 내어 연구법을 생각할 수 없다.

하팀과 메이슨(Hatim and Mason, 1997)은 이런 기술 군을 구분해서 식별하는 성과에 가장 근접한 학자들이다. 초기의 번역 능력 모델은 세 가지 세트의 기술 군에 바탕을 두고 있는데 그것들은 출발어 처리 기술, 이전 기술, 도착어 처리 기술 등이다. 물론 이들의 모델이 현재까지 나온 모델 중에서 학교의 번역사 훈련에 포함되어 있는지 아니면 어떤 구체적 사항들이 포함되어야 하는지 여부에 비추어 볼 때 가장 진보한 상태이지만 아직도 한층 더 많은 부분에서 개발이 필요한데 그 이유는 핵심적인 언어 기술에 보조 역할을 하는 비언어적 기술과 '번역사의 개성'이 어느 정도는 포함되어야 하기 때문이다. 따라서 소리내어 생각하기 연구 방법을 응용하여 번역 절차 연구와 미래 전문번역사에게 필요한 일련의 기술을 정의하고 적용하기 위해 더 많은 연구가 필요하다고 생각 한다. 이런 절차를 통해 학교의 훈련을 더욱 체계적으로 할 수 있고, 학생에서 전문번역사가 되는 변화 과도기를 순조롭게 넘길 수 있는 도움을 줄 수 있다. 특히 영국 같은 국가에서는 조직 내 신참 번역사를 경험이 더 많은 번역사가 도와 줄 수 있는 기회가 대부분 사라지고 있고 신참 번역사는 학생에서 도움을 받지 않는 무소속 자유직업 번역사로 갑작스러운 변화를 겪기 때문이다.

전문직에 어떤 도움을 줄 것인가?

마지막으로, 현재 활동하고 있는 전문번역사를 대상으로 하는 연구를 통해서도 학문과 교육활동을 위한 중요한 정보를 얻을 수 있지만, 우리가 번역사로서 활동하는 전문 직업 그 자체에서도 많은 혜택을 얻을 수 있다. 최소한 영국에서는 점점 더 많은 대학들이 번역사 전문 교육(통상 대학원 수준에서)을 실시하고 있고 현직 번역사를 위한 전문가 보수 교육도 실시하고 있다. 다른 경제 사회 분야와 마찬가지로 번역 품질에 대한 요구에 부응하여 번역사 직업 자체에 대해 학문적인 인정을 받아야 한다는 요구가 커지고 있다. 과정에 대한 연구를 전개하는 사람으로서 우리가 고려해야 할 사항은 각 나라의 전문가들과 협력할 수 있는 방법을 간구해야 하고 연구에서 얻은 바를 각 나라 연구자의 필요 분야에 전달해야 한다. 이런 절차를 통해 번역 전문가의 위상을 높여서 학문과 실무 번역 간의 의사소통이 활발해지는 계기가 되어야 할 것이다.

결론

이제까지 주장한 대로, 소리내어 생각하기 자료가 '번역사들이 어떤 일을 하는지'를 정확하게 알아낼 수 있는 독특한 자료이고, 수많은 도움을 줄 수 있는 도구임을 발견했다. 학습 과정을 좀 더 잘 조정할 수 있고 중도 탈락자나 포기자를 줄일 수 있으며, 더 자세히 말하면 구체적 목표를 두고 훈련을 시킬 수 있다. 이 경우 새롭게 자격을 얻은 번역사에 대한 지원을 제공하고, 전문번역사에게 도움을 주고, 번역 직업 자체가 사람들로부터 좀 더 많은 존중을 받으며, 지나칠 만큼 추상적인 이론과 번역은 '다른 나라 말로 타자 치는 것' 이라는 학계의 평을 피할 수 있다. 그러나 마지막으로 가장 중요한 혜택은 나의 두 번째 연구에서 두 명의 번역사가 밝힌 만족스러움에 농축되어 있다. "사람들의 세계에 진입할 수 있다는 느낌을 받는 점이 이 직업의 좋은 점이지요". 한 번역사는 이렇게 말하고 다른 번역사는 이런 실험 성격의 연구를 통해 얻는 만족을 다음과 같이 설명한다. "본질을 이해하고 그 점을 명확하게 설명할 수 있다는 점이 다른 무엇보다 더 큰 즐거움을 주네요."

John Benjamins Series

09

Tapping and mapping the processes of translation and interpreting

제 3 부

과정 연구에서 도출된 특성

번역 과정의 불확실성

소냐 트리코넨 콩디 Sonja Tirkkonen-Condit
사본린나 번역 학교, 요핸수 대학교, 핀란드

서문

번역 과정에 대한 연구에서 번역에 능숙해지기 위해서는 애매모호함과 불확실성에 대한 수용과 인내(핸더슨(Henderson), 1987, 프레이저(Fraser), 1996, 트리코넨 콩디 1996)가 필요하다는 사실이 드러났다. 이론상으로는 현재 번역을 시행하는 현장의 물리적 한계 때문에 최적의 품질번역은 기대하기 어렵다. 설사 번역 작업에 시간적 금전적 제한이 없는 최적의 조건이 주어진다고 해도 "동일한" 번역 과업을 수행해서 나온 최종 산출물이나 개별적인 번역 문제의 해답이 다양하게 나올 수 있는 가능성 때문에, 목표어 최종 번역물의 생산 과정에 일시적이나마 불확실성이 존재할 수 있는 것이다. 때로 가능성 있는 번역 등가어가 여러 개 있을 수 있지만 그 어느 것도 정확히 맞아 떨어지지 않을 수도 있다. 따라서 가능한 여러 선택 중에서 최선의 선택을 조정하여 도출해내기 위해서는 애매모호함과 불확실성에 대한 인내가 필요하다고 주장할 수 있다.

이 논문의 목적은 번역 과정에서 불확실성이 어떻게 나타나는 지를 보여주기 위함이고 실제로 번역사는 불확실성을 조정할 수 있는 패턴을 구분해 낼 수 있다는 점도 목적으로 하고 있다. 앤드류 체스터만(Andrew Chesterman, 1997, 1998)에 따르면 불확실성 조정은 번역 전략의 중요한 부분이다. 체스터만에 따르면 번역은 목적을 지닌 행동이다. 따지고 보면 번역 전략의 핵심은 수단과 목적의 조정이다.

사람이 하는 번역에서 목표어 산출물이 정확하게 어떻게 번역이 되어야 하는지 아무도 미리 알 수 없다. 최종 산출물은 번역사의 두뇌에서 전개되는 과정 안에서 마지막 형태를 갖추게 된다. 같은 번역 과업을 완수하는 중에도 동일한 번역과정은 없다. 같은 과업도 다르게 해석될 수 있기 때문에 그 차이는 번역 초기부터 시작된다. 차이를 일으킬 수 있는 가능성을 촉발하는 일의 시작은 각 번역사가 선택하는 언어적 표현이 각기 다르다는 점이다. 이 표현은 번역사 자신이 생각하는 총체적인 의사소통 맥락과 텍스트를 어떻게 해석하느냐에 따라 달라지게 된다. 애매모호함이 상황에 따라 달라질 수 있다는 가능성이 모든 인간의 언어와 의사소통의 기본이 되는 일이기 때문에 해석과 언어 선택이 항상 동일하지 않다는 점은 당연한 일이다(멜비(Melby), 1995: 55). 따라서 번역자 수만큼 다른 번역이 존재한다. 잠재적 애매모호함은 번역에서 어쩔 수 없이 존재할 수밖에 없다. 따라서 이런 점들이 불확실성으로 번역 과정에서 나타날 것이라고 예상하는 일은 당연한 일이다. 만일 불확실성 현상이 불규칙하게 나타나는 현상이 아니고 일정한 규칙을 보인다면 번역 전략의 한 측면으로서 애매모호함의 조정에 대해 논하는 것도 의의가 있다.

분석 데이터

초기 분석은 20건의 소리내어 생각하기(TAP) 데이터를 이용한다. 이 데이터는 티르코넨 콩디, 야스켈라이넨(Jääskeläinen), 폰티넨과 라마노프(Pöntinen and Romanov)가 1980년대 말과 1990년 초 사본린나 번역 학교에서 시행한 네 건의 실험에서 추출했다. 이 실험에 참여한 피실험자들의 번역 능숙도는 각기 다르다. 그러나 현 논문에서는 높은 수준의 번역 실력을 가진 피실험자들을 국한하여 분석을 진행했다. 상세한 분석을 위해 선택한 자료는 여섯 명 번역사의 데이터다. 이 중 두 명은 1992년 티르코넨 콩디의 연구에서 핀란드어에서 영어로 번역했고, 나머지 네 명은 1987-1988의 야스켈라이넨의 실험으로 영어에서 핀란드어로 번역했다. 두 실험 모두 현실적인 번역 지침을 사용했다. 실험 환경은 피실험자의 실제 번역 환경과 최대한 유사하게 구성했다. 실험의 진행에 관해서는 본 논문에서 자세히 설명하지 않을텐데 이는 논문에서 주장하는 요지가 실험의 세부적 진행 정보와는 상관이 없기 때문이다.

분석 방법

애매모호함이 번역 과정 중에 어떻게 발현되고 이를 조정하기 위한 패턴을 분리해낼 수 있는지 파악하기 위해 다음과 같은 분석을 실시했다.

[i] 여섯 명의 번역사들의 데이터 중 특별한 처리 현상과 관련이 있는 것으로 보이는 애매모호한 현상도 분류했다.

[ii] 애매모호함이 분류된 처리 현상과 어떻게 연결되는지 묘사할 것이다.

[iii] 번역사의 개인적 특징도 묘사할 것인데 목적은 애매모호함을 어떤 식으로 처리하는 지에 대한 각 개인별 또는 집단별 패턴을 알아보는 것이 목적이다.

처리 과정과 애매모호함

소리내어 생각하기 데이터에서 처리 과정과 불확실성 현상 코딩은 두 가지 가정 하에 진행한다. 첫째, 번역은 목적 중심 행위이고 문제 해결이라고 묘사할 수 있다. 둘째, 코딩은 말로 된 데이터만이 가능하다.

목적 중심 행위에서 해결하기 어려운 일이 생기면 수단 또는 목적 중 하나, 혹은 둘 다 수정해서 극복할 수 있다. 체계적으로 목적을 달성하기 위해 노력하고 어려움을 극복하는 방법을 전략이라고 부른다. 체스터만(1997, 1998)은 이런 틀을 사용하여 번역 전략을 정의한다. 전략의 지향점은 수단 또는 목적을 고안하거나 수정하는데 있다. 번역사의 목적은 도착어로 작성된 텍스트를 작성하는 것이고 이런 목적을 달성하기 위한 인지적 수단을 처리 현상이라고 지칭한다.

번역사는 최상의 품질로 번역된 도착어 텍스트에 대한 꿈은 가지고 있을 수 있지만, 시간이나 정보 등 이런 최적화 상태를 달성하기 위해 필요한 모든 수단은 보유하고 있지 않을 수도 있다. 이런 경우 선택할 수 있는 번역 전략은 보유하고 있는 수단으로도 달성 가능할 수 있도록 목적을 수정 하든가 목적 자체를 포기하는 것이다. 아니면 할 수 없이 수단을 수정해야 하는데 이 경우는 더 광범위한 정보 검색이 가능하도록 수당을 인상하는 등의 조치를 의미한다. 그러나 소리내어 생각하기 연구법에서는 작업 조건은 협상의 대상이 아니고 미리 정한 번역 지침을 벗어날 수 없다. 따라서 번역사는 번역 지침을 그들이 해석하는 바에 따라 번역 임무를 완수하고 이 경우 이용 가능한 것은 자신들의 인지 자원과 번역을 하면서 통상 사용 가능한 수단들이다.

처리 과정과 불확실성을 분석하는 목적은 목적과 수단이 개별 문제 해결을 위해 어떻게 상호 조정되어 이용되는 지를 밝히는데 있으며 이 경우 최종 목적은 목적어 텍스트의 생성과 이와 더불어 불확실성이 어떻게 이용되는지를 파악하는 것이다.

처리 현상

목표 언어 생성에 즉각적인 영향을 줄 수 있는 처리 과정 현상은 번역 문제 해결과 관련이 있다고 가정한다. 이런 처리 현상은 번역 목적을 달성하는 인지 "도구"다. 여기에서 핵심과 보조 처리 현상을 구분했다. 핵심 처리 현상은 문제, 임시해결책, 해결책, 자동화, 평가 미루기다. 보조 처리 현상은 출발어를 다른 말로 바꾸기, 출발어 설명하기(임시 해결책의 보조 수단), 연습하기(평가의 보조 수단), 승인하기(해결책의 보조 수단),

핵심 처리 현상	
문제	문제점 또는 지식의 부족에 대해 언급함
임시 해결책	해결책이라고는 인정하지 않은 채 하나 또는 그 이상의 새로운 도착어 번역 가능어를 언급함
해결책	문제, 재구성된 출발어, 설명이 붙은 출발어 또는 임시 해결책에 대한 응답으로 도착어 번역과 이것이 해결책임을 인정하는 언급함
자동화	출발어를 다시 구성, 설명 하거나 임시 해결책 등에 의존하지 않고 새로운 도착어 번역을 언급함
평가	해결책, 임시 해결책, 자동화 등에 대한 긍정적 또는 부정적 평가를 언급함.
연기	문제 해결을 연기하거나 임시 해결책에 대해 언급함.
보조 처리 현상	
출발어를 재구성함	출발어 중 한 요소를 재구성함
출발어를 설명함	출발어중 한 요소를 설명함
연습함	임시 해결책을 듣거나 쓰거나 타이핑 했을 때 어떻게 보이는지를 한 번 볼 것을 결정하는 점에 대해 언급
승인하기	해결책의 확인하고 이를 언급함
정당화함	해결책, 임시 해결책, 자동화, 평가의 정당한 근거에 대해 언급함
출발어	출발어를 말하거나 크게 읽음
도착어	도착어를 말하거나 크게 읽음
사전	사전을 사용하기로 한 결정을 언급함
처리 현상으로 코드하지 않음	
일반적인 언급	도착어 산출과는 직접 관련이 없는 점에 대해 언급함

정당화하기(평가, 해결책, 임시 해결책, 자동화의 보조 수단), 출발어, 도착어, 사전(모든 처리 현상의 보조 수단) 등이다. 번역 중 발화에도 코드를 붙였지만 이 경우에는 도착어 생성에는 직접 공헌을 하지 않았으므로 처리 현상이 아닌 것으로 간주했다.

그림 1에 핵심 현상들이 어떻게 서로 연관 되는지 잘 나와 있다.

그림 1. 번역에서 핵심 현상들

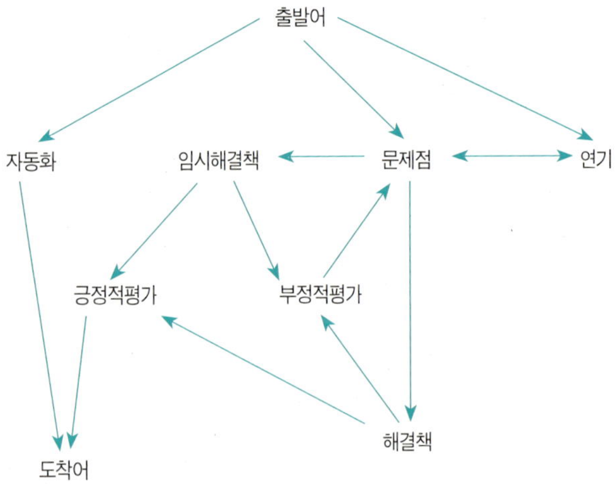

불확실성 현상

불확실성 현상이 언어적으로 어떻게 나타나는지에 따라 표시했고 이 현상들 중에 인식론과 논리학적인 형식들, 품질과 양의 조화, 질문과 가설을 함유하는 표현, 해답을 알 수 없고 확실치 않음에 대한 표현이 포함되어 있음을 밝힌 바 있다. 아래 보기 중 굵은 글씨로 표시된 부분이 불확실성을 표현한 부분이다(영어로 번역).

[1] 이것은 **어떻게 보면** 앞에 나왔던 단락과 틀림없이 연결이 된 것 같은데

[2] 여기에서 필요한 것은 **조금이라도** 참고할 수 있는 점인데

[3] 이런 상황에서는 **아마도 이렇게 될 것인데**

[4] '이런 상황에서는' **상상할 수 있을 것 같은데**

[5] **어떻게** 이런 문장을 **만들어 낼 수 있지?**

[6] **아마** '상황' 이라는 **단어를 추가해야 할 듯**

[7] '경쟁 법칙'이라 **도대체 무슨 말인지...?**

[8] '이런 방법으로 라는 말을 통해 연결되거나'아니면 **어떤 표현이던지**

[9] 좀더 감명을 **줄 수 있는 무엇이 있을 수 있는지 봐야겠네.**

[10] '일년 후' **어디에 넣어야지?**

[11] '깡마른' 란 말은 **알다시피 조금** 비난하는 말일 수도 있는데

[12] 그러면 '약하다' 라는 말을 **어떻게 쓴 것인지? 나쁜 뜻으로 쓰인 것인가?**

[13] **내 생각에는** 핀란드 말로는 **어떻게 보면** 좀 더 과감한 것 같은데

[14] **그래서 앞에 놓으면 어떻게 들리지?**

[15] **그러나 그렇게 말하면 이제 같은 것이 아니지**

[16] '날씬해' 라는 말은 **어떻게 된 것인지 하여간** 여자들이 눈을 크게 뜨고 관심을 갖는 말이지

[17] **그렇지만 우리가 할 수 있는 일은 많이 없는데**-거기에 마늘을 넣을 수 는 **없잖아**

[18] **여기에서 생략할 수는 있을 것 같은데** 실제 인쇄하면 어떻게 보일지 **봐야겠네.**

[19] **없애면 어떻게 보일까**

[20] **확실한 자신은 없지만** 그렇게 해봅시다.

분석에 따르면 불확실성은 어떤 처리 현상과 관련해서도 나타날 수 있다. 사실 불확실성 현상은 때로는 특정한 처리 현상을 말로 표현한 것처럼 기능할 수 있다. 아래 글에서 핵심적 처리 현상에 대해 중점적

으로 이야기 하면서 통상적으로 이런 현상들과 함께 나타나는 불확실성 현상을 집어 내려고 한다. 번역사의 개인 특성에 대해서도 함께 언급할 것이다.

번역사의 개인 특성 자료

연구의 중심은 각 번역사의 처리와 불확실성 현상이다. 그러나 소리내어 생각하기 데이터를 대화 측면에서도 살펴보려고 한다. 연구에서 발견한 사실은 각 번역사가 번역 과업을 수행하면서 이야기도 함께 하고 있다는 점이다. 번역사들이 각자 활동하고 있는 점을 생각한다면 의외의 결과일 수도 있다. 소리내어 생각하기 데이터를 담화나 대화 자료로 연구한다는 가능성은 이상하게 들릴 수도 있다. 그러나 번역사의 개인 특성에 대해 이야기하며 시도해 볼 예정이다. 번역사 개인 특성에는 세 가지 사항이 담겨있다. 번역사의 대화 스타일, 처리와 불확실성에 대해 코딩한 자료, 번역사가 불확실성을 관리하기 위해 설정한 임시모델, 불확실성이라고 분류된 자료는 굵게 표시했다. 번역사들의 실명은 밝히지 않고 가명 처리해 캐리, 한나, 페니, 프랑, 에밀리, 버다(Kari, Penny, Fran, Emily and Bertha)라고 명명했다.

캐리의 개인 특성

캐리가 말하는 스타일은 자신을 배제하고 말하는 스타일이다. 자신을 일인칭으로 지칭하는 일이 거의 없고 대신 핀란드어가 허용하는 범위 내에서 다양하게 자기를 삼인칭으로 표현한다. 주로 사용하는 표현들은 다음과 같다.

[말을 만들어 내야해]

[한번 상상해봐]

[가장 간단한 것은]

[어떻게 그런 것을 생각해 낼 수 있지]

[그냥 놔두는 게 가장 좋겠는데]

[이렇게 하면 참 좋겠네]

이 번역사의 스타일을 미루어 보건데 문제해결이 직렬 형태로 이루어지고 있음을 알 수 있다. 예를 들어 일련의 "연결사" 무리들을 사용해서 자료의 한 부분을 다른 부분과 연결하고 있음을 알 수 있다. 예를 들어 [좋아요, 오케이, 그래, 그러면, 그리고 나서] 등의 표현이다. 담화 형태는 대화 형식이 아닌 혼잣말 형태이며 다음과 같이 정리할 수 있다. [해결해야 할 문젯 거리가 있네. 아마도 이런 것들을 이용해서 풀 수 있을 것 같은데. 그런데 무엇인가 잘 못된 것이 있는데. 이렇게 하면 될 것 같은데. 이렇게 하는데 더 좋아 보이네.] 아래 정리해 놓은 것은 캐리의 데이터다. 첫 번째는 원래의 자료이고 두 번째는 영어로 번역 한 것이다. 번역 지침에 따르면 핀란드어에서 영어로 번역해야 한다.

연결사	데이터	과정
글쎄	여기에서 첫 번째 문제는 이 것과 이 전 문단을 어떻게 하든지 연결해야 한다는 것인데. 이전 문단을 나타내는 말이 필요한데.	문제해결 노력
	아마 이런 뜻이 아닐까(이렇게 하는 것이 좋을 듯 한데).	출발어 다른 말로 바꾸어 보기
그런데	어쨌건 이런 것 보다는 좀 더 나은 것을 생각해 내야 할 것 같은데. 이런 점들이 필요하겠어.	문제해결 노력

글쎄 그러고 나면	이런 상황에서 이렇게 상상할 수 있을 것 같은데.	임시 해결방안
글쎄 그러고 나면	그러면 가장 간단한 일은 부사 하나만 생각해 보는 일인데.	임시 해결방안
혹시 이렇게 하면 어떨까	그렇게 하고 나면 문장을 벗어나서 생각할 수 있을까? 그렇게 할 수 있을 것 같은데.	문제해결 노력 임시 해결방안

캐리가 처리하는 방식은 상당히 명확한 문제 해결 패턴을 따르고 있는데 문제는 확연한 방법으로 조성되고 임시 해결 방안을 차례로 생각해낸다. 가장 흔하게 출현하는 불확실성 표시어는 부사인 [아마도]이고 가정법 형태 동사인 [이렇게 할 수 있는데, 이렇게 하면 되는데] 등이 쓰인다. 불확실성 표시 언어는 대부분 처리 현상과 함께 나타나면서 균형을 이루기 위해 [물론, 결국은] 등의 표시어도 함께 사용한다. 이렇게 함으로써 특정한 임시 또는 최종 해결책을 지지하는 결정을 내릴 수 있게 해준다. 이런 주제에 관한 불확실성 관리는 핵심적으로 도착어 문맥에서 임시 해결책을 만들어 내고 평가를 하기 위한 의도적 행위다. 위의 소리내어 생각하기 자료를 보면 이 번역사는 자신의 장기 기억 장치를 검색하여 자신이 이미 완성한 번역과 잘 연결되는 표현을 찾고 있다. 임시 해결책으로 연결사인 [그러면]을 수용했다. 이 표현은 가정법을 나타내는 표지어인 [**나라면 그렇게 생각할 텐데**] 같은 표현과 함께 쓰인다. 이런 점들이 이상적인 해결책은 아닐지라도 가장 간단한 해결책이라는 장점이 있다.

캐리의 자료에서 핵심적 처리 현상에 포함되는 불확실성은 다음과 같다. 문제점은 품질에 관한 양보 구문(어쨌든, 일종의), 의무 구문(어떻게든 연결해야해, 이것보다는 더 좋은 것을 생각해 내야해), 질문(그래서란 말이 문장 전체를 지칭하는 말인가?)이다. 임시 해결책은 다음과 같은 표현과 함께 생겨난다. 가정법적인 구문(이렇게 상상하면 될텐데, 가장 간단하다고 여기면 될

텐데), 위험을 감소하는 양보적 표현(나라면 그렇게 생각 할텐데)이다.

한나의 개인 특성

한나의 "대화"는 캐리에 비해서는 두 사람 간의 대화와 더 유사하고, 동료와 함께 문제 해결을 위해 노력하고 있는 것처럼 보인다. 가장 많이 쓰이는 표현은 일인칭 복수 형태의 명령어처럼 말하는 다음과 같은 표현들이다.

[이제 이렇게 한번 표현해 보자]

[강하게 조인다는 동사를 찾아보고 중요한 점이 있는지 살펴보자]

[무엇이 올 수 있을까? 혹시 이런 것은 아닐까?]

[일 년 후에 그래, 어디에 이 말을 넣어야 할까?]

한나의 대화는 다음과 같이 정리할 수 있을 것이다.

[출발어 텍스트는 이렇게 읽힐 수 있어. 좋아 임시 해결책으로 이렇게 한번 해보고 아니면 이렇게 또 하여간 한 번 해보자. 여기를 보면 어떤 말이 들어갈 수 있을까? 이 것일까 아니면 다른 말일까? 이렇게 하면 상당히 괜찮아 지겠네.]

아래 자료는 한나의 데이터에서 추출한 것이다. 번역 지침은 핀란드어에서 영어로 번역이다.

데이터	과정
그래서 이런 이유 때문에 이렇게 하는 게 필요한데	임시 해결책
이런 이유 때문에	임시 해결책
위에 말한 이런 이유 때문에	임시 해결책
그래서 필요하지	임시 해결책
이렇게 하든지 아니면 이런 이유 때문에 아니면	임시해결책
위에 말한 이유 때문에 아니면 이런 것들 때문에	임시해결책
경쟁 법칙	임시해결책
그래, 경쟁 법칙	임시해결책
법칙, 경쟁의 법칙	임시해결책
맞아	승인
경쟁의 법칙	해결방안
무엇일까	문제
경쟁 법칙이라고 하면 될까	임시해결책
아니면 경쟁적 법칙 아니면	임시해결책
경쟁의 법칙, 법칙들	임시해결책
오케이	승인
경쟁의 법칙들	해결

캐리의 경우와 같이 한나의 불확실성 조정 방안의 핵심은 임시해결방안을 충분히 생각해 내는 것이다. 차이가 있다면 캐리는 임시해결책을 하나씩 궁리해 본다는 점이고 한나의 경우는 연속해서 여러 건을 생각하고 그 중 하나를 선택해서 당분간 사용한다는 점이다. 임시 또는 최종 해결책이 도축되면 승인에 대한 언급이 자주 나왔다.

한나의 데이터에서 특정한 핵심 처리 현상과 함께하는 불확실성은 다음과 같이 정리할 수 있다. 문제는 수시로 발생하며 가정법적인 질문도 함께 던진다(그럴까?). 가정법적인 발언이나 질문과 함께 임시 해결책도 함께 나온다(그럴 수 있겠네, 그럴까?).

페니의 개인 특성

페니의 "대화"는 개인적이고 대화 중심이다. 질문을 던지고 질문을 들은 가상의 대화 상대자에게 자신의 생각을 밝힌다. 말하는 과정에 연습도 한다. 통상적으로 사용하는 표현은 다음과 같다. 번역은 영어에서 핀란드어로 진행한다.

[여기서 약점이 뭐지]

[이렇게 하면 되나]

[만일 이렇게 하면 어떤 소리가 날까]

[이제 되나 한번 해보자]

[하지만 이렇게 말하면 같은 것이 아닌데]

페니가 불확실성을 조정하는 방법은 가능한 자동적으로 도착어 텍스트를 만들어내는 것이다. 자동적 번역물 산출이 중단되는 순간은 임시로 생각해 낸 해결 방안을 연습해보거나 번역한 도착어 텍스트가 적절한지 검토하기 위해 잠시 번역을 중단했을 때다. 페니가 자신의 선택을 정당화하거나 해결책을 승인할 때는 [그렇지] 같은 부사나 유레카(발견했다) 또는 [그래 이정도면 됐어] 같은 표현을 사용한다. 아래는 페니의 데이터에서 추출한 것이다. 번역 임무는 영어에서 핀란드어다.

데이터	과정
[하지만 마늘 맥주가 해결책이 될까]	자동화
무엇인가에 대한 해결책은 되겠지	정당화
(마늘이 해결책이 될까)	임시해결책
좋아 그렇다면 어쨌든지 여기에 추가해야 하겠네 이 문제에 대한 해답으로	승인
텍스트에는 이런 말이 없지만 문제는 맞지	정당화
과다 지방을 없앨 수 있는 마법의 약을 발명하는 것은 어렵겠지만 마늘이 이 문제에 대한 해결책이 될 수 있다	도착어
바로 그거야	승인

페니의 데이터에서 불확실성에 대한 통상적인 표현은 여러 종류의 질문으로 문제와 임시 해결책에 연결되어 있다.

프랜의 개인 특성

프랜의 "대화"는 안전감을 준다. 이런 감정을 줄 수 있는 특징은 "어떻게 되고 있나" 라는 표현에 대한 일반적인 응답이 자주 있기 때문일 것이다. 자신을 일인칭으로 묘사하는 일이 거의 없다. 번역 작업을 하며 프랜은 에세이 같은 텍스트를 사용한다. 프랜의 경우 불확실성 조정은 지식이 풍부함을 보여주고 그러면서 해결책을 그 안에 끼워 넣는다. 다음은 일반적인 지식에 대해 언급한 예다(번역 임무는 영어에서 핀란드어로의 번역이다).

[놀라운 일은 제목은 글자 그대로 한 글자씩 번역해야 하는데 이 제목은 충격이야]

[그렇지만 영어에는 이런 상황에서 핀란드어에 건강한 이라는 말에 해당하는 등가어가 존재치 않지]

[날씬하다라는 말 자체는 여성들의 관심을 끌어올 수밖에 없는 말이지]

이런 언급은 번역을 정당화하고 승인하는 역할을 하게 된다. 예를 들어 도착어 텍스트의 한 부분을 자동적으로 찾아내면 승인에 해당하는 말을 하게 된다. 불확실성 표지어도 다른 번역사의 데이터에 비해서는 나타나는 빈도 수가 많지 않다. 나타난다고 해도 평가와 문제 제기와 함께 나타난다. 프랜의 데이터의 일부 내용이 아래에 실려 있다. 번역 임무는 영어를 핀란드어로 번역하는 일이다.

데이터	과정
(기름진 음식을 먹으면 건강에 해롭다는 것은 누구든지 알고 있지)	자동화
당신은 올바른 선택을 했어요	출발어
여기에서 당신은 다시 생략할 수 있는데	승인
(사람들에게 유익한 선택)	임시해결책
누구에게 유익한 지는 명백하지 물론 사람들에게 그렇지	승인
특히 당신의 심장이 약하다면	출발어
(특히 만일 심장이 약하다면) 다행히도 핀란드어에서는 이런 것들은 생략할 수 있지	승인
여기서 생략이 가능하지	문제제기
그래 그렇게 해도 되는지 살펴봐야 겠네 적어보았을 때 [적는다]	연습
기름진 음식 섭취	출발어
(기름진 음식 섭취)	도착어
그렇지만 다중 영양이 될 수도 있는데	임시 해결책
물론 다중 이라는 말을 나타내지 그러나 음식이 맞는 말이지	해결책
이렇게 번역하는 편이 더 구체적이고 품질도 좋아지지	평가

에밀리의 개인 특성

에밀리의 "대화"는 혼자서 하는 말처럼 들리는데 자신을 자주 일인칭 단수로 거명한다. 본인이 사용하는 사전도 인칭 대명사로 지칭하면서 의인화한다. 프랜과 마찬가지로 에밀리도 자신이 알고 있는 다방면의 지식을 상당히 자주 과시한다. 대화는 활발하게 전개하지만 번역하고 있는 주제에 대해 잘 알고 있을 것이라는 인상을 준다. 문제가 되는 것을 기꺼이 나중으로 미루어 놓는데 미루는 것이 불확실성에 대처하는 방법이다(매트랫(Matrat), 1992 이 책에 실린 야스켈라이넨의 연구에서 볼 수 있는 것처럼). 아래에 나와 있는 것은 에밀리의 자료에서 일부분을 추출한 것이다(영어에서 핀란드어로 번역). 제일 마지막 줄을 보면 사용한 전략이 성공적이었음을 알 수 있다. mop에 해당하는 등가어를 찾기 위한 노력을 뒤로 미루기로 결정한 직후에 등가어를 포함한 도착어 텍스트를 자동으로 생각해내었다.

에밀리의 데이터에서 문제와 연관된 불확실성은 의문문의 형태로 나타나게 되고 해당하는 지식이 없음을 인정하는 것으로 표현 된다(이렇게 사용되는지 모르겠네... 아마 그렇지 않을까). 해답 찾기를 미루는 일은 늘 있는 일인 것으로 보이며 불확실성이 함께 나타나지는 않는다.

데이터	과정
(마늘이 힌트로 작용함)	임시 해결책
자 이제 사전을 찾아보아야 겠네. mop이란 단어를 찾아보아야 겠네	사전 찾기
대화체에서 사용되는 적절한 등가어를 찾기는 쉽지 않을 것이고, 아니면 등가어 자체를 찾기가 어려울 수도 있고, **그래 일단 적어 놓고 좋은 생각이 날 때 까지 기다려야 겠네**	연기
그렇지만	출발어

자 그러면 IHMEROHTO부터 시작해서 기적의 약 찾기	출발어
IHMEROHDON LÖYTÄMINEN (기적의 약 찾기)	자동화
그래 바로 그거야 하지만 다시 말해서	승인
(그러나 정말로 잘 치료가 되는 기적 같은 약을 찾는 것은 비교적 어려운 일이다)	일시 해결책
이제 어떻게 해야 할지 모르겠네-**도움이 필요해**	문제
mop 이 단어가 대화체에 쓰이면서도 같은 뜻으로 쓰일 수 있을까. 사실 영어에서 자주 쓰이는지도 모르겠네. 그래 나중에 다시 생각해보자	연기
(불필요한 지방을 안전하게 제거할 수 있게 된다)	자동화

버다의 데이터

버다의 데이터를 보면 자신감 있는 번역사의 진면목을 볼 수 있고 전문가로서 어떤 습관이 있는지 자신이 잘 알고 있는 것으로 판단된다. 이런 정보를 전달하기 위해 자신의 견해를 밝히고 그 견해를 정당화함으로써 이 정보를 전달하고 있다. 자신을 일인칭 단수로 지칭한다. 그러나 평가나 일시 해결책 같은, 전형적으로 보고하는 형식의 음성 데이터는 매우 짧다. 아래에서 보기가 몇 개 있다(번역 과업은 영어를 핀란드어로 옮기는 일이다).

[전혀]

[여기에 점 세 개는 찍지 말고]

[아니 아니 아니]

[물론 안 되지]

버다의 자료에서 찾을 수 있는 특징은 유머인데 아래에 마지막에 잘 나와 있다.

데이터	과정
[모든 불필요한 지방을 청소 하듯이 없앨 수 있는 기적의 약을 찾는 노력]	출발어
(기적의 약)	자동화
긴 관계대명사 절은 마음에 들지 않아	견해 밝힘
(깨끗이 없애주는 기적의 약)	출발어
불필요한 지방들	임시해결책
불필요한 지방	임시해결책
아니면 (넘쳐나는)	임시해결책
좋아 (넘쳐나는 지방)	자동화
(넘쳐나는 지방이라는 말은 어쩐지 어색하네)	임시해결책
아니 그렇지 않아	평가
(찾기 어렵네)	해결방안
여기에 점 세 개는 필요 없고	해결방안
(마늘이 해결책이라고 하면 어떨까)	
아니 아니 아니	평가
(마늘 일 수 있지)	임시해결책
초안으로 해두고	연기
(마늘이 도움이 될 수 있다)	
사전에서 찾아보면 어떨까	견해 밝힘

버다의 데이터에 언어적으로 불확실성을 표시해 줄 수 있는 표지어는 포함되어 있지 않다. 하지만 임시 해결책은 많이 찾을 수 있다. 마지막 결정도 되어있다. 유머있는 견해 표명은 불확실성을 조정할 수 있는

도구로 이해할 수 있을 것이다.

결론

표 1에는 번역사의 개인특성, 대화의 스타일, 처리 현상과 불확실성을 어떻게 다루는지가 나와 있다. 대화 스타일은 전체를 대표할 수 있는 가상의 문장으로 표시했다. 처리 현상과 불확실성 조정은 보편적인 예를 표시했다.

표 1. 번역사 개인 특성 정리

	대화 스타일	*처리 현상*	*불확실성 조정*
캐리	아마 이런 식으로 하면 될 것 같네	문제 해결책 평가	임시 해결책 강구
한나	이렇게 하자	임시해결책 제시 임시해결책 제시 임시해결책 제시	임시 해결책을 충분히 생각해 냄
페니	어디 보자 어떻게 보이는지	자동화 임시해결책 제시 승인	임시 해결책의 검증
프란	이렇게 하면 되지	임시해결책 제시 정당화 승인	자동화나 임시 해결책의 정당화나 승인
에밀리	나와 내 동료는 이런 식으로 하는데	임시해결책 제시 평가 정당화	문제 해결 연장
버다	나는 이렇게 하는데	자동화 임시해결책 제시 임시해결책 제시	최종 결정을 미룸; 유머스런 견해 제시

번역사들에게 공통적으로 나나나는 현상은 임시 해결책을 제시한다는 점이다. 이런 점에 달리 해결해 볼 수 있는 방법을 제시하면 다음과 같다. 차례로 각자의 임시 해결책에 대해 깊이 생각해 보는 것이다. 정

당화하거나 승인을 해보거나 또는 검증하거나 결정을 연기해 보는 것이다. 이런 패턴이 여섯 명의 데이터에 나타나 있지만 어떤 방법을 선호하는지는 각각 다르다.

불확실성의 언어적 발현이라고 코딩한 음성 데이터는 특정한 처리 현상의 표지라고 이름 붙인 현상과 중복된다. 따라서 번역사가 문제 해결책을 기꺼이 연기하거나 최종 해결안이라고 승인하는 대신 해결책을 연기하거나 임시 해결책을 마련할 태세가 되어있다는 점은 번역사들이 결정을 내리기 전까지 기다릴 태세가 되어있다는 것을 잘 나타낸다. 마찬가지로 번역사가 문제 상황에 직면하여 해답이 없다거나 확실치 않다는 말을 한다면 이 데이터는 처리 현상(문제점)을 나타내거나 불확실성의 표지가 된다. 따라서 처리 현상과 불확실 현상을 그토록 체계적으로 구분하기 위해 노력하는 일은 잘하면 계량적인 분석을 의미 있는 것으로 만들 수도 있지만 노력 자체가 큰 성과를 거두지 못할 수도 있다. 이 연구를 통해 이런 현상에 대한 예를 제공하고 이런 현상이 동시에 일어날 수도 있음을 제시했다. 이 연구를 통해 번역도 다른 인지활동이 수반되고 인간의 결정이 필요한 과업이 그러하듯이, 잠재적인 애매모호함에 항상 직면해 있다는 주장에 대한 실증적인 증빙을 제공하기를 희망한다. 애매모호함에 대한 관용은 인간의 개성이 표방하는 특성으로 번역사들을 교육하고 고용하는 일에 참고해야 할 것이다.

번역사들의 개성에 관한 실증적인 연구는 그리 많지 않다. 핸더슨(1987)의 저서인 개성과 언어학자는 이런 중요한 분야에 큰 공헌을 하고 있다. 이 책에서 흔히 사람들이 믿고 있는 통역사와 번역사의 개성이 다르다는 주장에 대한 증거는 찾지 못했다. 그러나 확실히 드러나는 차이점은 소위 말하는 일반적인 지능 요소인데 번역사들의 점수가 더 높다는 점이다. 핸더슨에 따르면 이는 문제 해결에 대한 각기 다른 접근 방법에 기인한다. 번역사는 즉각적인 해답이 나오지 않더라도 포기하지 않는다. 핸더슨을 인용하자면(1987: 127), "통역사의 지능이 낮다든가 IQ 테스트 종류의 문제에 대한 적응도가 낮다고 이야기 하는 것은 어불성설이다. 중요한 것은 차이에 대한 핵심 이유를 찾는 일이다." 번역사로 근무하다 보면 문제 해결을 위해 인내하며 접근하는 능력을 심어주었을 수는 있고 이 특성이 전문번역사에게 필요한 덕목이다. 어떤 경우이건 이 논문에서 결론으로 내릴 수 있는 사실은 번역사는 끈기 있게 마지막 해결책을 위해 참을 줄 안다는 점이다.

번역 과정에서 조정 문제

칸다세 세기노트 Candace Séguinot
캐나다 요크 대학교

번역의 실증적 연구는 본질상 탐색을 주 목적으로 한다. 번역과 통역의 가설을 시험하기 위해 연구를 시행하면 새로운 가설이 생겨난다. 번역을 배우는 학생과 전문번역사의 번역에 질적인 차이가 있을 것이라고 가정할 수 있지만 어떤 경우에는 이 가정이 뒤집히기도 한다(야스켈라이넨(Jääskeläinen), 1990; 라우카넨(Laukkanen), 1997). 본 연구에서는 과거에 번역 과정의 조정을 이해하기 위해 의존했던 가정을 살펴보고, 새로운 가정을 통해 과정 속에 내포되어 있는 의식적, 비의식적 과정에 대해 우리가 가지고 있는 가정을 다듬으려고 한다.

과정 조정에 대한 과거의 견해는 실제로 번역과 통역이 진행되는지를 살피는 묘사적인 내용과 번역의 최종 생산물이 어떻게 나와야 한다는 규범적 내용의 조합으로 되어있다. 번역의 흐름이 유동적이 아니라는 견해는 텍스트 언어학의 발전이 번역은 실제 통용되는 언어의 사용법을 따라야 한다는 이론적 방향으로 자리를 잡으면서 시작되었다. 이론 자체가 더욱 "분석적인 방향"을 지향했는지 아니면 번역 프로그램의 전문화 때문인지는 확실치 않지만 그 결과는 진행 중인 활동에 대한 집중으로 나타났다. 피터 뉴마크(Peter Newmark)는 이런 관점에서 연구를 진행한 대표적 인물이다. 번역을 이론 연구로만 국한하지 않고 번역 중에 일어날 수 있는 문제점의 관점에서 연구했다. 뉴마크가 언급한 번역 단위(1991:66)는 번역은 어떤 식으로 진행해야 한다는 관점에서 유래한 것이다.

...번역사의 관점에서 보면 중점이 되는 묘사 단위(할리데이 Halliday)의 이론을 바탕으로)는 수직적 분류 체계다: 텍스트, 문단, 문장, 구, 언어군, 단어, 형태소 등이다. 추상적으로 말하면 각각 하나씩으로는 제대로 기능하지 못한다(할리데이가 말한 것처럼). 그러나 실제에 있어서는 최종 판단은 텍스트로 한다. 문장은 번역활동(번역이 아니고)의 기본 단위이고 가장 중요한 문제는 개별 단어가 아닌 어휘 수준에 있다.

문장의 정의를 "번역의 단위" 가 아닌 "번역 활동의 단위"로 정의하는 것은 뉴 마트의 다른 논문에도 약간 다른 방법으로 묘사되어 있는데 자신이 생각한 번역 과정에 대해 논하고 있다.

번역에 대한 접근법은 두 가지다(물론 둘 사이에 수많은 타협이 가능하다). (1) 번역을 문장 별로 진행한다. 첫 문단이나 각 장을 보고 텍스트에 대한 감을 잡고 의도적으로 한 발 물러나서 저자의 의도를 파악하고 나머지 출발어 텍스트를 읽는 것이다. (2) 전체 텍스트를 두 세번 읽고, 저자의 의도, 스타일, 어조 등을 파악하고 어려운 단어와 문장을 표시하고 준비가 되었을 때 번역을 시작한다.

두 방법 중 어느 것을 선택할 것인지는 번역사의 기질과 직관력을 더 신뢰하는지(첫 번째 방법의 경우) 아니면 분석력을 더 믿는지(두 번째 방법)에 달려있다. 아니면 첫 번째 방법은 문학 작품의 번역에 더 적합하고 두 번째 방법은 기술 또는 조직의 텍스트 번역에 더 적합하다고 생각할 수 있다. 첫 번째 방법의 약점은 초반에 너무 많은 수정을 해야 할 수도 있어서 시간 낭비가 될 수도 있다는 점이다. 두 번째 방법은(통상적으로 선호하는 방법) 기계적일 수 있다. 번역을 하며 텍스트를 분석하는 일은 참고한다는 면에서는 유익한 점이 있지만 자유로운 직관력을 방해해서는 안 된다. 아니면 비교적 쉬운 텍스트 번역에는 첫 번째 접근법을 사용하고 더 어려운 텍스트에는 두 번째 방법을 사용할 수도 있다.

실증적인 결과를 중심으로 하는 과정 중심 연구 역시 번역 산출물의 질에 공헌하는 측면에는 관심이 있지만 연구의 본질은 표상적인 형식에 치중하지 않기 때문에 연구의 대상이 되는 가정을 위해 번역의 특별한 특성을 분리시키는데, 예를 들어 일상적이고 반복적으로 일어나는 행위나 언급의 역할, 폭발적으로 나오는 발명품들, 그리고 내 연구의 경우에는 합의된 의미의 형태 등이다.

'합의된 의미'라는 용어는 번역이 자동으로 이루어지지 않는 경우를 의미한다. 번역사는 출발어 텍스트의 의미를 인지하고 대체할 수 있는 의미를 찾거나 의도적으로 출발어를 의식하지 않으려고 한다. 합의란 출발어 텍스트의 이해와 도착어 텍스트의 산출 간에 상호작용이다. 포함되지 않은 것은 언어 학습자의 문제인데 출발 텍스트의 언어에 대한 지식이 충분하지 않은 번역사를 의미한다.

만일 번역의 대체물이 레비(Levý, 1967), 크링스(Krings, 1987) 티르코넨 콩디(Tirkkonen-Condit, 1989) 등의 번역학에서 어떻게 취급되는지 살펴본다면 번역 문제와 결정 순간을 설명하기 위해 과정을 설명하고 있음을 알 수 있다. 마찬가지로 번역이 자동적으로 진행되지 않는 순간들을 분류한다면 출발어 텍스트 연구에 큰 어려움을 겪게 됨을 의미한다. 번역과 통역에서 명확하게 드러난 것처럼(질, 1997), 동일한 문제에 대해 느끼는 번역사와 통역사가 느끼는 어려움은 동일하지 않다. 서로 비교했을 때 더 큰 문제가 있는 텍스트는 틀림없이 존재한다. 번역사가 텍스트의 어느 시점에서 겪는 문제도 현실적이다. 그러나 더 간단하게 시행할 수 있는 듣고 읽는 과업을 넘어서 번역에 대해 생각한다면 번역의 과정을 묘사하면서 포함시키지 않은 명확한 현상이 몇 가지 있음을 알 수 있다. 예를 들어 사람들이 망설이고 쉽게 결정을 내리지 못하는 일은 지극히 자연스러운 현상이다. 주어진 과제에 100% 집중할 수 있는 사람은 없다. 텍스트를 읽고 듣는 사람들은 그들이 수용하는 정보의 전개에 따라 대충의 의미를 짐작한다. 그 다음 읽고 들으며 과업을 수행하며 언제 개입해야 할지를 계획한다.

동시통역사들은 듣고 말하는 일을 동시에 진행해야 하기 때문에 통역의 과정에 대한 초기 모델에서 조차 통역사의 인지 자원을 한 건 이상의 행위에 나누어야 한다는 점이 확실하게 드러난다(모제(Moser), 1978). 번역에서는 번역을 완수해야 한다는 임무와 기억에 대한 부담을 염두에 두고 어떻게 주의력을 조정해야 하는지에 대해 확실하게 밝혀진 점이 없다.

처리 가능 정보의 양을 늘리는 방법으로는 다른 연구(하우스(House), 1998)에서 나온 것처럼 번역 상황에 두 번째 번역사를 배치하는 일이다. 번역의 조정에 대해 앞으로 이야기하는 점에 대한 기초가 된 연구를 위해 소리내어 생각하기 연구 상황에서 말의 양을 늘리기 위해 대화 상황을 조성했다. 내 연구에 자주 참여했던 번역사가 다른 번역사와 함께 번역하게 되었음을 알게 되었고 둘이 함께 번역하는 현장을 촬영할 수 있었다. 원래의 번역사는 회사를 소유하고 있으며 혼자 영어에서 핀란드어로 일주일에 나흘 정도 번역한다. 번역이 끝나면 위에 언급한 동료에게 보내 수정 받는다. 일주일에 한 번 정도 아니면 함께 번역할 책이 있으면 더 자주 두 번째 번역사가 첫 번째 번역사의 사무실로 와서 함께 팀으로 번역한다. 함께 일할 때 만나기 전에 텍스트를 읽지 않는다. 타이핑 속도가 더 빠른 번역사가 컴퓨터 앞에 앉고 두 번째 번역사가 텍스트를 들고 한 문장씩 혹은 한 구씩 영어를 읽는다. 소리 내어 번역하면서 서로 이야기하고 타이핑하기 전에 번역 내용에 대해 대체로 합의한다.

연구는 사무실에서 시행했고 주 의회 보관 자료를 번역하고 이미 절반 정도 끝낸 의회 역사에 관한 책을 번역하는 것을 연구의 대상으로 삼았다. 비디오카메라는 컴퓨터 스크린을 향하게 하고 번역 텍스트에서 작은 변화도 기록했다. 장치를 설치하고 구석에 앉아 메모를 하는 것 이외에는 작업환경을 바꾸지 않았고 두 번역사에게 어떤 지시도 하지 않았다. 두 시간 반 동안의 번역 작업 후에 1,024 단어로 이루어진 텍스트가 생성되었는데 말로 이루어진 데이터로는 상당한 규모다. 비디오테이프의 내용은 전부 받아 적고 분석했는데, 그 대상은 잠시 쉬거나 망설이는 순간이 언제이며, 길이가 얼마나 되는지, 번역이 진행되는 단위의 길이와 문법적 현황을 살피고, 지속적으로 되풀이 하여 나타나는 전략은 무엇인지, 출발 텍스트와 비교하여 차이가 나는 곳은 어디인지 그리고 두 번역사 간에 오고가는 상호작용 등을 살펴보았다.

단독으로 일하는 번역사 한 사람을 녹화하면 언제 번역사가 참고서 등을 보는지를 알 수 있지만 함께 일하는 번역사를 녹화하면 번역사들이 특정한 구절에 대해 논의하는 동안 텍스트 자체에 대한 이해와 함께 배경 지식이 합쳐지는 것을 관찰할 수 있다. 그리고 두 사람이 함께 일하면 예의 때문이라도 한 사람이 브레인스토밍에 의한 번역 전략을 세우는 것을 그만두고 다시 번역 업무에 복귀하자는 신호를 하게 된다. 이런 것들이 전에 언급했던 주어진 번역 과업에 집중하는 메카니즘이다.

비유적으로 말하자면 번역사들은 한 번에 자신들이 처리할 수만큼만 처리한다. 그러나 번역이 완성되어 가는 과정은 일괄적으로 물 흐르듯 가는 것이 아니고 두 언어의 구조가 다를 경우 타당한 등가어를 찾아내는 일련의 연속된 과정보다 훨씬 더 복잡하다. 이 연구를 통해서 알 수 있는 사항은 번역은 직선으로 진행하지 않고 반복되는 과정이라는 점이다. 번역에 대한 아이디어가 떠올랐다고 해도 대체할 수 있는 다른 번역 대안을 계속 찾게 되고 같은 표현이나 구조에 계속 돌아오게 된다. 또한 처리과정은 동시 병렬 처리 되는데 번역사는 한 번에 한 건 이상의 문제와 구조 등에 대해 주목하게 된다. 이점은 번역에 대한 해답은 출발어에 내재되어 있는 것이 아니고 번역 도중에 나온다는 의미다.

'시험대'나 '처리' 같이 논쟁을 유발할 수 있는 용어들에 대해서는 해결 방안이 나왔다고 하더라도 계속 이야기를 나누게 된다. 확실한 사실은 번역사들이 토론의 대상이 된 문제점에 대해서는 두 번역사 모두 다른 문제점에 대해 이야기 하면서도 다시 이야기 한다는 점이다. 이런 점들을 보면 알 수 있는 동시 병렬 처리는 다음과 같은 예를 보면 더욱 확실히 알 수 있다. 번역사가 동료와 함께 토의하면서 출발 텍스트에 있는 용어에 대한 번역어를 타이핑하다가 텍스트에는 없지만 어원적으로는 관련이 있는 다른 단어에 대해 물어보는 상황 등이다. 텍스트에 '처리 방법(processing methods)' 이라는 말이 있는데 '가공 치즈(processed cheese)'라는 말을 어떻게 번역하는지를 묻는 행위를 의미한다. 이 이탈현상을 논리적으로 설명하자면 단어들은 서로 연관이 있으며 많은 부분에서 서로 연결되어서 현재 하고 있는 번역에서 정신이 벗어나서 생각이 펼쳐지는 대로 그냥 두는 것을 의미한다.

번역이 직선이 아니고 반복적이라는 실증이 있다고 해서 항상 그런 식으로 가는 것은 아니다. 그러나 번역 현상에 관련된 과정을 설명하는 이론은 이러한 현상들에 대한 설명도 할 수 있어야 한다. 이 데이터에서 알 수 있는 일은 텍스트 한 조각씩을 베어서 씹고 뱉어내면 번역이 된다는 비유를 기반으로 하는 이론으로는 번역 현상을 설명할 수 없다는 점이다. 이 데이터에 잘 나와 있는 비직선성 및 반복성과 일맥상통하는 다른 비유를 들자면 번역은 과정이 연속적으로 이루어지기 보다는 조정 기능으로 이루어져 있다고 보는 것이 합당하다. 번역을 조정 기능으로 설명하는 일은 번역은 과업을 해석해서 선택적 주의력을 동일한 정보를 다른 언어로 소통하기 위해 선택적으로 조정하는 작업으로 어떤 상황에서든지 적용이 가능하다고 상호 이해된 조건하에서 이루어진다.

정의에서 '과업' 부분은 번역 도중 발생할 수 있는 탐구적 성격을 설명하기 위해 필요하다. 우리의 마음은 여러 생각을 하게 되어있고, '처리'라는 단어에서 알 수 있는 것처럼 생각이 다른 것과 연관을 맺으면서 계속 전개 된다고 해서 당장 처리해야 하는 일을 목적으로 하고 있지는 않다. 그러나 번역사는 논의를 통해서도 번역에 진전이 없을 경우 중점이 되는 과업에 회귀하게 된다. 따라서 번역의 목적을 염두에 두면서 지속적으로 찾아나가는 과정을 주시하는 일은 번역에 관련된 작업의 일부이어야 한다.

비슷한 경우로 번역사들이 번역을 한 다음에도 계속해서 '시험대'나 '처리'같은 단어를 다시 생각하는 이유는 번역을 했다고 해서 이런 단어에 대한 생각을 멈추는 것이 아니라는 점을 나타낸다. 단어와 표현을 이해하면 연관을 하게 된다. 이런 연관 중에는 생산적인 것도 있지만 그렇지 않은 것도 있고 이런 비생산적인 연상을 억제하는 일종의 메카니즘도 있는 것으로 보인다.

대화 연구를 통해 알 수 있는 것은 번역 과제와 직접 연관이 없어 보이는 생각의 과정을 보여준다는 점이다. 출판된 출발어 원전과 도착어 텍스트를 비교해도 이러한 주류가 아닌 현상과 조정 현상에 대한 데이터를 파악하기는 쉽지 않다. 소리내어 생각하기 데이터조차도 번역사가 번역 과정 중 어떤 점에 관심을 갖는지를 의식하고 있으면 무의식적으로 변형이 되었을 수도 있다. 번역을 하려면 다른 언어 사용 능력에 포함된 이해와 저장 능력을 어떻게 이용하는지에 대한 더 넓은 상황을 파악하면서, 역동적 처리 과정을 평가하기 위한 더 많은 방법이 필요하다는 점을 알게 된다. 이렇게 되면 어떻게 과정이 시작되고 선택되며, 필요 없는 정보가 선택되는 것을 억제하기 위한 메카니즘이 작동하는지, 더 나아가 주의를 기울이는 메카니즘과 번역을 위한 이해와 생산 전략을 도모하는 기능이 어떻게 작동하는지 더 자세히 볼 수 있다.

번역에서의 의식과 보조 수단의 전략적 사용

줄리안 하우스Juliane House
독일 함부르크 대학교

서문

이 논문에서 번역 과정 연구에서 의식의 역할에 대해 간략하게 논의할 것이다. 이 논의를 통해 소리내어 생각하기 기법을 이용하여 언어 학습자들이 번역 보조 수단(사전, 문법책 등등)을 어떻게 사용하는지를 살펴본 소규모 실증 연구에 대한 배경 설명을 제공하려고 한다. 원래 연구 디자인은 다음과 같다. 보조 수단을 습관적으로 너무 적게 사용하는 집단과 과다하게 사용하는 다른 집단을 구분해서 서로 반대되고 익숙치 않은 행위를 하게 한다(보조 수단을 거의 사용하지 않는 집단에게는 보조 수단을 의도적으로 사용하게 하고 과다 사용 집단은 사용을 억제하게 함). 이 실험의 가정은 각자 집단에게 자동화(습관화)되지 않은 행위를 하게 하면 피실험자의 번역 과정에 관한 의식이 높은 수준으로 고양될 것이라는 것이었다. 그러나 실험은 이렇게 진행되지 못했는데 그 이유는 보조 수단 사용 여부에 따라 이처럼 확실하게 구분되는 두 집단을 나누는 것이 불가능했기 때문이다. 따라서 실험은 모든 피 실험들이 보조 수단을 마음대로 사용할 수 있는 상황과 그렇지 않은 상황 두 상황 모두에 노출되는 상황으로 전개했다. 소리내어 생각하기 방법과 회상 방법에 의해 데이터를 수집했다. 결과에 대해 논의 한 후 향후 연구 방향에 대해서 제시했다.

의식과 번역 과정 연구

과거 번역 이론과 가장 빈번하게 연관이 되는 이론에 따르면 번역은 번역사의 행위에서 나온 최종 산출물이다. 원문(출발 텍스트)과 번역물(도착어 텍스트)에 대한 상세한 비교 분석을 시행해서 두 텍스트 간 등가적 관계에 대한 가정을 산출했다. 이 결과 중심적 연구 다음에는 더욱 야심적인 가정이 도출되기 시작했는데 이 가정들의 주 관심은 두 가지 텍스트 "사이에는" 무엇이 있느냐는 의문에서 시작 되었다. 다시 말해 출발어와 도착어를 연결하는 번역 과정은 무엇인지에 관한 의문이다. 여러 종류의 번역 모델이 형성되고 종종 번역사 실력의 반영으로 간주되었다(뉴어버트(Neubert), 1991; 콜러(Koller), 1992; 하우스(House), 1997에 정리되어 있음). 번역이 원문으로부터 "나와서" 완성되는 활동의 순서(또는 동시 발생)를 구하려는 노력은 "블랙박스" 같은 번역사의 생각에 대한 실증적 조사에 바탕을 두고 있지는 않음이 확실하다. 샌드락(Sandrock, 1982)의 선구자적 연구에서 시작하여 여러 연구자가 동시 다발적으로 "소리내어 생각하기 데이터"를 이용하여 전통적인 번역 과정을 분석하려는 노력을 경주했다(하우스와 블룸-쿨카(Blum-Kulka), 1986; 파르크와 캐스퍼(Faerch and Kasper), 1987; 티르코넨 콩디(Tirkkonen-Condit), 1990). 지난 15년간 번역사의 생각은 점차적으로 순전히 이론에만 근거한 관심사가 아니라 번역을 할 때 번역사는 무슨 생각을 할까에 초점을 맞춘 실증적인 탐구 문제가 되어왔다(크링스(Krings), 1986). 이 현상은 확실히 응용언어학 분야의 패러다임적 변화를 반영하는 일로 이는 언어 체계와(부분적) 심리학적인 구조인 "중간언어"와 견주어 직접 관찰 가능한 오류와 실수에 대한 비교 분석에서 벗어나는 현상을 의미한다. 번역 과정의 본질과 구조에 관한 실증적 조사는 심리학 분야의 자기성찰 방법의 "재발견"을 통해 크게 발전 되었는데, 자기 성찰적 보고 방법이 실증적 도구로써 피실험자의 사고 과정을 탐색하는 방법의 타당성은 19세기 말에 윌렘 훈트(Wilhelm Wundt)에 의해 도입된 이래 치열한 논쟁의 대상이었다. 자기 성찰법 같은 내부정신에 바탕을 둔 연구법은 행동주의가 득세하던 시기에는 금기어였지만, 인지심리학으로 패러다임을 바꾼 후에는 이 방법을 다시 사용하는 것에 대해 거리낌이 없다(보링(Boring), 1953; 에릭슨과 사이먼(Ericsson and Simon), 1984; 뵈르쉬(Börsch), 1986을 보면 역사적 검토가 가능하다).

오늘날 번역 과정의 탐구는 번역이 어떻게 완성 되는지를 더 잘 이해하기 위한 명확한 목적 하에 시행한다. "번역의 처리 과정"이라는 용어를 사용하면서 우리가 염두에 두어야 할 일은 이 곳에서 다루고 있는 것은 분리 가능한 과정이 아니고 일련의 연속된 과정으로 복잡한 문제해결과 의사결정 과정인데 의미론과 화용론 상황에 적합하고, 문화의 적절한 조건에 의해 영향을 받으며, 출발언어 뿐 아니라 도착언어의 두 수준에 동시에 관련된다. '번역의 처리 과정'을 바라볼 때 번역사에 의한 여러 가지 행위를 함께 고려해야 한다. 이때 번역사가 출발어를 도착어로 옮기면서 의사 결정을 하고 번역사는 여러 결정을 순서대로 진행해야 하며 이 결정은 계속 생겨나는 현상과 그 현상을 가능하게 하는 인지적 발현과 함께 실제로 나타나는 텍스트 자체에 달려있다.

번역 과정에 대한 모든 탐구에 대한 가정에 따르면 번역사는(정신적으로) 번역 과업에 대해 부분적인 주도권을 가지고 있으며 번역을 주도하는 정신적 행위도 최소한 부분적으로 또는 잠재적으로 살펴볼 수 있다. 물론 번역자가 의도적인 점검을 통해 과정을 살펴볼 수 있고 말로 표현할 수 있다. “부분적으로 의식적” 또는 “잠재적으로 의식적” 이라는 말을 사용하는 일은 중간언어 연구(예를 들어 파르크와 캐스퍼, 1983)에서 “전략” 이라는 개념의 사용을 상기시킨다. 여기에서도 부분적 또는 잠재적으로 의식적인 문제 해결의 본질과 전략의 사용에 대한 인지적 통제를 강조한다. 그러나 번역 과정 연구에서와 마찬가지로 전략 연구에서도 자기 성찰 방법의 기본적 문제인 타당성 문제는 해결되었다고 볼 수 없다. 세 가지 중대한 질문에 대한 대답은 아직 나오지 않았으며 후속 연구를 기대하고 있다.

첫 번째 질문은 자기성찰 데이터의 본질 자체를 다루고 있다. 피실험자들의 음성 데이터에는 공통점이 있으며 데이터를 발현하는 기본적 인지 과정과 일치하는, 다시 말해 인지 과정과 피실험자(아니면 다른 사람도)의 데이터 사이에 체계적인 경로와 연결이 존재하는가? 두 번째 관련된 질문은 다음과 같다. 정확히 말로 나온 데이터를 통해 어떤 정신 처리 과정을 들여다 볼 수 있으며 어떤 점은 파악할 수 없는지? 세 번째(아직 해결되지 않은) 질문은 일반적인 자기성찰 데이터의 위상에 관한 것이다. 피실험자들에게 번역을 하면서 생각을 말로 하라는 것이 번역의 인지 과정을 변화시키는 것은 아닌지?

이 세 가지 기본적 질문은 인지 과학에서 가장 논쟁거리가 되고 있는 측면을 다루고 있다. 의식의 본질, 그리고 이점과 연관 지어서 무의식적인 처리 범위와 한계 등이다. 니스벳과 윌슨(Nisbet and Wilson, 1977)의 신뢰성 있는 주장에 따르면 선택, 판단, 보고, 행위 등의 바탕이 되는 고등 정신 작용에 대한 보고를 이용해서는 직접적인 의식의 세계에 접근할 수 없으며 의식적인 세계는 지속적인 정신 처리의 결과이자 그 산물이라는 것이다. 다시 말하면 과정 그 자체는 자기 성찰 방법을 통해 알 수 없지만 아직 확실하고 명확하게 반증을 들어 오류라는 것이 밝혀진 것은 아닌데 이는 “최종 산물”과 “과정”을 이분법적으로 나누는 구분이 아직 확실한 것은 아니고 도전을 받고 있기 때문이다. 에릭슨과 사이먼(1984)은 신뢰할 수 있는 의식적 자기 성찰을 찾아보려고 했지만 최종적인 해결책은 구하지 못했다. 철저한 연구 끝에 연구자들이 내린 결론은 사람의 의식 속에 어떤 일이 일어나는지를 살피기 위해 말로 한 리포트는 의식적인 결정에 의한 결과가 어떠할 것인가에 대해(무슨 일을 하기로 계획을 세웠던지)서는 신뢰성을 가지고 사용할 수 있지만 결정으로 연결되는 과정에 대한 리포트로는 신뢰성이 떨어진다. 특히 과정 후에 말로 한 리포트가 지체되어 작성되었을 경우 더욱 그렇다. 연구자들의 주장에 따르면 단기 기억 장치에 저장된 정보에는 아주 쉽게 접근해 말로 정확히 진행되는 정도를 묘사할 수 있다. 이 견해에 대한 비판은 내가 보기에는, 간략화한 가정으로 행위에 연관된 모든 과정이 단기 기억 저장소에 남아있어 "알아차릴 수 있고" 다시 말해 의식으로 보낼 수 있고 말로 표현할 수 있다는 점이다. 그러나 알아차리지 못하고 진행되는 과정은 행위와 다른 과정에 영향을 줄 수 있으며, 알아차릴 수 있다는 점에 대해 크게 중요성을 부여하지 않을 수는 있지만, 우리의 감정, 태도, 계획에 우리가 어떻게 영향을 받는지 의식하지 못한 채로 영향을 끼칠 수 있다. 레독스(Ledoux, 1996:307)가 지적한 대로 에릭슨과 사이먼의 견해를 전적으로 받아들여 자기 성찰적 음성 데이터를 통해 인지에 관한 일부 측면에 대한 특성을 찾아낼 수 있다고 해도 우리 인지 고정에 대한 이해는 빙산의 일각에 지나지 않는다.

내가 시행한 연구(하우스, 1988)에서 단독으로 번역하는 경우와 짝을 지어 번역하는 경우를 비교해 보면 혼자서 번역할 때의 피실험자의 소리내어 생각하기 데이터에는 의식적인 인지 과정은 종종 말로 된 데이터로 나타나지 않고 그 과정은 숨어있거나 "그냥 넘어가는" 경우가 많아 피실험자의 절차상의 사고 방식 중 "최종 산물" 만 말로 된 데이터로 남는 것처럼 보인다.

지면 문제 때문에, 이 논문에서는 번역학을 위해 소리내어 생각하기 방법을 사용할 때의 이론 문제점에 대해 충분히 논할 수가 없다(다음 연구에서 논의 되었다. 크링스, 1986; 스미스(Smith), 1994; 세구이노(Séguinot, 1996). 여기에서는 말할 수 있는 것은 자기 성찰 데이터를 이용해 번역 과정을 연구하는 점에 대해서는 어쩔 수 없이 의구심을 던질 수 밖에 없지만 이 연구의 교육적 잠재력이 있는 이유는 최소한 다음 네 가지다. (1) 눈에 보이는 번역과 표면에 나타나는 언어학을 넘어서 표면적으로 나타나는 형태의 생성을 담당하는 내면에 깔린 인지 과정을 시도한다. (2) 규범적인 틀을 벗어나 묘사적인 틀을 제공한다. (3) 이론으로만 존재하는 검증적 연역적 방법이 아닌 실증적으로 답을 찾아가는 귀납적 연구 방법으로 진행되기 때문이다. 마지막으로 이런 종류의 연구의 지향점은 실제로 번역을 어떻게 진행하는가에 맞추어져 있기 때문이다.

번역 과정을 조사하는 이유는 기본적으로 교육적 관심 때문이다(하우스와 블룸-쿨카, 1986; 파에르크와 캐스퍼, 1987 연구에 실려 있는 대부분 연구의 지향점이다). 번역에 수반되는 인지과정에 접근하려 했던 대부분 초기 연구는 이런 과정을 여러 개의 각기 다른 행위, 절차, 전략 등으로 분리했다. 번역사들은 외국어와 제2 외국어를 배우고 가르칠 때 번역의 역할에 대한 백년 가까이 진행된 논쟁이 언어 학습자의 머리 속에서 번역 활동을 할 때, 두뇌의 "핵심 역할"에 대한 더 많은 정보가 없으면 해결될 수 없음을 잘 알고 있기 때문이다. 번역 과정에 대한 연구 '1 세대'에서 주요 관심사는 외부에 나타난 형식과 분리 가능한 '단위'(전략과 절차)를 분류하는데 있었다면 연구의 제 2 세대는 일련의(가정된) 과정(이 책에 실린 논문들처럼)을 작동해서 산출되는 결과에 더욱 깊은 관심을 갖게 되었는데 교육적 관점에서 보자면 중요한 목표다.

이 논문의 연구는 이처럼 최근의 교육 중심적 연구를 지향하고 있고 번역의 질을 높이는 일이 주 관심사이며 최종 산출물을 구하기 위한 절차와 전략 연구와 맥을 같이한다. 이 논문의 방향은 실질적이다. 번역을 배우는 학습자가 사전과 다른 보조 도구를 사용하는 점에 대해 다루고 있기 때문이다.

연구의 설계

피실험자의 번역 보조 도구의 전략적 사용에 관한 이 소규모 연구의 원래 설계에 따르면 습관적으로 그런 도구를 적게 사용하는 사람과 많이 사용하는 사람들을 첫 번째 실험에 분리해야 한다. 첫 번째 실험에서 피실험자들에게, 번역을 하면서 가능한 번역 보조 수단을 평소 습관대로 사용하라고 당부했다. 피실험자들이 보조 수단을 선호 하는지와 꺼리는지에 대한 선호도가 밝혀진 이 실험 후, 두 번째 실험에서 피실험자들은 평소에 하던 것과 반대의 행동을 하도록 했는데 여기에서 가설은 이런 상황에서 번역사들은 더 높은 단계의 의식적 행동을 하게 될 것이라는 것이다.

첫 번째 실험에서, 1995~6년 내 응용언어학 세미나에 등록했던 학생들 중 열 명이 자원해서 실험에 참여했다. 참여자들은 영어, 불어, 독일어, 응용언어학 지식수준이 상당히 높은 학생들이며 해당 분야를 4년 혹은 5년 째 공부하고 있다(석사 과정 혹은 교사 자격 인증 프로그램). 피실험자들에게 독일어에서 영어 또는 불어로 번역을 부탁했다. 번역 대상물은 독일어 주간지 자이트지(Die Zeit)이고 주제는 일반적인 주제로 오늘날 독일의 외국인과 난민들에 관한 것이다. 이 주제는 응용언어학 세미나에서 다루었던 다문화 의사소통과 문화 차이와 관련이 있다. 피실험자들에게 번역하고 "소리내어 생각하기"를 위해 각 30분의 시간이 주어졌다. 연구자가 소리내어 생각하기 기법에 대해 설명했다. 음성 데이터는 녹음하고 모두 적었다. 연구자는 소리내어 생각하기가 진행되는 동안에는 함께 있지 않았다. 번역사들에 주어진 과업은 주어진 독일어 텍스트를 "등가" 영어 또는 불어의 진보적 경향의 주간지 수준으로 번역하는 것이다. 단일어, 복합어 사전 영어 문법서(그린바움과 퀴크(Greenbaum and Quirk)가 지은 학생용 영어 문법)를 자유롭게 사용할 수 있게 하였다. 번역이 끝난 후 피실험자들에게 번역 작업을 회상하면서 녹음을 하도록 부탁했다. 자신이 한 번역을 열람하게 한 점이 분석에 도움이 된 것으로 드러났는데 피실험자들이 이해나 해석이 어려운 부분을 다시 한 번 명확하게 볼 수 있기 때문이다.

데이터의 분석에서 습관적으로 보조 수단을 "너무 사용하지 않거나" "과도하게 사용하는" 확연히 구분되는 두 집단으로 분리가 불가능하다는 것이 드러났다. 사실 열 명의 피실험자 모두 보조 수단의 사용 빈도가 거의 동일했다(7번에서 9번). 따라서 첫 번째 실험 이후 절차를 수정해서 이제는 동일한 피실험자에게 또 다른 번역 후 소리내어 생각하기에 참여하도록 하고 같은 텍스트를 번역하도록 했다. 참고가 될 만한 어떤 종류의 자료도 제공하지 않았다.

결과와 논의

소리내어 생각하기 데이터, 번역 후 인터뷰, 두 종류 조건(번역 보조 도구 이용 또는 미이용)하에서의 번역을 분석하고 비교하면서 다음과 같은 주요한 결과가 도출 되었다(편의를 위해 이제부터 참고 자료를 사용하도록 한 집단을 U 집단 그렇지 않은 집단을 Non-U 집단이라고 명한다).

1. 피실험자 집단을 참고 도구를 습관적으로 많이 사용하는 집단과 반대되는 집단으로 나누는 것은 가능하지 않았지만 집단을 둘로 나누었다. 임시로 붙인 이름은 한 집단은 "고위험 부담 집단" 이고 또 하나는 "저위험 부담 집단"이다. 고위험 부담 집단은(10명 중 6명) 사전류를 사용할 수 있는 가능성을 인지하고 있지만 사전이 없으면 번역을 전혀

못할 것 같다는 인상은 주지 않는다. 자신들의 번역 실력에 자신감이 넘치기 때문에 보조 도구를 사용하거나 하지 않는 상황 모드에서도 같은 정도의 자신감을 나타낼 것으로 보인다. 고위험 부담 집단 중 한 명이 보조 도구를 사용하지 않는 조건에 대해 언급했다.

> [1] (1) 그래, 앉아있다(sitzt) sits라는 말은 분명 쓸 수 없겠지, 왜냐하면 어감이 틀린 것 같으니까 그런데 it is라고 한다면... is라는 말은 중립적이니까 it is very deep in our patterns of behaviour ...(우리 행동 양식에 내재되어 있는데) 그래 아주 마음에 들어 억제하다, 억제하는 것(bändigen)도 잘 모르겠는데 그러면 그냥 지금 당장 생각나는 비슷한 단어를 쓰면 되겠군 그래...음 제어하다...
>
> (S3, NUS)

반면 저위험 부담 집단(10명 중 4명)은 사전이나 문법책을 사용함으로써 얻을 수 있는 "신뢰감"을 필요로 했다(듀체르스(Dechert), 1983). 저위험 부담 집단 중 한 명이 보조 도구를 사용하지 않는 상황에 대해 언급했다.

> [2] (1) 세상에, 정착한(seßhaft)이 영어로 뭐지? 절대 생각이 안 날 것 같은데... 이럴 때 사전이 있어야 하는데 어떡하지... 미안하지만 어쩔 수 없죠
>
> (S9, NUS)

2. 그러나 분석을 통해 알 수 있는 사실은 "자신감"이라는 요소는 두 실험 조건에서 더 복잡한 역할을 하는 것으로 간주해야 한다는 점이다. 보조 도구를 사용하지 못하는 상황의 피실험자들은(특히 저위험 부담자들은) 보호막이 없는 것처럼 느끼고 "그만 둘지도 모를 경향"에 시

달리는 것처럼 보이지만, 사실 저위험 부담자나 고위험 부담자 모두 어떤 면에서는 보조 도구를 사용하지 못하는 상황에서 더 큰 "자신감"을 발휘했는데 자유롭게 창의력을 발휘해서 실력을 마음껏 펼칠 수 있기 때문이다. 피실험자들은 어쩔 수 없이 정신을 집중해서 번역에 임해야 하므로 더욱 적극적이고 창의적이며 자신들의 결정에 대해 책임감을 갖게 된다. 저위험 부담자들조차도 자신들의 "보조 수단"을 그리워하면서도 생각을 말로 더욱 유창하게 표현했다. 전체적인 인상은 보조 도구를 사용하지 않는 상황에서는 모든 피실험자들은 어쩔 수 없이 정신을 바짝 차릴 수밖에 없다는 점이다. 누가 보아도 애매모호하고 직관적인 "그렇게 보이는 인상"은 더욱 구체적이 되어야 하는데, 후속 연구에서는 "자신감"이라는 개념을 구체적으로 명시해야 한다. 이런 전체적인 인상을 설명하기 위한 예로써 보조 도구를 사용하지 않는 상황에서 저위험 부담 피실험자의 자료에서 추출한 자료가 아래에 있다.

> [3] ... 모든 낯설음은 고향과 같고 모든 고향은 낯설다(jede Fremde ist ihnen Heimat und jede Heimat Fremde) 낯설음(Fremde), 아주 추상적인 말이군... 그런데 영어에서는 이것보단 더 자세하게 설명을 해줘야 할 것 같은데 낯설음과 같은 불명확하고 추상적인 말에는 seem과 같은 표현을 덧붙여서 쓰는 것이 영어에서는 더 적합할 것 같은데 아 뭐야 괄호 안에 이상한 코멘트도 있군 음 간결한(lapidar) 좋은 표현이군 간결한... 죄송합니다 모르겠어요. 그런데 문장 구조는 그대로 유지되어야 하나?
>
> (S2, NUS)

3. 보조 도구를 사용하지 않는 상황에서 모든 피실험자는 더욱 거침없이 번역을 진행하는 경향이 있고, 종종 더 큰 단위를 따라가고, "자유 연상"을 활용하고, 패러다임과 구문 변화를 충분히 이용하고, 적극적으로 동의어와 유사 동의어를 찾고, 모국어인 독일어와 번역 대상 언

어로 되풀이해서 다른 말로 바꾸는 연습을 시행했다. 다음의 데이터를 참고하기 바란다.

> [4] (1) ... 아니면 변화하다 변화하다 바뀌다 아니야, 말이 이상하잖아 음 piece of 영원한(ewig) 세상에 영원한이 뭐였지 지속되는, 항상 지속되는, 아니야 그러니까 사라지지 않는 그래 eternal이겠네 그러니까 음...
>
> (S7, NUS)

여기에서 가능한 가정은 사전의 사용으로 인해 생각의 흐름이 방해받고, 유사 동의어를 전략적으로 생각해 내는 일과 여러 패러다임과 가지고 있는 여러 지식들을 한꺼번에 생각해보는 일이 저해되었을 수 있다. 따라서 보조 도구를 사용하지 않는 일은 "말 그대로 자세한 번역"이라기보다는 "창의적 글쓰기"나 "다시 쓰기"라고 할 수 있다. 다음에 언급된 내용을 보면 상세히 알 수 있다.

> [5] 몰라, 그냥 지금 이렇게 해 놓고 나중에 다시 보고 다 바꾸면 되겠지 나중에 번역 할 때 더 괜찮은 표현이 생각나면 그걸로 바꾸면 되겠네... 정착한(seßhft)이 뭔지 모르겠는데 몰라, 나중에 또 나올 수도 있으니까 우선 지금은 전체적인 의미만 맞춰 봐야겠다...
>
> (S4, NUS)

4. 보조 도구를 사용하지 않는 상황에서 반복적으로 재번역하고 수정하는 작업을 초래하는 것처럼 보인다. 또한 한 문법 범주에서 다른 범주로 유연성 있게 넘어 갈수 있게 해주며 하인리히 본 크라이스트(Heinrich Von Kleist)가 말한 것처럼 아직 완성되지 않은 번역, 수정과 재번역이 필요한 번역까지 포함하는 능력을 갖는 것을 의미한다. 다음에 그 예가 나와 있다.

[6] 긴 여행(die große Wanderung) *thegreat*아니면 the big the great 음... 지금 생각나는 표현이 전혀 없는데 도보 여행, 나는 도보 여행을 한다... 도보 여행에 맞는 동사를 생각해 봐야겠군 아 맞아 여행을 하다 *to hike* 그리고 명사를 찾으면 되겠군 좋아 그리고 나중에 전체적으로 한 번 더 검토해보면 말이 만들어지겠군

(S6, NUS)

5. 어휘 수준에서 보면 보조 도구를 사용하지 않게 되면 정확하고 특정한 어휘를 찾으려고 노력하는 것에서 벗어나서 더욱 일반적이며 상위 개념의 통상적인 어휘를 찾기 위한 노력으로 변하게 된다. 아래 데이터를 보면 독일어 "abschotten" "bändigen" 에 해당하는 영어 등가어를 찾기 위해 애쓰는 피실험자를 볼 수 있다.

[7] 음 such 음 그래 봉쇄하다(abschotten) 아 hostile reaction이나 다른 비슷한 안 좋은 뜻의 단어가 맞겠군 hostile이 좋겠다 일반적인 표현이니까... 음 제어하다(bändigen) 그래 통제하다로 해야겠다 제어하다를 정확히 표현해주는 영어 단어를 모르니 통제하다로 써야겠다 in this way we control our fear and aggression...(이렇게 해서 우리의 두려움과 공격성을 통제한다.)

(S8, NUS)

6. 보조 도구를 사용하지 않는 상황에서 피실험자들은 일반적으로 더욱 창의적인 단어 조성 법칙을 찾기 위해 노력한다. 이를 위해 비유와 일반화 법칙을 이용하면서, 번역사의 능력을 최대한 발휘하면서 "즉흥적"으로 대처하기도 한다. 다음에 잘 정리되어 있다.

[8] 낯설음을 직접 겪어본 사람은 낯선 이를 대하는 법을 잘 안다(wer die Fremde aus eigener Erfahrung kennt, der kann den Fremden eher gerecht werden) *whoknows* 아 낯설음이 또 나왔군 who knows the who ist experienced *foreigners* 음 himself who know foreigner 제가 완전히 새로운 표현을 만들어야겠어요...*the one who knows foreigneess from his or her experience*(경험을 통해 낯설움을 아는 사람들)

(S3, NUS)

7. 보조 도구를 사용하지 않는 상황에서 모국어인 독일어의 어휘와 구문을 번역된 글의 어휘와 문법과 직접 비교하는 일이 보조 도구 사용 상황 보다 더 자주 일어난다. 다음 보기를 잘 살펴보기 바란다.

[9] 이 부분의 (Fremden) 아 새로운 사람(Neuen)을 대하는 것, 그러니까 낯선 이(Fremdem)를 대하는 것을 말하는 것이였군 그렇게 되면 영어에서는 독일어와 같은 방식으로 표현할 수 없는데...

(S7, NUS)

8. 학습자가 잘 알고 있는 사항, 조금 알고 있는 사항, 전혀 모르는 사항에 대해 인지할 수 있게 해주는 의식적 고양의 교육적 기능은 아주 중요한 사항이다. 회상 기법을 통해 피실험자는 이런 경험에 대해 긍정적으로 언급했다.

[10] 처음에는 혼자 힘으로 알아내려고 노력을 하다가 나중에는 내 능력으로 역부족이라는 것을 깨닫거나 대충만 알고 있다는 것을 깨닫는 것이 맞다고 생각해요. 처음부터 사전을 활용한다면 내가 온전히 어디까지 알고 있는지를 알아낼 수 없잖아요.

(S4, NUS)

여기에서 보조 도구 사용과 관련하여 일반적으로 발생하는 두 가지 조건에 대해 언급하는 것이 적절할 것으로 보인다. ① 어휘를 모르기 때문에 발생하는 지식의 부족, 특히 텍스트와 상황을 둘 다 고려해야 알 수 있는 관용적 표현이나 일상적 표현 등일 때 이런 표현을 몰라서 발생하는 고통이 더 크게 느껴진다. ② 스스로 짐작해서 만들어낸 번역 등가어 후보군에 대해 느끼는 막연한 불안감, 학습자라면 주관적으로는 "수동적"인 어휘 실력은 갖추고 있다고 생각할지라도 참고 서적 등을 동원해 반드시 확인해보는 표현들이다(비에칸드 Wiegand가 사전 사용이 유용할 수 있는 경우에 대한 분류를 여기에서 편리하게 사용할 수 있다).

9. 두 실험 조건에서 생성된 번역의 품질에 관해, 번역의 정확성과 유창성, 세부적이고, 전체를 바라보는 관점 사이의 변증법적 관계가 여기에서 발생하며 유익한 정보를 제공할 수 있다. 보조 도구 사용을 허용하는 조건에서는 무게 중심이 자세하고 상세한 점을 따지는 방향으로 기울고 보조 도구를 사용하지 못하게 하면 유창성과 전체를 바라보는 관점으로 기울게 된다.

결론과 향후 연구에 대한 전망

두 종류의 소리내어 생각하기 데이터를 분석해본 결과 역시 예전에 보았던 것처럼 그랬구나 하는 인상을 주게 되는데 데이터에 추출된 음성 데이터는 종종 "부자연스럽고" 강요된 듯이 들리는데 아마도 자주 끊기고 전혀 앞 뒤가 맞지 않는 번역 선택을 하기 때문일 것이다. 이런 점들은 전혀 언급이 안되거나 아니면 시간이 흐른 후에 깨달은 선택과는 전혀 다른 것들이 음성 데이터에 수록되어 있거나 하는 일들이다. 피실험자와 실험 후 인터뷰 했을 때 이런 사실을 확인할 수 있었다

(무슨 말이라도 해야겠다는 압박감을 종종 느꼈어요-독일어). 이런 발견을 통해 내가 예전에 했던 초기 실험의 결과를 확인할 수 있다(하우스, 1988). 이 실험에서 혼자 혹은 둘이 하는 소리내어 생각하기 과업을 비교했는데 두 사람이 함께 만든 소리내어 생각하기 데이터가 일반적으로 일부러 만들어 낸듯한 인상이 덜하고, 번역 전략이 풍부하고, 한층 더 흥미롭다. 여기에서 소리내어 생각하기 실험의 경우 둘이 짝을 이루어 하는 실험에 더 선호도를 주는 점에 대해 긍정적으로 추천한다. 둘이 하는 소리내어 생각하기에서는 마치 실험실 실험을 연상 시키는 단독 소리내어 말하기와 비교해 더욱 "자연스럽고" 덜 긴장되며 압력을 덜 받는 "실제와 가까운" 회상이 가능하다.

번역을 가르칠 때 특히 외국어 학습 상황에서는 상호작용을 통해, 상호작용에 의해 가르칠 것을 심각하게 고려해 보아야할 수도 있다(하우스, 1986 그리고 이후 논문). 이 경우 아직도 압도적으로 많은 경우 진행 중인 학생 단독으로 번역을 해보라고 던져주는 형태가 아닌 합동으로 함께 번역 작업을 하는 것을 의미한다. 더 나아가 이 논문의 소규모 연구에서 제시할 수 있는 일은 의도적으로 언어 학습자와 번역을 배우는 사람들을 두 가지 상황–보조 도구를 사용할 수 있는 조건과 그렇지 않은 조건–을 모두 경험하게 하는 것이다. 이런 조치를 통해 학생들은 번역에 대한 자신들의 전략적 잠재성에 대해 각성하는 계기가 되어 이득을 줄 수 있고 자신들의 언어 문화 지식과 번역 실력에 대한 실제적인 한계를 깨닫는 계기가 될 수 있다. 이런 조치와 더불어 교육 상황에서 쓸 수 있는 방법으로 학생들을 훈련시킬 때 번역 보조 도구를 체계적이고 더 개선된 방법으로 사용하는 법을 가르치는 것이다. 이를 통해 학생들은 보조 도구가 단순히 빠르게 모르는 사항을 찾아보는 도구에서 벗어나 사전을 통해 자신들이 세운 가설을 검증해 볼 수 있는 무한하고 대가를 바랄 수 있는 가능성으로 깨달을 수 있다.

이 소규모 연구를 통해 얻을 수 있는 흥미롭고 교육적으로 유익한 또 다른 결과는 향후 지속적이고 광범위한 적극적 연구를 통해 시험해 보아야 할 것인데 다음과 같이 정리할 수 있다. 만일 참고 자료의 사용이 대체품이 아니라 학습자 자신의 자동화된 검색의 보완이라고 생각한다면, 그리고 참고 자료를 체계적으로 찾아보는 행위가 번역사 자신의 번역 전략을 앞서 가는 것이 아니라 후에 나오는 것이라면, 학습자의 번역 실력은 더욱 효율적으로 발전할 수 있을 것이다.

후기

두 실험에서 번역한 텍스트

자이트지 1995년 9월호

번역 임무: 옵서버 등 영국 주간지에 실릴 수 있는 번역 완성

우리들의 이방인

진정으로 중요한 것은 무엇인가? 난민을 보호해주는 것인가, 우리를 그들로부터 보호하는 것인가? 프란츠 캄프하우스(Von Franz Kamphaus)

기차 한 칸에 두 명의 탑승객이 아늑하게 자리 잡았다. 작은 탁자도 펴고 옷걸이도 걸어놓고 나머지 비어 있는 좌석도 모조리 차지했다. 갑자기 문이 열리고 다른 두 명의 탑승객이 들어선다. 이미 자리를 잡은 사람은 짜증이 난다. 그 칸은 그들의 영역이라 생각했는데 이제는 다른 사람들과 나누어야 하기 때문이다. 마치 그 곳에 오래전부터 정착해온 사람들인 양, 칸 전체가 본인들만의 소유라고 생각한다. 싫은 티를 확 내며 자리를 비켜주고 짐을 한 데에 모아놓는다. 이상한 점은 이 둘은

작당을 해서 죽이 척척 맞지만 사실 이들은 서로를 전혀 모르는 생판 남이라는 점이다.

한스 마그누스 엔첸스베르거(H.M Enzensberger)가 그의 저서 여행에서 언급했듯이 인간이 자신을 이렇게 행동을 논리적으로는 설명할 수 없다. 확실한 것은 이러한 특성이 우리의 행동 패턴에 깊숙이 있다는 사실이다. 그렇기 때문에 우리가 사람에 대한 불안과 공격을 할 수는 있지만 그 과정에서 항상 제 3자가 피해를 받게 된다.

앞서 말한 기차 이야기는 모순투성이이다. 기차라는 것은 이동수단일 뿐인데 그 곳에서 자기 집처럼 아늑하게 자리를 잡는다는 것 자체가 모순이기 때문이다. 그 점을 감안하면 승객은 절대로 그 곳에 사람이 될 수 없다. 그럼에도 불구하고 그 짧은 시간에 그 곳에 눌러 앉아버리고 그 공간을 자신의 사유지로 만들어 버린 것이다. 적어도 기독교인이라면 자신들이 정착을 하지 못한 사람들이라는 점을 정확히 알 것이다. 그들은 고향에서도 향수병을 앓고 있기 때문이다. 모든 낯설음은 그들에게 고향이 되고 모든 고향은 그들에게 낯선 곳이 된다(기독교의 고문서는 이렇게 표현하고 있다). 그렇기 때문에 이들은 나중에 기차에 타서 빈 좌석을 찾는 사람들을 이해하는 것이다.

과정 연구의 다학제성

커스텐 맘크야어 Kristen Malmkjaer
번역학 센터, 영국 미들섹스 대학교

번역학의 원천적 다학제성

'translation'이라는 말은 애매모호한 용어다: 한번은 다학제 학술대회에 참여한 동료가 놀라움을 금치 못한 일이 있는데 번역에 대한 발표가 한 물건을 한 장소에서 다른 장소로 옮기는 현상이 아니었기 때문이다. 물론 이런 가상의 친구 시나리오가 서로 다른 담화 커뮤니티 사이에 발생할 수 있는 상호 불통의 극단적인 상황이기는 하지만(스웨일스(Swales), 1990), 확실한 사실은 'translation'이라는 용어가 애매모호하지는 않다고 해도 번역학을 한다는 학자들의 모임에서도 최소한 다의적일 수 있다. 다의적인 성격은 홈즈(Holmes)가 번역학의 목적이라고 생각하며 사용한 용어에서 확실히 드러나는데, 이 글에서 목적을 번역 작업과 번역의 현상을 묘사하는 것이라고 설명했다.

홈즈의 용어를 보면 '번역' 이라는 용어의 중요한 다의적 성격을 확연히 강조하고 있다. 정의에 따르면 '번역 과정'(홈즈의 용어로는 번역 작업)과 '번역 산물'(홈즈의 용어로는 번역 현상)을 의미한다. 그러나 '번역과정'이라는 용어가 다의적인 이유는 '번역 결과물'이라는 용어 때문이다. 번역 과정이라는 용어는 다양한 현상을 설명하기 위해 사용될 수 있다. 번역 중에 활성화되는 의식적, 무의식적 인지 과정부터 더욱 "물리적인" 과정까지를 나타내는데, 고객이 번역 부서를 접촉해서 그 고객이 산출된 번역물에 처음 의뢰에 대한 마지막 결과물로써 만족하는 일련의 절차를 뜻하는 것일 수도 있다. 이런 과정 또는 더 들어간 세부 과정 중에 어떤 부분을 원하던지 도중에 개입하여 어떤 결과물이 도출되었는지 물어볼 수 있는 것이다. 최종 산출물 측면에서 무엇을 번역이라고 생각할지는 번역을 과정 중심 차원에서 어떻게 생각하는 여부에 심각한 영향을 받는다. "번역 과정"이라는 말은 예를 들어 언어를 배우는 학생이 프랑스어 문장을 접해서 이 문장에 대응되는 영어 문장을 만들어 냈을 때 영어로 된 그 문장은 번역되었다고 할 수 있다. 한편 "번역 과정"이라고 하면 그 과정은 고객의 요청에서 시작하여 고객의 만족으로 끝난다. 그렇다면 위에서 설명한 대로 산출된 영어 문장은 번역이라고 할 수 없고 학생의 노력도 번역 행위라고 인정할 수는 거의 없다(비엔느(Vienne), 1994).

물론 각각의 경우에서 거의 정확하게 용어에 대한 정의를 내릴 수 있고, 중요한 사실은 성과 없는 무의미한 토론을 피하기 위해서라도 이렇게 하는 것이 필요하다. 홈즈가 정의한 용어를 채택하고 지속적으로 사용하는 것이 유용할 것이다('translating'은 행위를 의미하고 'translation'은 행위에 의해 나온 결과를 의미한다. 같은 방법으로 통역 연구에서도 비슷한 구분을 할 수 있으나 꼭 그렇게 해야 한다는 필요성은 통역학 분야에서는 그리 크지 않다. 또한 두 번째 용어인 'interpretation'도 그 자체가 애매모호한 뜻을 담고 있다). 그러나 그런 식으로 하기로 결정한다면 현재 분야를 지칭하기 위해 쓰이고 있는 "Translation studies(번역학)" 라는 용어가 통역 학자들이 그리 환영하는 용어가 아닌 점을 고려한다면 이 현상은 이 분야의 결과 중심적 측면만을 선호하는 것으로 인식될 수 있는데 이는 공식적인 용어 사용에 있어 마치 man(인류, 남자)이 라는 용어를 male(남성)이라는 용어 대신 사용하면 이 영어가 female(여성) 보다 우월하다는 느낌을 주는 용어라는 것과 같은 인상을 주는 것과 같은 이치다.

그러나 방금 언급한 다의어는 단순히 언어적으로 이해와 수용이 어려움만을 의미하는 것은 아니다(그렇지 않다면 그 점에 대해 이렇게 오랜 시간을 들여 이야기 하지는 않았을 것이다). 내 생각에 그들은 번역학이 원천적으로 다의적이 될 수밖에 없음을 나타내는 유익한 증거다. 번역을 하는 주체는 사람들이다. 그렇기 때문에 어쩔 수 없이 만들어낸 사람들의 자취가 남아있다. 그리고 사람들은 그들이 행동하는 환경의 영향을 받는다. 따라서 번역 결과물 연구와 번역 과정 연구를 이런 점을 고려하면서 정확하게 분리한다는 것은 불가능하다. 그리고 완벽한 번역 이론은 홈즈의 번역학 연구의 두 번째 목적이기도 한데, 번역의 세 가지 측면인(기본적으로 물리적인) 번역산출물(기본적으로 정신적인) 과정, 그리고 번역 업무를 수주하고, 시행하고 배포하고 사용하는 환경과 장소(하임스(Hymes), 1972)에 의해 발생하는 감정적인 요소를 모두 고려해야 한다(이 점에 대해서는 이 책에 실린 야스켈라이넨(Jääskeläinen)의 논문을 참고할 것).

이처럼 다양한 현상을 나타내는 이론을 설명하기 위해서는 다른 분야를 통해 축적된 여러 통찰력 있는 생각들이 종합적으로 사용되어야 함은 그리 놀랄 일이 아니다. 그리고 이 책과 같은 연구물을 통해 이런 사실이 의심할 바 없음을 알 수 있다. 이 책(물론 또는 다른 연구에도)에 기록되어 있는 실증적 연구를 통해 관찰된 번역의 과정에 대한 여러 현상들은 다른 분야에 확립된 이론을 참고하지 않으면 설명이 불가능한 것들이다. 이런 이유로 번역학은 원천적으로 다학제적 성격이다.

다른 학문 분야를 통해 번역학에 축적될 수 있는 엄청난 혜택은 이 책에 실린 연구에 쓰인 연구 방법 중에 얼마나 많은 방법들이 다른 분야에서 발달 되었는지를 보면 확연히 드러난다. 여러 학자들이 언급한 것처럼(하우스(House), 코바치크(Kobaćić), 야스켈라이넨), 소리내어 생각하기(TAP)는 심리학에서 온 것이고 랭거커(Langacker, 1991)의 인지 문법은 타바코츠카(TABAKOWSKA)가 사용했는데 언어학에서 유래하였다. 티르코넨 콩디(Tirkkonen-Condit)는 담화와 대화 분석에서 사용된 방법을 응용해 자신의 연구의 소리내어 생각하기 데이터를 분석하는데 사용했으며 코바치크는 기능적 텍스트 분석법을 이용해 자막을 연구했으며 적절한 음성데이터 받아쓰기 기준의 필요성을 강조했는데 언어학이 유용한 정보 제공 기능을 했다.

이런 차용의 성격을 결정하는 특징은 특정한 목적을 위한 방법과 접근법을 점진적으로 채용하고 있다는 점이다. 일반적으로 연구자들은 이런 번역에 대해 확실한 초점을 맞추고 있어야 한다는 점을 잘 알고 있고 오늘날 대부분의 연구자는 전문 언어학자가 아니라 전문 번역 학자다(타바코츠카). 따라서 어쩌면 자연스런 현상일 수도 있지만 번역 학자들은 번역학과 관련이 있는 특정 학문 분야 간의 상호 작용에 집중하고 있는데 그 결과 이제 번역에 대해서는 특정한 몇 개의 확연히 구분되는 접근법이 존재한다. 이 상황은 노동의 자연스럽고 건전한 분할을 의미하며 각기 다른 접근법 들은 경쟁자들이라고 여기는 것들도 존재하지 않는다. 각각의 접근법은 번역학 연구를 구성하고 있는 전체의 지식에 귀중한 통찰력을 제공하고 있다. 현재 내 자신의 경험과 학술대회 등에서 이야기를 나눈 다른 연구생들의 경험으로 보아 번역학에는 갈등이 없다고 할 수 있으며 서로 협력하고 돕는 분위기다. 그러나 다학제간 연구에는 원천적으로 문제가 존재하기 마련이고 여기에서 해결을 위해 몇 가지 점에 대해 언급하고자 한다.

다학제성의 잠재적 문제점

우선 번역 학자가 다른 분야에서 지식을 취하여 번역 분야에 도움을 줄 수 있을 정도가 되는 정도로 다른 분야에 정통하게 되는 것은 다른 분야 학자가 번역학에서 자신의 분야로 이득이 되는 만큼을 가져가기 위해 번역 분야에 정통하게 되는 것만큼이나 어려운 일이다. 이 책에서 드 그룻(De Groot)이 지적한 것처럼 원천 지식을 관련 학문에서 발견하는 일은 쉬운 일이지만 번역학에 가장 큰 연관이 된다고 생각하는 측면 또는 가장 관심이 있는 문제 해결에 도움이 되는 정보를 선택하는 일이 필요하다. 적절한 정보에 바탕을 둔 선택을 하기 위해서는 선택의 대상이 되는 후보들의 미시적인 또 더 나아가 더 넓은 범위의 이론적 맥락과 그 바탕이 되는 가정들과 그 영향에 대해 이해하는 것이 도움이 될 것이다. 예를 들어 번역은 미결정(퀸(Quine), 1957-8; 1959; 1960)이라는 생각을 차용하기를 원한다면 이를 통해 같은 텍스트를 번역해도 번역자마다 다른 번역 텍스트가 나오는 지에 대한 설명이 될 수 있을 것이다(그런데 사실 이것은 퀸이 주장한 바는 아니었다). 그렇다면 원래의 상황에서 번역의 미결정성의 개념은 행동주의, 전체주의, 실증주의를 합친 것에 바탕을 두고 있고, 이것이 의미하는 바는 번역에 대한 이론은 성립할 수 없다는 뜻이다. 홈즈(1972/1988:73)가 주장한 번역 행위가 무엇이고 번역이 무엇인지를 설명하는 바람직한 성격의 시스템에 이런 주장이 잘 나타나 있다. 그리고 '그렇게 될 수 없다'고 주장했다고 해서 확실한 이론은 없다는 것을 의미하는 것은 아니다. 올바른 생각을 하는 이론가라면 이론을 쌓아나가는 과정을 통해 완벽에 이를 것이라고 주장하지는 않을 것이다. 퀸의 견해에 따르면 이론이 있을 수 없다는 의미는 번역은 이론적인 행위만이 아니라는 뜻이다. 번역 학자들이 번역의 미결정성과 더불어 받아들여야 하는 파생적 이론은 아니다.

번역학에 도움이 될 가능성이 커 보이는 모든 가정과 파생 이론을 받아들일 필요가 있다는 것은 아니다. 이 생각은 상황에 따라 달라질 수 있고 부분적으로는 재정의할 수도 있다. 그러나 두 가지 이유 때문이라도 원래의 맥락에서 사상을 결정했던 가정과 파생 이론을 이해하는 것은 유익한 일이다. 첫째는 퀸이 밝힌 이론에도 잘 드러난 것처럼 이런 생각이 어떤 파생 효과를 제공하는지 인식하는 일은 중요한데 그 이유는 필요하다면 파생된 새로운 이론을 통해 새로운 생각이 태어날 수도 있기 때문이다. 그리고 두 번째로 누구나 차용할 수 있는 생각은 새로운 환경임에도 그렇게 하지 말라고 경고 받지 않는 한 기존의 이론이 제공하는 효과만을 적용하려는 사람들에게는 비슷한 것처럼 보이기 때문이다. 따라서 이론을 차용하고 적용할 때는(이 책에 실린) 이바노바(Ivanova)의 논문에 나타난 것과 같은 단서를 꼭 붙여주는 것이 중요하다.

물론 한편으로 유사 분야에서 묘사하고 설명하며 조사하는 도구를 차용하는 일과 다른 한편으로 이론을 통째로 빌려 그 이론을 바탕으로 번역을 설명하는 일에는 차이가 있다. 두 전략 모두 가장 적절히 적용하기 위해서는 방금 설명한 파생 이론을 의식하는 것이 필요하다. 그러나 내 생각에는 첫째 전략인 제한적 차용이 두 번째 전략 보다 더 나은 것으로 보인다. 첫째 적절한 번역 초점을 유지하고 있으며 두 번째로 그 초점을 심각하게 제한하고 있지 않는 것으로 보인다.

이론을 통째로 빌려서 다른 학문 영역의 용어로 설명하는 현상은 수시로 일어나는데 설명의 대상이 되는 학문 분야의 이익을 위해서가 아니라 설명을 하기 위해 용어를 빌려오는 학문 분야의 이득이 되는 경우가 많다. (이 책에서) 타바코츠카가 강조한 것처럼 여러 언어학 이론의 평가는 그들의 실질적인 적용을 통해서 이루어진다. 이는 언어학 이론에서만 적용되는 것이 아니라 다른 이론적 틀에서도 잘 들어맞는 말이다. 타바코츠카 자신도 번역 현상을 보다 잘 설명하기 위해 언어학 모델을 이용했다. 그리고 이런 목적을 위해서 특정 언어 모델이 다른 모델에 비해 더 뛰어나다는 평가도 내렸다. 그러나 때로는 이렇게 이론을 이용하는 일이 순전히 이론을 제공하는 학문 분야에만 이득이 되는 경우도 있다. 예를 들어 구트(Gutt, 1991)는 적정성 이론 하나만으로 번역학에서 필요한 모든 이론을 제공할 수 있다고 주장했다. 그러나 아무리 의도가 좋더라도 이 주장을 받아들이면 번역학 이론 보다는 이미 인지된 적정성 이론의 상태만을 더 강화시키는 결과가 초래될 것이다.

레이코프와 존슨(Lakoff and Johnson, 1980)에 따르면 인류는 한 가지 사물을 다른 사물을 통해 보려고 하는 경향이 있다. 사실 이렇게 하는 것이 인간의 지능이 작동하는 근원적인 방법이라는 것이다. 따라서 번역 학자들도 때로는 이런 식의 접근을 하는 것은 놀라운 일이 아니다. 그러나 번역학을 학문 분야로서 승격시키고 강화시키기 위해 다른 영역의 접근법을 차용해 번역에 접목 시키려는 생각을 가진 사람들은 실제 적용에 대해 생각해 보는 일을 통해 어떤 점을 얻을 수 있는지 잘 살펴보는 것이 도움이 될 것이다. 예를 들어 체스터만(Chesterman, 1997)은 은유법을 채용하여 번역에 관한 생각들이 어떻게 퍼져나가는지에 대한 새로운 각도의 비전을 발견했고 과거의 번역에 관한 생각도 혁신적으로 정리했다.

그러나 언제나 번역을 특별한 경우의 행동, 의사소통, 응용언어학, 언어 시험, 텍스트 생산, 문학적 활동 또는 다른 여러 가지 하고 싶은 대로 생각하는 경향이 있어서 번역 행위 자체와 번역 산물의 특성이 방향을 상실하는 불행한 경우가 생길 수 있다. 연구자의 모든 노력이 고정된 시각으로만 사물을 보게 되고 가르치는 일도 같은 범주에 빠지게 된다. 그러나 번역이 문화 연구, 문학 연구, 비즈니스 학문, 응용 언어학의 특별한 분야가 된다면 수잔 바스네트 맥과이어(Susan Bassnett-McGuire)가 1980년 자신의 책의 목적을 설명하기 위해서 사용했던 상황에 접하게 된다(1980: 1).

번역학은 사실 그 자체만으로도 충분히 존재 가치가 있는 분야이고 비교 문학 연구의 한 분야에 지나지 않는 것이 아니고, 언어학의 한 부분도 아니며 연구 가능성이 무궁하면서도 복잡한 학문분야임을 나타내기 위해 이 책을 쓴다.

그리고 이런 종류의 급격한 변화가 생기지 않는다고 해도, 번역학의 한 측면에만 초점을 맞추면(쓰기, 시험, 문제해결, 행동 등이 포함) 번역 현상의 다른 측면들은 흐려지게 된다.

두 경우 모두 번역 현상에 대한 이해가 저하되고 향후 변화 방향 등에 대한 시각을 잃어버릴 수도 있다는 점이다. 이런 일로 인한 결과로 번역학 자체는 독립적인 학문 분야가 되지 못하고 다른 분야에 통찰력을 제공하는데 그치고 있다. 현재도 독립적인 지위를 확보하고 있는지 의심스러우며 일반적으로 말해 과거에도 다른 분야의 학자들이 그렇게 인식하였는지 확실치 않다. 이는 다른 분야에서 번역에 대해 어떤 식으로(아니면 그렇게 하려고 가장 하였던지) 비유하였는지를 생각해보면 잘 알 수 있다.

위에 언급한 철학에 의해 퀸(1960)은 번역을 모든 말의 상호관계 모델로 설명했고 데이비드슨(Davidson, 1973)은 통역의 개념을 이용해 거의 유사한 설명을 했다. 파즈(Paz, 1971)와 노자크(Nossack, 1965)도 비슷한 전략을 사용했고 원문의 모든 쓰기 활동 역시 번역이라고 주장했다. 모국어로 읽기도 물론 마찬가지다.

모든 언어 사용은 번역이라는 인식은 슈타이너(Steiner, 1975, 1992)가 여러 번 되풀이하여 지적한 대로 언어학, 문학 이론, 언어 철학, 이런 학문 분야와 번역 이론 간의 관계에 중대한 영향을 초래한다. 그러나 흥미로운 현상은 여기에 언급하는 학자들 중 아무도 번역에서 특별한 점은 무엇인지, 다시 말해, 번역과 비번역 학문간 겹치지 않는 부분은 무엇인지를 구체적으로 지적하지 않았다는 점이다. 이 점은 철학, 문학, 심지어 언어학 관점에서 중요한 질문이 아닐 수도 있지만 번역학 관점에서는 매우 흥미로운 사항이다. 여기서 가능한 질문은 왜 철학, 문학 또는 언어학 관점에서는 흥미로운 일이 아니라는 점이다. 기호학과 언어학의 관계를 비교해 보자. 확실한 사실은 언어학은 언어와 기호에 있어 무엇이 더 특별한지 하는 문제에 대해서는 한 걸음 더 나아간다는 점이다. 다시 말하면 기호 체계에서는 나타나지 않지만 언어에서 나타나는 것은 무엇인가하는 문제다. 그리고 언어학과의 관계를 인정하는 학문 분야는 언어 자체에 대한 관심을 무시하지 않을 것이라고 생각한다.

그러나 번역의 개념이 다른 영역에서 차용해온 것이라면 관심의 방향이 불합리할 정도로 번역학에서 벗어나 주변 학문으로 넘어가고 있다. 이에 대한 이유는 언어, 의미, 읽기, 쓰기 또는 정체를 밝히고자 하는 그 어떤 것들에 대한 설명은 번역 이론 용어를 이용해 논의하고 있다. 문제는 이런 용어들이 어떤 것인지 밝히려는 노력이 없어 다른 결과가 초래되는데, 결과적으로 위에 언급한 중요한 질문들이 번역에 관한 질문이라는 점이다. 다시 말하면, 다른 영역에서는 자신들에게 필요한 질문을 던져서 번역학을 정의해 자신들의 목적을 달성하는데 사용하고 있는 것이다. 이런 점은 약점의 표상이라고 생각되며 우리가 진정으로 스스로 독립적인 학문 분야를 확립하기를 원한다면 번역학은 자체로 힘 있는 분야이고, 다른 분야가 이론을 빌려다 쓸 만큼 이론이 풍부한 분야이며, 다른 분야에 수시로 기대는 취약한 다학제분야가 아니라는 점을 강조해야 한다. 자율권을 확보한 다음 두 번째로 해야 할 일은 번역학의 중심 분야인 번역 과정과 그 과정의 산출물에 상당한 양의 연구를 집중하여야 한다. 마치 이 책의 저자들이 그리하였던 것처럼.

John Benjamins Series

09 Tapping and mapping the processes of translation and interpreting

REFERENCES

참고 문헌

참고
문헌

Part 1, Interpreting as a Cognitive Process

Baddeley, A. D. 1966. "Short-term memory for word sequences as function of acoustic, semantic and formal similarity". *The Quarterly Journal of Experimental Psychology* 18: 362-365.

Barik, H. 1972. "Interpreters talk a lot, among other things". Babel 18(1): 3-10.

Chesterman, A. 1993. "From 'is' to 'ought': Laws, norms and strategies in translation studies". Target 5(1): 1-20.

Chesterman, A. 1998. "Communication strategies, learning strategies and translation strategies". In K. Malmkjaer (ed.) Translation and Language Teaching: Language Teaching and Translation. Manchester: St. Jerome, 135-144.

De Groot, A. M. B. 1997. 'The cognitive study of translation and interpretation: Three approaches". In J. H. Danks, G. M. Shreve, S. B. Fountain and M. K. McBeath (eds) *Cognitive Processes in Translation and Interpreting*. London: Sage, 25- 56.

Ericsson, K. and Simon, H. A. 1984. Protocol Analysis: Verbal Reports as Data. Cambridge, Mass.: MIT Press.

Frauenfelder, U. H. and Schriefers, H. 1997. "A psycholinguistic perspective on simultaneous interpretation". *Interpreting* 2(1/2): 55-89.

Gile, D. 1992. "Predictable sentence endings in Japanese and conference interpretation". The *Interpreters' Newsletter, Special Issue* 1: 12-23.

Gile, D. 1995. *Basic Concepts and Models for Interpreter and Translator Training*. Amsterdam: John Benjamins.

Gile, D. 1998. "Observational studies and experimental studies in the investigation of conference interpreting". Target 10(1): 69-93.

Harris, B. 1990., "Norms in interpretation". Target 2 (1): 215-219.

Kalina, S. 1992. "Discourse processing and interpreting strategies - an approach to the teaching of interpreting". In C. Dollerup and A. Loddegaard (eds) Teaching Translation and Interpreting. Amsterdam: John Benjamins, 251-257.

Kohn, K. and Kalina, S. 1996. 'The strategic dimension of interpreting". Meta 41(1): 118-137.

Kopczynski, A. 1980. *Conference Interpreting: Some linguistic and communicative problems. Poznan*: Adam Mickiewicz University.

Lonsdale, D. 1997. "Modeling cognition in SI". *Interpreting* 2(1/2): 91-117.

Lörscher, W. 1991. *Translation Performance, Translation Process, and Translation Strategies*. Tübingen: Narr.

MacWhinney, B. 1997. "Simultaneous interpretation and the competition model". In J. H. Danks, G. M. Shreve, S. B. Fountain and M. K. McBeath (eds) *Cognitive Processes in Translation and Interpreting*. London: Sage, 215-232.

Moss, H. E., McCormick, S. F. and Tyler, L. K. 1997. "The time course of activation of semantic information during spoken word recognition". Language and Cognitive Processes 12(5/6): 695-731.

Schjoldager, A. 1995. "An exploratory study of translational norms in simultaneous interpreting: Methodological reflections". Hermes 14: 65-87.

Seleskovitch, D. 1968. *L'lnterpréte dans les conferences*

internationales: problémes de langage et de communication. Paris: Minard Lettres Modemes.

Shlesinger, M. 1989. "Extending the theory of translation to interpretation: Norms as a case in point". Target 1(2): 111-116.

Shlesinger, M. 1995. "Shifts in cohesion in simultaneous interpreting". The Translator 1(2): 193-214.

Shlesinger, M. *Strategic Allocation of Working Memory and Other Attentional Resources in Simultaneous Interpreting.* (Ph Dissertation in Progress).

Shreve, G. M., Schäffner, C., Danks, J. H. and Griffin, J. 1993. "Is there a special kind of 'reading' for translation? An empirical investigation of reading in the translation process". Target 5(1): 21-41.

Part 1, The Interpreters' Comments in Interpreting Situation

God tolksed. Vägledning för auktoriserade tolkar 1989. Stockholm: Kommerskollegium.

Jääskeläinen, R. 1990. Features of Successful Translation Processes. A Think-aloud Protocol Study. Unpublished licentiate thesis. University of Joensuu, Savonlinna School of Translation Studies.

Jääskeläinen, R. 1999. Tapping the Process: *An Explorative Study of the Cognitive and Affective Factors Involved in Translating.* Joensuu: Joensuun yliopisto.

Krings, H. P. 1986. *Was in den Köpfen von Übersetzern vorgeht.* Tübingen: Gunter Narr.

Lörscher, W. 1991. *Translation Performance, Translation Process, and Translation Strategies: A Psycholinguistic Investigation.* Tübingen: Gunter Narr.

Namy, C. 1978. "Reflections on the training of simultaneous interpreters: A metalinguistic approach". *In Language Interpretation and Communication*, D. Gerver and H. W. Sinaiko (eds), 25-33. New York: Plenum Press.

Saresvuo, J. and Ojanen, S.-L. 1988. *Tulkin käsikirja.* Helsinki: Gaudeamus.

Tirkkonen-Condit, S. 1996. "What is in the black box? Professionality in translational decisions in the light of TAP research". In *Übersetzungswissenschaft im Umbruch*, A. Lauer, H. Gerzymisch-Arbogast, J. Haller and E. Steiner (eds), 251-257. Tübingen: Gunter Narr.

Tulkin ammattisäännöstö 3/94. Helsinki: Suomen kaantajienja tulkkien liitto.

Vik-Tuovinen, G.-V. (forthcoming a). "Tolkens kommentarer under och efter tolkningen". A paper read at the ASLA-symposium *Översättning och tolkning*, Stockholm 5-6.11.1998.

Vik-Tuovinen, G.-V. (forthcoming b). "Hur simultantolkning påverkas av talspråkligt och skriftspråkligt original". A paper read at Föreningen för nordisk filologi's symposium *Talat språk i översättning och tolkning,* Helsinki 15.11.1998.

Zimmerman, R. and Schneider K.P. 1987. "The collective learner tested. Retrospective evidence for a model of lexical search". *In Introspection in Second Language Research*, C. Faerch and G. Kasper (eds), 177-196. Clevedon: Multilingual Matters.

Part 1, Retrospection in Research on Simultaneous Intepreting

Anderson, L. 1994. "Simultaneous interpreting: Contextual and translation aspect". In *Bridging the Gap: Empirical Research in Simultaneous Interpretation*, S. Lambert and B. Moser-Mercer (eds), 101-121. Amsterdam and Philadelphia: John Benjamins.

Anzai, Y. and Simon, H.A. 1979. "The theory of learning by doing" Psychological Review 86: 124-180.

Barik, H. 1973. "Simultaneous interpretation: Temporal and quantitative data". *Language and Speech* 16: 237-270.

Blackmer, E.R. and Mitton, J.L. 1991. 'Theories of monitoring and the timing of repairs in spontaneous speech". Cognition 39: 173-194.

Cohen, A. 1984. "Studying second-language learning strategies: How do we get the information?". *Applied Linguistics* 5: 101-112.

Dillinger, M. 1989. Component Processes of Simultaneous Interpreting. McGill University, Canada (unpublished PhD thesis).

Ericsson, K.A. and Simon, H.A. 1980. "Verbal reports as data". *Psychological Review* 87. 215-251.

Ericsson, K.A. and Simon, H.A. 1984. *Protocol Analysis: Verbal Reports as Data*. Cambridge, MA: MIT Press.

Ericsson, K.A. and Simon, H.A. 1996. *Protocol Analysis: Verbal Reports as Data*. Cambridge, MA: MIT Press, (revised edition).

Ericsson, K.A. and Simon, H.A. 1987. "Verbal reports on thinking". In *Introspection in Second Language Researc*h, C. Faerch and G. Kasper (eds), 24-53. Clevedon: Multilingual Matters.

Ericsson, K.A. and Smith, J. 1991. "Prospects and limits of the empirical study of expertise: An introduction". *In Toward a*

General Theory of Expertise, K.A. Ericsson and J. Smith (eds), 1-39. Cambridge: Cambridge University Press.

Eysenck, M.W. and Keane, M.T. 1995. *Cognitive Psychology: A Student's Handbook*. (3rd ed.). Hillsdale, NJ: Lawrence Erlbaum.

Faerch, C. and Kasper, G. 1987. "From product to process – introspective methods in second language research". *In Introspection in Second Language Research*, C. Faerch and G. Kasper (eds), 5-23. Clevedon: Multilingual Matters.

Fraser, J. 1994. "Translating practice into theory: A practical study of quality in translator training". In *ITI Conference 7 Proceedings*, C. Picken (ed.), 130-142. London: Institute of Translation and Interpreting.

Fraser, J. 1996. "The translator investigated". *The Translator* 2: 65-81.

Gerloff, P. 1987. "Identifying the unit of analysis in translation: Some uses of think- aloud protocol data". *In Introspection in Second Language Research*, C. Faerch and G. Kasper (eds), 135-158. Clevedon: Multilingual Matters.

Gerloff, P. 1988. From French to English: A Look at the Translation Process in Students, Bilinguals and Professional Translators. Harvard University, USA, (unpublished D.Ed thesis).

Gerver, D. 1971. Simultaneous Interpretation and Human Information Processing. Oxford University, UK (unpublished PhD thesis).

Gerver, D. 1974. "Simultaneous listening and speaking and retention of prose". *Quarterly Journal of Experimental Psychology* 26: 337-341.

Gerver, D. 1976. "Empirical studies of simultaneous interpreting: A review and a model". *In Translation: Application and Research*, R. W. Brislin (ed.), 165- 207. New York: Gardener Press.

Gile, D. 1988. "An overview of conference interpretation research and theory". *In American Translators Association Conference 1988*, D.L. Hammond (ed.), 363-372. Medford, NJ: Learned Information, Inc.

Gile, D. 1995. Basic *Concepts and Models for Interpreter and Translator Training*. Amsterdam and Philadelphia: John Benjamins.

Gilhooly, K.J., Wood, M., Kinnear, P.R. and Green, C. 1988. "Skill in map reading and memory for maps". *Quarterly Journal of Experimental Psychology* 40A: 87-107.

Grotjahn, R. 1987. "On the methodological basis of introspective methods". In *Introspection in Second language Research*, C. Faerch and G. Kasper (eds), 54-81. Clevedon: Multilingual Matters.

Hönig, H.G. 1988. "Übersetzen lemt man nicht durch Übersetzen". *Fremdsprachen Lehren und Lernen* 17: 154-167.

Ivanova, A. V. 1999. Discourse Processing during Simultaneous Interpreting: An Expertise Approach. Unpublished PhD thesis. University of Cambridge.

Jääskeläinen, R. and Tirkkonen-Condit, S. 1991. "Automatised processes in professional vs. non-professional translation: A think-aloud protocol study". In *Empirical Research in Translation and Intercultural Studies*, S. Tirkkonen- Condit (ed.), 89-109. Tübingen: Gunter Narr.

Just, M.A. and Carpenter, P.A. 1987. *The Psychology of Reading and Language Comprehension*. Allyn and Bacon.

Kalina, S. 1997. "SI Methodology". In *Current Trends in Interpreting Research*, Y. Gambier, D. Gile and C. Taylor (eds), 117-120. Amsterdam and Philadelphia: John Benjamins.

Krings, H.P. 1986. "Translation problems and translation strategies of advanced German learners of French (L2)". In *Interlingual and Intercultural Communication*, J. House and S. Blum-Kulka (eds), 263-276. Tübingen: Gunter Narr.

Krings, H.P. 1987. "The use of introspective data in translation". In *Introspection in Second Language Research*, C. Faerch and G. Kasper (eds), 158-176. Clevedon: Multilingual Matters.

Lambert, S. 1985. Recall and Recognition among Conference Interpreters. Unpublished PhD thesis. University of Stirling, Scotland.

Levelt, W. 1989. *Speaking: From Intention to Articulation*. Cambridge, MA: MIT Press.

Lörscher, W. 1991. *Translation Performance, Translation Process and Translation Strategies. A Psycholinguistic Investigation*. Tübingen: Gunter Narr.

Lörscher, W. 1993. 'Translation process analysis". *In Translation and Knowledge*, Y. Gambier and J. Tommola (eds), 195-212. University of Turku — Centre for Translation and Interpreting.

Massaro, D.W. and Shlesinger, M. 1997. "Information processing and a computational approach to the study of simultaneous interpretation". *Interpreting* 2: 13-53.

Moser, B. 1978. "Simultaneous interpretation: A hypothetical model and its practical application". In *Language, Interpretation and Communication: Nato Symposium*, D. Gerver and W. Sinaiko (eds), 353-368. New York: Plenum Press.»

Moser-Mercer, B. 1994. "Paradigms gained or the art of productive disagreement". In *Bridging the Gap: Empirical Research in Simultaneous Interpretation*, S. Lambert and B. Moser-Mercer (eds), 17-25. Amsterdam and Philadelphia: John Benjamins.

Newell, A. and Simon, H.A. 1972. *Human Problem Solving*. Englewood Cliffs, NY: Prentice Hall.

Norman, D.A. and Bobrow, D.G. 1975. "On data-limited and resource-limited processes". Cognitive Psychology 7: 44-64.

Olson, J.R. and Biolsi, K.J. 1991. "Techniques for representing expert knowledge". In *Toward a General Theory of Expertise*, K.A. Ericsson and J. Smith (eds), 240- 285. Cambridge: Cambridge University Press.

Shlesinger, M. 1989. Simultaneous Interpretation as a Factor in Effecting Shifts in the Position of Texts on the Oral-Literate Continuum. Unpublished MA thesis. Tel Aviv University, Israel.

Shlesinger, M. 1995. "Stranger in Paradigms: What lies ahead for simultaneous interpreting research?". Target 7(1): 7-28.

Shreve, G.M. and Diamond, B.J. 1997. "Cognitive processes in translation and interpreting: Critical issues". In *Cognitive Processes in Translation and Interpreting*, J.H. Danks, G.M. Shreve, S.B. Fountain and M.K. McBeath (eds), 233-252. London: SAGE Publications.

Singer, M. 1990. *Psychology of Language*. Hillsdale, NJ: Lawrence Erlbaum.

Styles, E.A. 1997. *The Psychology of Attention*. Hove, UK: Psychology Press.

Tijus, C. 1997. "Understanding for interpreting, interpreting for understanding" In *Current Trends in Interpreting Research*, Y. Gambier, D. Gile and C. Taylor (eds), 29-49. Amsterdam and Philadelphia: John Benjamins.

Van Dijk, T.A. and Kintsch, W. 1983. *Strategies of Discourse Comprehension*. New York: Academic Press.

Part 1, A Complex-skill Approach to Translation and Interpreting

Baddeley, A.D. 1990. *Human Memory: Theory and Practice*. Hove, UK, and Hillsdale, NJ: Lawrence Erlbaum.

Baddeley, A.D. and Hitch, G. 1974. "Working memory". In *The Psychology of Learning and Motivation* [Vol. 8], G.A. Bower (ed.), 47-90. New York: Academic Press.

Brown, R. and McNeill, D. 1966. "The "tip-of-the-tongue" phenomenon". *Journal of Verbal Learning and Verbal Behavior* 5: 325-337.

Butterworth, B., Campbell, R. and Howard, D. 1986. "The uses of short-term memory: A case study". *Quarterly Journal of Experimental Psychology* 3 8A: 705-737.

Carroll, J.B. 1978. "Linguistic abilities in translators and interpreters". In *Language, Interpretation and Communication*, D. Gerver and H.W. Sinaiko (eds), 119- 129. New York: Plenum.

Daneman, M. and Carpenter, P.A. 1980. "Individual differences in working memory and reading". *Journal of Verbal Learning and Verbal Behavior* 19: 450-466.

Daneman, M. and Carpenter, P.A. 1983. "Individual differences in integrating information between and within sentences". *Journal of Experimental Psychology: Learning, Memory, and Cognition* 9: 561-584.

De Groot, A.M.B. 1997. "The cognitive study of translation and interpretation: Three approaches". In *Cognitive Processes in Translation and Interpreting*, J.H. Danks, G.M. Shreve, S.B. Fountain and M.K. McBeath (eds), 25-56. Thousand Oaks, CA: Sage Publications.

De Groot, A.M.B., Dannenburg, L. and Van Hell, J.G. 1994. "Forward and backward word translation by bilinguals". *Journal of Memory and Language* 33: 600- 629.

Donchin, E. 1989. "The learning strategies project: Introductory remarks". *Acta Psychologica* 71: 1-15.

Frederiksen, J.R. and White, B.Y. 1989. "An approach to training based upon principled task decomposition". *Acta Psychologica* 71: 89-146.

Gathercole, S.E. and Baddeley, A.D. 1993. *Working Memory and Language*. Hove, UK and Hillsdale, NJ: Lawrence Erlbaum.

Gerver, D. 1976. "Empirical studies of simultaneous interpretation: A review and a model". In *Translation: Applications and Research*, R.W. Brislin (ed.), 165- 207. New York: Gardner.

Gile, D. 1991. "Methodological aspects of interpretation (and translation) research". *Target* 3: 153-174.

Gile, D. 1995. *Basic Concepts and Models for Interpreter and Translator Training*. Amsterdam and Philadelphia: John Benjamins.

Gile, D. 1997."Conference interpreting as a cognitive management problem". In *Cognitive Processes in Translation and Interpreting*, J.H. Danks, G.M. Shreve, S.B. Fountain and M. K. McBeath (eds), 196-214. Thousand Oaks, CA: Sage Publications.

Gopher, D. 1992. "The skill of attention control: Acquisition and execution of attention strategies". In *Synergies in Experimental Psychology, Artificial Intelligence, and Cognitive Neuroscience* [Attention and Performance 9], D.E. Meyer and S. Kornblum (eds), 299-322. Cambridge Mass: MIT Press.

Gopher, D., Weil, M. and Siegel, D. 1989. "Practice under changing priorities: An approach to the training of complex skills". *Acta Psychologica* 71: 147-177.

Green, A., Schweda-Nicholson, N., Vaid, J., White, N. and Steiner, R. 1990. "Hemispheric involvement in shadowing vs. interpretation: A time-sharing study of simultaneous interpreters with matched bilingual and monolingual controls". *Brain and Language* 39: 107-133.

Herdman, C.M. and LeFevre, J.-A. 1992. "Individual differences in the efficiency of word recognition". *Journal of Educational Psychology* 84: 95-102.

Hyönä, J., Tommola, J. and Alaja, A.-M. 1995. "Pupil dilation as a measure of processing load in simultaneous interpretation and other language tasks". *Quarterly Journal of Experimental Psychology* 48A: 598-612.

Kussmaul, P. 1995. *Training the Translator*. Amsterdam and Philadelphia: John Benjamins.

La Heij, W., Starreveld, P.A. and Steehouwer, L.C. 1993. "Semantic interference and orthographic facilitation in definition naming". *Journal of Experimental Psychology: Learning, Memory, and Cognition* 19: 352-368.

Lewellen, M.J., Goldinger, S.D., Pisoni, D.B. and Greene, B.G. 1993. "Lexical familiarity and processing efficiency: Individual differences in naming, lexical decision, and semantic categorization". *Journal of Experimental Psychology*: General 122: 316-330.

Liberman, A.M., Cooper, F.S., Shankweiler, D.P. and Studdert-Kennedy, M. 1967. "Perception of the speech code". *Psychological Review* 74: 431-461.

Liberman, A.M. and Mattingly, I.G. 1985. 'The motor theory of speech perception revised". *Cognition* 21: 1-36.

Lintern, G. 1989. "The learning strategies program: Concluding remarks". *Acta Psychologica* 71: 301-309.

Marslen-Wilson, W. 1973. "Linguistic structure and speech shadowing at very short latencies". *Nature* 244: 522-523.

Moser, B. 1978. "Simultaneous interpretation: A hypothetical model and its practical application". In *Language, Interpretation and Communication*, D. Gerver and H.W. Sinaiko (eds), 353-368. New York: Plenum.

Nation, P. 1993. "Vocabulary size, growth, and use". In *The Bilingual Lexicon*, R. Schreuder and B. Weltens (eds), 115-134. Amsterdam and Philadelphia: John Benjamins.

Neisser, U. 1967. *Cognitive Psychology*. New York: Appleton-Century-Crofts.

Nickerson, R.S. 1981. "Speech understanding and reading: Differences and similarities". In *Perception of Print: Reading Research in Experimental Psychology*, O.J.L. Tzeng and H. Singer (eds), 257-289. Hillsdale NJ: Lawrence Erlbaum.

Padilla, P., Bajo, M.T., Cañas, J.J. and Padilla, F. 1995. "Cognitive processes of memory in simultaneous interpretation". *In Topics in Interpreting Research*, J. Tommola (ed.), 61-70. University of Turku: Centre for Translation and Interpreting.

Paradis, M. 1994. 'Toward a neurolinguistic theory of simultaneous translation: The framework". *International Journal of Psycholinguistics* 10: 319-335.

Perfetti, C.A. 1985. *Reading Ability*. New York: Oxford University Press.

Schneider, W. 1985. 'Training high-performance skills: Fallacies and guidelines". *Human Factors* 27: 285-300.

Seleskovitch, D. 1976. "Interpretation, a psychological approach to translating". In *Translation: Applications and Research*, R.W. Brislin (ed.), 92-116. New York: Gardner.

Snodgrass, J.G. 1993. "Translating versus picture naming: Similarities and differences". In *The Bilingual Lexicon*, R. Schreuder and B. Weltens (eds), 83-114. Amsterdam and Philadelphia: John

Benjamins.

Stanovich, K.E. 1980. 'Toward an interactive-compensatory model of individual differences in the development of reading fluency". *Reading Research Quarterly* 15: 32-71.

Wightman, D.C. and Lintern, G. 1985. "Part-task training for tracking and manual control". *Human Factors* 27: 267-283.

Part 2, Focus on Methodology in Think-Aloud Studies on Translating

Allport, D.A. 1980a. "Patterns and actions: Cognitive mechanisms are content-specific". In *Cognitive Psychology: New Directions*, G. Claxton (ed.), 26-64. London: Routledge & Kegan Paul.

Allport, D.A. 1980b. "Attention and performance'. In *Cognitive Psychology: New Directions*, G. Claxton (ed.), 112-153. London: Routledge & Kegan Paul. Bereiter, C. and Scardamalia, M. 1987. *The Psychology of Written Composition*. Hillsdale, NJ: Lawrence Erlbaum.

Bruner, J. 1990. *Acts of Meaning*. Cambridge, MA.: Harvard U. P.

Ericsson, K.A. and Simon, H.A. 1984. *Protocol Analysis. Verbal Reports as Data*. Cambridge, MA: MIT Press.

Fraser, J. 1996. "The translator investigated: Learning from translation process analysis". *The Translator* 2(1): 65-79.

Gile, D. 1995. *Basic Concepts and Models for Interpreter and Translator Training*. Amsterdam/Philadelphia: John Benjamins.

House, J. 1988. "Talking to oneself or thinking with others? On using different thinking aloud methods in translation' *Fremdsprachen lehren und lenten* 17: 84-98.

Jääskeläinen, R. 1987. What happens in a translation process: Think-aloud protocols of translation. Unpublished MA thesis. University of Joensuu, Savonlinna School of Translastion Studies.

Jääskeläinen, R. 1990. Features of successful translation process: A Think-aloud protocol study. Unpublished licentiate thesis. University of Joensuu, Savolinna School of Translation Studies.

Jääskeläinen, R. 1999. *Tapping the Process: An Explorative Study of the Cognitive and Affective Factors Involved in Translating.* [University of Joensuu Publications in the Humanities no 22] Joensuu: University of Joensuu.

Lawrence, J.A. 1988. "Expertise on the bench: Modeling magistrates' decision-making". In *The Nature of Expertise*, Chi, M.T.H., Glaser, R. and Farr, M.J. (eds), 229-259. Hillsdale, NJ: Lawrence Erlbaum.

Lesgold, A., Rubinson, H., Feltovich, P., Glaser, R., Klopfer, D. and Wang, Y. 1988. "Expertise in a complex skill: Diagnosing X-ray pictures". In *The Nature of Expertise*, Chi, M.T.H., Glaser, R. and Farr, M.J. (eds), 311-342. Hillsdale, NJ: Lawrence Erlbaum.

Matrat, C.M. 1992. Investigating the translation process: Thinking-aloud versus joint activity. Unpublished doctoral dissertation. Ann Arbor: University Microfilms International.

Nurmi, J.E. and K. Salmela-Aro. 1992. "Epäonnistumisen psykologiaa: Katsaus toiminta- ja ajattelustrategioiden tutkimukseen". *Psykologia* 27: 20-30.

Sandrock, U. 1982. "Thinking-aloud protocols" (TAPs) - Ein

Instrument zur Dekomposition des komplexen Prozesses "Übersetzen". Unpublished Diplomarbeit. University of Kassel.

Séguinot, C. 1996. "Some thoughts about think-aloud protocols". *Target* 8(1): 75-95.

Séguinot, C. (this volume), "Management issues in the translation process".

Tirkkonen-Condit, S. 1989. "Professional vs. non-professional translation: A think-aloud protocol study". In *The Translation Process*, Séguinot, C. (ed.), 73-85. Toronto: H.G. Publications.

Tirkkonen-Condit, S. 1992. "The interaction of world knowledge and linguistic knowledge in the processes of translation: A think-aloud protocol study". In *Translation and Meaning, Part 2*, Lewandowska-Tomaszczyk, B. and Thelen, M. (eds), 433-40. Maastricht: Rijkshogeschool Maastricht, Faculty of Translation and Interpreting.

Tirkkonen-Condit, S. (this volume), "Uncertainty in translation processes".

Toury, G. 1991. "Experimentation in translation studies: Prospects and some pitfalls". In *Empirical Research on Translation and Intercultural Studies*, Tirkkonen- Condit, S. (ed.), 45-66. Tübingen: Narr.

Toury, G. 1995. *Descriptive Translation Studies and Beyond.* Amsterdam/Philadelphia: John Benjamins.

Vygotsky, L. 1978. *Mind in Society: The Development of Higher Psychological Processes.* Cambridge, MA: Harvard University Press.

Part 2, Is Linguistics of Any use for Translation?

Jakobson, R. 1960. "Linguistics and poetics". In *Style in Language*, Thomas A. Sebeok (ed.), 350 - 377. Cambridge, Mass.: MIT Press.

Langacker, R. W. 1987. *Foundations of Cognitive Grammar*. Stanford, Cal.: Stanford U. P.

Langacker, R. W. 1991. *Concept, Image and Symbol The Cognitive Basis of Grammar*. Berlin: Mouton de Gruyter.

Morgan, E. 1998. *The only signal Jedyny sygnal*. Lódž: Corestudio.

Part 2, Thinking-Aloud Protocol – Interview – Text Analysis

Englund Dimitrova, B. 1996. "Investigating the writing process in translation". Paper read at the AILA96 conference, "Applied linguistics across disciplines", Jyväskylä, Finland, 4-9 August, 1996.

Halliday, M.A.K. 1985. *Introduction to Functional Grammar*. London: Edward Arnold.

Kovačič, I. 1991. "Subtitling and contemporary linguistic theories". In *Translation, a Creative Profession. Proceedings of XIIth World Congress of FIT*, M. Jovanovič (ed.), 407-417. Beograd: Prevodilac.

Kovačič, I. 1992. *Jezikoslovni pogled na podnaslovno prevajanje televizijskih oddaj*/A Linguistic Approach to Subtitling Television Programmes/. Unpublished PhD dissertation. Ljubljana: Faculty of Arts.

Kovačič, I. 1997. "A thinking-aloud experiment in subtitling". In *Translation as Intercultural Communication*, M. Snell-Hornby, Z. Jettmarova and K. Kaindl (eds), 229-238. Amsterdam: Benjamins.

Kovačič, I. 1998. "Six subtitlers - six subtitling texts". In *Unity in Diversity? Current Trends in Translation Studies*, L. Bowker, M. Cronin, D. Kenny and J. Pearson (eds), 75-82. Manchester: St. Jerome.

Séguinot, C. 1996. "Some thoughts about think-aloud protocols". *Target* 8(1): 75-95.

Shreve, G., Schäffner, C., Danks, J. and Griffin, J. 1993. "Is there a special kind of 'reading' for translation? An empirical investigation of reading in the translation process." *Target* 5(1): 21-41.

Tirkkonen-Condit, S. 1997. "Who verbalises what: A linguistic analysis of TAP texts." *Target 9*(1): 69-84.

Part 2, What do Real Translators Do?

Austin, J. L. 1962. *How to Do Things With Words*. Oxford: Clarendon Press.

Firth, J. R. 1957. "A synopsis of linguistic theory 1930-1955". In *Studies in Linguistic Analysis*, J. R. Firth (ed.). Oxford: Blackwell.

Fraser, J. E. 1993., "Public accounts: Using verbal protocols to investigate community translation". *Applied Linguistics* 14(4): 325-343.

Fraser, J. E. 1994. "Translating practice into theory: A practical study of quality in translator training". In *ITI Conference 7 Proceedings*, C. Picken (ed.): 130-141. London: Institute of Translation and Interpreting.

Fraser, J. E. 1996a. "The translator investigated: Learning from translation process analysis". *The Translator* 2(1): 65-79.

Fraser, J. E. 1996b. "Mapping the process of translation". *Meta* 41(1): 84-96.

Grice, H. P. 1975. "Logic and conversation". In *Syntax and Semantics* (vol. 3), P. Cole and J. L. Morgan (eds). New York: Academic Press.

Hatim, B. and Mason, I. 1997. *The Translator as Communicator.* London: Routledge.

Henderson, J. A. 1987. *Personality and the Linguist: A Comparison of the Personality Profiles of Professional Translators and Interpreters.* Bradford: University of Bradford Press.

House, J. 1988., "Talking to oneself or thinking in pairs". *Fremdsprachen Lehren und Lernen* 1988: 84-98.

House, J. (this volume), "Consciousness and the strategic use of Aids in translation".

Jääskeläinen, R. 1987. What happens in a translation process: Think-aloud protocols of translation. Unpublished MA thesis. University of Joensuu, Savonlinna School of Translation Studies.

Jääskeläinen, R. 1996. "Hard work will bear beautiful fruit". *Meta* 41(1): 60-74.

Jääskeläinen, R. 1999. *Tapping the Process: An Explorative [sic] Study of the Cognitive and Affective Factors Involved in Translating.* Joensuu: University of Joensuu Publications in the Humanities no. 22.

Kussmaul, P. 1995. *Training the Translator.* Amsterdam: John Benjamins.

Robinson, D. 1997. *Becoming a Translator.* London: Routledge.

Rudd, D. and Fraser, J. E. (forthcoming). 'Voice linguists on the record:

An introspective investigation of foreign-language transcribers at work". *Meta*.

Searle, J. R. 1976. "A classification of illocutionary acts". *Language in Society* 5: 1-23.

Steiner, G. 1975/1992. *After Babel: Aspects of Language and Translation*. Oxford and New York: Oxford University Press. First Edition, 1975. New Edition, 1992.

Tirkkonen-Condit, S. and Laukkanen, J. 1996. "Evaluations – a key towards understanding the affective dimension of translational decisions". *Meta* 14(1): 45- 59.

Tirkkonen-Condit, S. (this volume), "Uncertainty in translation processes".

Part 3, Uncertainty in Translation Process

Chesterman, A. 1997. "Communication and learning strategies for translators". In *AILA Review* 12 (Applied Linguistics Across Disciplines), A. Mauranen and K. Sajavaara (eds), 79-86.

Chesterman, A. 1998. "Communication strategies, learning strategies and translation strategies". In K. Malmkjaer (ed.) *Translation and Language Teaching: Language Teaching and Translation*. Manchester: St. Jerome, 135-144.

Fraser, J. 1996. The translator investigated: Learning from translation process analysis. *The Translator* 2(1): 65-79.

Henderson, J.A. 1987. *Personality and the Linguist: A Comparison of the Personality Profiles of Professional Translators and Interpreters*. Bradford: University of Bradford Press.

Jääskeläinen, R. (this volume), "Focus on methodology in think-aloud studies on translating".

Melby, A. (with C.T. Warner) 1995. *The Possibility of Language*. Amsterdam/Philadelphia: John Benjamins.

Matrat, C.M. 1992. Investigating the Translation Process: Thinking Aloud versus Joint Activity. Unpublished doctoral dissertation. Ann Arbor: University Microfilms International.

Tirkkonen-Condit, S. 1996. "What is in the black box? Professionality in translational decisions in the light of TAP research". In A. Lauer, H. Gerzymisch-Arbogast, J. Haller and E. Steiner (eds) *Übersetzungswissenschaft im Umbruch*. Festschrift für Wolfram Wilss zum 70. Geburtstag, 251-257. Tübingen: Gunter Narr.

Part 3, Management Issues in The Translation Process

Gile, D. 1997. "Conference interpreting as a cognitive management problem". In *Cognitive Processes in Translation and Interpretation*, J. Danks, G. M. Shreve, S. B. Fountain, and M. K. McBeath (eds), 196-214. Thousand Oaks, London & New Delhi: Sage Publications.

House, J. 1988. "Talking to oneself or thinking with others? On using different thinking aloud methods in translation". *Fremdsprachen lehren und lernen* 7: 84-98.

Jääskeläinen, R. 1990. Features of successful translation processes: A think-aloud protocol study. Unpublished licentiate thesis. University of Joensuu, Savonlinna School of Translation Studies.

Krings, H.P. 1987. "Der Übersetzungsprozeß bei Berufsübersetzem -

Eine Fallstudie". In R. Arntz, (ed.) *Textlinguistik und Fachsprache. Akten des Internationalen übersetzungswissenschaftlichen AILA-Symposiums Hildesheim 13-16.4.1987*, Hildesheim: Olms.

Laukkanen, J. 1997. Affective factors and task performance in translation. Unpublished licentiate thesis. University of Joensuu, Savonlinna School of Translation Studies.

Levý, J. 1967. "Translation as a decision process". In *To Honour Roman Jakobson II*, 1171-1182. The Hague: Mouton.

Moser, B. 1978. "Simultaneous interpretation: A hypothetical model and its practical application". In *Language Interpretation and Communication*, D. Gerver and H. W. Sinaiko (eds), 353-368. New York: Plenum Press.

Newmark, P. 1991. *About Translation*. Clevedon: Multilingual Matters.

Séguinot, C. 1996. "Some thoughts about think-aloud protocols". *Target* 8(1): 75-95.

Séguinot, C. 1997. "Accounting for variability in translation". In *Cognitive Processes in Translation and Interpretation*, J. Danks, G. Shreve, S. Fountain, and M. McBeath (eds), 104-119. Thousand Oaks, London & New Delhi: Sage Publications.

Tirkkonen-Condit, S. 1989. "Professional vs. non-professional translation: A think- aloud protocol study". In The Translation Process, C. Séguinot (ed.), 73-84. Toronto: H.G. Publications.

Part 3, Consciousness and The Strategic use of Aids in Translation

Börsch, S. 1986. "Introspective methods in research in interlingual and intercultural communication". In *Interlingual and Intercultural Communication. Discourse and Cognition in Translation and Second Language Acquisition Studies*, J. House and S. Blum-Kulka (eds), 195-210. Tübingen: Narr.

Boring, D.E. 1953. "A history of introspection". *Psychological Bulletin* 50: 169-189.

Dechert, H. 1983. "How a story is done in a second language". In *Strategies in Interlanguage Communication*, C. Faerch and G. Kasper (eds), 175-196. London: Longman.

Ericsson, K.A. and Simon, H.A. 1984. *Protocol Analysis*. Cambridge, Mass.: MIT Press.

Faerch, C. and Kasper, G. (eds) 1983. *Strategies in Interlanguage Communication*. London: Longman.

Faerch, C. and Kasper, G. (eds) 1987. *Introspection in Second Language Research*. Clevedon, Avon: Multilingual Matters.

House, J. 1986. "Acquiring translational competence in interaction". In *Interlingual and Intercultural Communication. Discourse and Cognition in Translation and Second Language Acquisition Studies*, J. House and S. Blum-Kulka (eds), 179- 194. Tübingen: Narr.

House, J. 1988. "Talking to oneself or thinking with others? On using different thinking-aloud methods in translation". *Fremdsprachen lehren und lernen* 17: 84-99.

House, J. 1997. *Translation Quality Assessment: A Model Revisited*, Tübingen: Narr.

House, J. forthcoming. *Cross-Cultural Pragmatics and Translation*.

House, J. and Blum-Kulka, S. (eds) 1986. *Interlingual and Intercultural Communication. Discourse and Cognition in Translation and Second Language Acquisition Studies*. Tübingen: Narr.

Koller, W. 1992 4th. ed. *Einführung in die Übersetzungswissenschaft*. Heidelberg: Quelle und Meyer.

Krings, H. 1986. *Was in den Köpfen von Übersetzern vorgeht. Fine empirische Untersuchung zur Struktur des Übersetzungsprozesses an fortgeschrittenen Französischlernem*. Tübingen: Narr.

Krings, H. 1994. "Psycholinguistik des Übersetzens. Ein Forschungsüberblick". Public Lecture given at the Zentrales Fremdspracheninstitut, Hamburg University, November 1994.

Ledoux, J. 1996. *The Emotional Brain*. New York: Simon and Schuster.

Neubert, A. 1991. "Models of translation". In *Empirical Research in Translation and*

Intercultural Studies, S. Tirkkonen-Condit (ed.), 17-26. Tübingen: Narr.

Nisbett, R.E. and Wilson, T.D. 1977. "Telling more than we can know: Verbal reports on mental processes". *Psychological Review* 84: 231-259.

Sandrock, U. 1982. *Thinking-Aloud Protocols (TAPs) - Ein Instrument des komplexen Prozesses "Übersetzen"*. Unpublished State Final Thesis. University of Kassel.

Smith, V. 1994. T*hinking in a Foreign Language. An Investigation into Essay Writing and Translation by L2 Learners*. Tübingen: Narr.

Séguinot, C. 1996. "Some thoughts about think-aloud protocols". *Target* 8: 75-95.

Tirkkonen-Condit, S. (ed.) 1991. *Empirical Research in Translation and Intercultural Studies*. Tübingen: Narr.

Wiegand, H. E. 1985. "Fragen zur Grammatik in Wörterbuchbenutzun gsprotokollen". In *Lexikographie und Grammatik*, H. Bergenholtz und J. Mugdan (eds), 20-98. Tübingen: Niemeyer.

Postscript, Multidisciplnarity in Process Research

Bassnett-McGuire, S. 1990. *Translation Studies: Revised Edition*. London and New York: Routledge. First edition 1980. London and New York: Methuen & Co. Ltd.

Chesterman, A. 1997. *Memes of Translation: The Spread of Ideas in Translation Theory*. Amsterdam and Philadelphia: John Benjamins.

Davidson, D. 1973. "Radical interpretation". *Dialectica* 27: 313-28. Reprinted in 1984. *Inquiries into Truth and Interpretation*. Oxford: Clarendon Press, 125- 39.

De Groot, A. (this volume), "A complex-skill approach to translation and interpreting".

Gutt, E-A. 1991. *Translation and Relevance: Cognition and Context*. Oxford: Basil Blackwell.

Holmes, J. 1972. *The Name and Nature of Translation Studies*. Amsterdam: Translation Studies Section, University of Amsterdam, Department of General Literary Studies. Also in 1988. *Translated! Papers on Literary Translation and Translation*

Studies, Amsterdam: Rodopi, 67-80.

Hymes, D. 1972. "Models of the interaction of language and social life". In *Directions in Sociolinguistics: The Ethnography of Communication*, J. J. Gumperz and D. Hymes (eds), 35-71. New York: Holt Rinehart and Winston, Inc.

Ivanova, A. (this volume), "The use of retrospection in research on simultaneous interpreting".

Jääskeläinen, R. (this volume), "Focus on methodology in think-aloud studies on translating".

Koller, W. 1971. "Übersetzen, Übersetzung und Übersetzer. Zu schwedischen Symposien über Probleme der Übersetzung". *Babel* 17:3-11.

Lakoff, G. and Johnson, M. 1980. *Metaphors we live by.* Chicago: Chicago University Press.

Langacker, R. W. 1991. *Concept, Image and Symbol: The Cognitive Basis of Grammar.* Berlin: Mouton de Gruyter.

Nossack, H. E. 1965. "Übersetzen und übersetzt werden". Paper presented to the International Congress of Literary translators in Hamburg. English translation by Sharon Sloan 1992. "Translating and being translated". In *Theories of Translation: An Anthology of Essays from Dryden to Derrida*, R. Schulte and J. Biguenet (eds), 228-238. Chicago and London: The University of Chicago Press.

Paz, O. 1971. *Traducción: Litaratura y Literalidad.* Barcelona: Tusquets. Extracts in English translated by Irene del Corral 1992. "Translation: Literature and letters". In R. Schulte and J. Biguenet (eds), 152-162. *Theories of Translation: An Anthology of Essays from Dryden to Derrida*. Chicago and London: The University of Chicago Press.

Quine, W. van O. 1957-8. "Speaking of objects". *Proceedings and Addresses of the American Philosophical Association* 31: 5-22.

Quine, W. van O. 1959. "Meaning and translation". In *On Translation*, R. A. Brower (ed.), 148-172. Cambridge, Mass: Harvard University Press.

Quine, W. van O. 1960. *Word and Object*. Cambridge, Mass.: The M.I.T. Press.

Steiner, G. 1975/1992. *After Babel: Aspects of Language and Translation*. Oxford and New York: Oxford University Press. First Edition, 1975. New Edition, 1992.

Swales, J. M. 1990. *Genre Analysis: English in Academic and Research Settings*. Cambridge: Cambridge University Press.

Tabakowska, E. (this volume), "Is (cognitive) linguistics of any use for (literary) translation?"

Vienne, J. 1994. "Toward a pedagogy of 'Translation in Situation'". *Perspectives: Studies in Translatology* 1: 51-59.

존 벤자민스 통번역 총서 09

통번역 과정의 심층 탐구

Tapping and mapping the processes of
translation and interpreting

초판 인쇄 2015년 7월 8일
초판 발행 2015년 7월 15일

지은이 소냐 티르코넨-콩디, 리타 야스켈라이넨
기 획 정호정(한국통역번역학회 회장)
옮긴이 김대진
발행인 김인철
발행처 한국외국어대학교 지식출판원
130-791 서울특별시 동대문구 이문로 107
전화 02)2173-2495~7
팩스 02)2173-3363
홈페이지 http://press.hufs.ac.kr
전자우편 press@hufs.ac.kr
출판등록 제6-6호(1969. 4. 30)
디자인 · 편집 (주)이환디앤비 02)2254-4301
인쇄 · 제본 상지사피앤비 031)955-3636

ISBN 978-89-7464-006-4 94700 정가 22,000원
978-89-7464-914-2 (세트)

*잘못된 책은 교환하여 드립니다.

HUiNE은 한국외국어대학교 지식출판원의 어학도서, 사회과학도서, 지역학 도서 Sub Brand이다. 한국외대의 영문명인 HUFS, 현명한 국제전문가 양성(International +Intelligent)의 의미를 담고 있으며, 휴인(携引)의 뜻인 '이끌다, 끌고 나가다'라는 의미처럼 출판계를 이끄는 리더로서, 혁신의 이미지를 담고 있다.